新时代农村居民旅游消费行为研究

余凤龙　著

教育部人文社会科学青年基金项目（16YJC790130）资助出版

科学出版社

北　京

内 容 简 介

新时代农村居民旅游消费需求的日益旺盛和理论研究的相对滞后，凸显出农村居民旅游者行为研究的理论价值和现实意义。本书以新时代城乡关系转型为背景，以苏南农村为研究区域，以旅游消费行为为研究对象，系统探讨新时代农村居民旅游消费行为特征、影响机制与价值取向，进而提出相关的政策建议。本书突破旅游消费行为研究偏向城市居民的局限，挖掘中国特色的农村居民旅游研究问题，为提升农村居民生活质量和实施以人民为中心的乡村振兴战略提供新思路和新路径。

本书可供旅游、经济、地理、管理、文化等领域的科研人员、政府部门工作人员以及高等院校相关专业的本科生、研究生参考阅读。

图书在版编目（CIP）数据

新时代农村居民旅游消费行为研究/余凤龙著. —北京：科学出版社，2019.9

ISBN 978-7-03-062311-9

Ⅰ. ①新… Ⅱ. ①余… Ⅲ. ①农村-旅游消费-消费者行为论-研究-中国 Ⅳ. ①F592.6

中国版本图书馆 CIP 数据核字（2019）第 198486 号

责任编辑：王腾飞 沈 旭/责任校对：杨聪敏

责任印制：张 伟/封面设计：许 瑞

科学出版社 出版

北京东黄城根北街 16 号

邮政编码：100717

http://www.sciencep.com

北京中石油彩色印刷有限责任公司 印刷

科学出版社发行 各地新华书店经销

*

2019 年 9 月第 一 版 开本：720×1000 1/16

2019 年 9 月第一次印刷 印张：14

字数：301 000

定价：99.00 元

（如有印装质量问题，我社负责调换）

前　言

经过改革开放 40 年的结构变革，中国农村居民收入水平和生活质量持续提升，农村居民逐渐成为旅游消费群体的重要组成部分，折射了新时代农村居民对美好生活的向往与追求。农村居民旅游消费行为研究为破解城乡旅游发展不平衡、不充分的矛盾和实施以人民为中心的乡村振兴提供新思路，为探索中国旅游者行为理论提供新视角。

基于农村居民旅游消费行为研究的现实诉求与理论价值，本书以新时代乡村转型与主要矛盾变迁为背景，以苏南农村为研究区域，以农村家庭为研究单元，以旅游消费行为为研究对象，系统开展农村居民旅游消费行为研究。

本书共八章，分为四大部分：

第一部分为理论部分，包括第一章至第三章。这部分阐述研究背景、目标意义、思路结构以及研究区域，梳理并评述相关研究进展，界定基本概念，构建理论研究框架。

第二部分为实证部分，包括第四章至第六章。第四章描述和评价农村居民旅游消费行为特征及其差异。第五章剖析并揭示农村居民旅游消费行为的影响因素和作用机制。第六章提炼并探讨农村居民旅游消费行为价值取向的结构维度及特点。

第三部分为政策建议部分，即第七章。本章构建农村居民旅游消费行为调节模式，划分农村居民旅游者类型，并提出相关政策建议。

第四部分为结论部分，即第八章。本章主要阐述研究结论和特色创新，指出本书研究的不足以及未来展望。

本书的创新点和特色体现如下：

（1）系统分析并比较农村居民旅游消费行为特征。新时代农村居民旅游在消费模式、消费水平和行为意向上具有中国本土化的特点，在家庭收入、文化教育与乡村性等方面都具有显著差异。

（2）深入揭示并阐释农村居民旅游消费行为机制。农村居民旅游消费行为是心理、经济、文化和乡村城镇化等多重因素综合作用的结果，经济水平、文化程度和农村城镇化进程对旅游消费行为有着不同程度的影响。

（3）尝试构建并解析农村居民旅游消费行为价值取向。农村居民旅游消费价值观的结构体系折射了新时代乡村社会的转型，凸显传统与现代价值观并存的特点，也反映旅游消费价值倾向的分化。

（4）提炼农村居民旅游消费行为调节模式。本书构建嵌入个体（家庭）结构的旅游消费行为调节模式，划分农村居民旅游者类型，并系统设计政府旅游公共政策和企业旅游营销政策。

本书由教育部人文社会科学青年基金项目“转型时期农村居民旅游消费行为的影响机制与价值取向研究”（编号：16YJC790130）和扬州大学出版基金资助。新时代中国乡村社会结构正发生深刻的和全方位的变迁，农村居民及其行为呈现高度异质化趋向，农村居民旅游消费行为深受多重因素影响，决定了农村居民消费行为研究的复杂性。本书立足中国情境下农村居民旅游消费行为研究，挖掘中国特色的旅游研究问题，有助于构建中国本土特质的旅游者行为学理论体系，并推动与国内外旅游者行为研究的理论对话。

由于主客观原因，本书难免存在不足，敬请各位专家和读者批评指正！

作　者

2019 年 4 月

目　　录

表　录

图　录

第一章　绪　　论

新时代我国社会主要矛盾已经转化为人民日益增长的美好生活需要和不平衡不充分的发展之间的矛盾，这种矛盾在乡村也最为突出。农村居民旅游消费的兴起折射了农村居民对美好生活的向往与追求，也为破解城乡旅游发展不平衡不充分的矛盾和实施以人民为中心的乡村振兴提供新思路和新路径。

第一节　研 究 背 景

一、新时代农村居民旅游消费的兴起与美好生活的向往

农村居民旅游消费折射乡村演变发展态势，顺应农村居民对美好生活的向往。经过改革开放 40 多年的结构变革，中国农村社会经济发展的速度加快、广度加宽、程度加深，农村居民收入水平和消费水平逐步提高，生活质量显著改善，农村居民日常生活方式呈现多方位变化，旅游与休闲消费也出现了较大增加。1994～2018 年，中国农村居民旅游总人次从 3.19 亿增长到 14.2 亿，旅游总花费从 175 亿元增长到 8700 亿元，旅游消费逐渐成为农村居民生活消费的新热点和消费升级的有效渠道。然而，随着农村地区经济的发展和农村居民收入水平的提升，“跟风”“攀比”等不健康消费日益蔓延，而健康、文明的公共文化形式走向衰微（吴理财和夏国锋，2007），难以满足新时代农村居民对美好生活的向往。旅游消费有助于引导富裕起来的农村居民树立健康的消费观念，更好地满足其精神文化需求，推动城乡要素流动与融合发展。

农村居民旅游消费是旅游消费转型的重要依托，也是挖掘农村居民消费潜力的新增长点。旅游消费是新时代扩大消费的重要动力源，以前的无预算旅游消费人群（灰色收入、“三公”消费等）对旅游消费的影响逐渐削弱，越来越多的农村居民加入旅游者群体中，成为旅游消费群体的重要组成部分，将是旅游消费转型的重要依托（保继刚，2015），有助于旅游业持续健康发展。中国农民的生存、转型和发展问题始终是中国“三农”问题的核心，随着新型城镇化和城乡一体化进程的推进，将进一步刺激和引导农村居民的旅游消费习惯以及消费模式向城镇居民的过渡和升级，旅游消费有助于优化农村居民消费结构，是刺激消费、扩大内需的重要力量，也是反映农村居民生活幸福感和城乡消费公平的一种标志。

二、城乡关系转型与农村居民消费价值观的嬗变及其影响

中国从传统的乡土中国转型为城乡中国（刘守英和王一鸽，2018），城乡关系的重塑对农村居民消费价值观及行为产生重要影响。乡村转型背景下的中国农村居民文化价值观受社会结构变迁的影响，逐步摆脱过去计划经济时代形成的原型观念和行为的影响，长期形成的文化价值体系可能在西方现代性与中国传统文化之间的冲突中分裂、重组与嬗变，并逐渐建构转型期具有自身特色的文化价值观的过程（贺雪峰，2008；周晓虹，2013；高德步，2014）。农村居民消费行为逻辑也发生了显著的变化，这对农村居民生活方式及其消费行为的选择产生重要影响。在城乡转型的过程中，不同消费者在收入、教育等方面存在个体差异，不同乡村地区在经济水平、物质基础以及城镇化等方面也存在区域差异，这可能影响和建构农村居民旅游消费价值观，形成不同的旅游消费行为价值取向。

价值观在消费者态度、意向与决策中扮演着特别重要的角色，是消费者行为深层次的决定因素，不同的价值观促成了形形色色的消费行为，不同的消费行为也折射了不同的价值取向。中国农村居民价值观的变迁势必影响消费者行为，表现在个人传统性对生活和行为影响力逐渐减弱，现代性的影响力逐渐增强，传统的生活和消费方式逐渐呈现出现代的消费方式（Chang et al.，2003；Zhang et al.，2003）。农村居民旅游消费行为研究应嵌入中国传统文化和社会转型背景，重视从社会文化和心理因素阐释旅游消费行为的价值观动因。

三、中国情境下农村居民旅游消费行为研究的价值凸显

中国乡村作为一个独特的社会文化地理学“研究范本”，为国内外研究者提供理论创新的土壤。流动性已经成为中国社会发展情境的一个重要特征（孙九霞等，2016），农村居民旅游消费行为是中国情境下的一种特殊流动实践，体现出本土化特色，有助于推进旅游学科的知识贡献与溢出，实现与国际旅游者行为研究的对话。旅游消费需求与行为研究一直是国内外学术研究的热点和前沿问题，一些学者对旅游消费行为展开了较早和较为深入的研究（Moutinho，1987；陈健昌和保继刚，1988；白凯和王馨，2018），但其研究都偏向于城镇居民，或者将城乡居民作为同质群体统一分析，相对忽视了也是重要消费者和客源市场的农村居民旅游消费的研究。城乡之间以及农村居民内部之间的旅游消费行为存在社会经济、文化和地理环境差异，旅游消费行为也将从大众化模仿型排浪式消费向个性化、多样化旅游消费转型，需要关注农村居民旅游消费研究的现实诉求与理论价值。

消费是连接经济与文化的社会活动（王宁，2009），消费不足除了经济因素外，还应考虑社会制度变迁、心理认知和文化价值观等多方面因素对旅游消费行为的影响。目前旅游消费研究主要借鉴经济学范式，侧重于从经济学视角开展研

究，而旅游消费具有丰富的经济、社会和文化内涵，尤其是农村居民旅游消费水平并没有表现出与经济增长、收入水平轨迹同步的现象，区域差异也依然明显。因此，将经济与社会、文化、心理和地理因素相结合，可能会更合理地解释农村居民旅游消费行为的特征与机制，否则移植西方经典消费理论或套用城镇旅游消费的方法研究农村居民，可能会出现“水土不服”现象，难以揭示农村居民旅游消费行为的深层次机制与动因。这就需要转换研究视角，跳出传统的经济学思维。因此，中国情境下农村居民旅游消费行为研究有助于挖掘中国旅游研究问题，构建中国本土特质的旅游者行为学理论体系，丰富国内外旅游者行为研究领域，并为农村居民旅游消费寻求一种精神动力或伦理支点。

中国与西方的国情不同，根据《国家新型城镇化规划（2014－2020年）》，到2020年中国常住人口城镇化率达到60%左右，户籍人口城镇化率达到45%左右，中国目前且将来很长一段时间内仍然有大量的农村人口，庞大的研究对象的持续存在和社会转型的宏观背景反映出农村居民旅游研究有很大的发展空间。新时代城乡居民对美好生活的向往与消费不平衡不充分的矛盾在乡村最为突出[①]，旅游消费有助于优化农村居民消费结构，提升居民生活质量，为破解城乡旅游发展不平衡不充分的矛盾和实施以人民为中心的乡村振兴提供新思路和新路径。

第二节　研究意义

一、理论意义

（1）与以往旅游或消费研究领域侧重于经济学视角和城镇居民有所不同，本书融合了经济学、社会心理学、文化学和地理学等学科视角，关注新时代农村居民旅游消费行为特征、机制与价值取向，希望能挖掘中国特色的旅游研究问题，对建立本土化的旅游消费理论有些微贡献。

（2）本书提出一个“感知旅游行为控制”的概念，在此基础上，构建嵌入农村居民家庭结构的“感知旅游行为控制、旅游消费认同与旅游消费行为”的机制分析框架，剖析农村居民旅游消费行为的影响机制。

（3）本书将价值观引入农村居民旅游消费行为研究，形成旅游情境下消费价值观、感知价值与旅游消费行为的研究路径，以透视农村居民旅游消费行为的价值取向。

（4）本书建构“价值取向—情境—行为”的旅游消费行为调节模式，希望对旅游消费行为具有普遍的解释力，对类似消费行为研究提供借鉴。

① 中共中央国务院，乡村振兴战略规划（2018－2022年），人民日报，2018-09-27（001）。

二、现实价值

（1）本书通过对新时代农村居民旅游消费行为特征的调查、描述和分析，有助于较全面地认知农村居民旅游消费发展现状和存在问题，有助于政府和企业理解农村居民旅游消费的价值意义，为制订面向农村居民群体并体现惠农特色的旅游消费政策提供依据。

（2）本书以苏南农村地区为实证研究区域，为类似发达地区农村居民旅游消费市场的开发提供实践范例，也希望给广大欠发达农村地区的旅游消费市场的开发提供借鉴和启示。

（3）在更宏观的意义上，本书希望通过旅游政策的制订和消费价值观的培育，引导和优化农村居民旅游消费行为，丰富农村居民的文化生活，满足农村居民精神文化需求，发挥旅游业在提升民生质量和增进居民福祉中的作用。

第三节　内 容 体 系

一、研究目标

本书以新时代中国城乡关系转型为时代背景，探讨新时代农村居民旅游消费行为特征、机制与价值取向，进而提出相关的政策建议。具体目标分解如下：描述并评价农村居民旅游消费行为特征及其差异，客观认识农村居民旅游消费发展现状与特点；梳理并甄别影响农村居民旅游消费行为的重要因素，揭示其影响机制；提炼并探讨农村居民旅游消费行为的价值观结构与特点，以理解和透视农村居民旅游消费行为的价值取向；提出政策建议，以引导农村居民旅游消费行为和拓展农村旅游消费市场。

二、研究思路

本书顺应新时代农村居民消费结构转型升级和城乡融合发展的现实需求，结合中国传统文化与社会经济转型背景，以旅游消费行为为研究对象，以苏南农村地区为研究区域，以农村家庭为研究单元，遵循“现状特征—影响机制—价值取向—政策建议”的研究思路，开展新时代农村居民旅游消费行为特征、机制与价值取向的研究。希望能回答新时代农村居民旅游消费呈现怎样的发展现状与行为特征，其影响因素是什么，农村居民为什么旅游，如何引导农村居民的旅游消费行为。具体研究思路如下：

（1）以旅游消费行为特征为切入点，回答“是什么”。基于苏南农村居民旅游消费行为的调查数据，理性考量在内外情境作用下的农村居民旅游消费呈现怎样的发展现状与行为特征，为深入研究奠定基础。

（2）以旅游消费行为机制为着力点，回答“怎么样”。将家庭经济、文化程度、乡村城镇化等变量嵌入农村居民感知旅游行为控制与旅游消费认同指标中，构建理论模型，探测农村居民旅游消费行为的影响机制。

（3）以旅游消费行为价值取向为立足点，回答“为什么”。从价值观视角，围绕农村居民旅游消费行为与其价值取向关系这个核心问题，剖析农村居民旅游消费价值观的结构与特点，透视旅游消费行为的价值观动因。

（4）以旅游消费行为调控政策与建议为落脚点，回答“如何做”。基于研究结果，构建农村居民旅游消费行为调节模式，提出相关政策建议。

根据以上研究思路和研究内容，设计本书研究框架（图 1-1）。

三、内容框架

本书研究内容如下：

第一章是绪论。分析研究背景，阐述研究目标和研究意义，设计研究思路、技术路线和内容结构，确定实证研究区域。

第二章是文献评述。主要从农村居民旅游消费行为、价值观与旅游消费行为关系两个方面展开文献梳理和评述，为研究提供思路和方向。

第三章是理论基础与框架。界定基本概念，借鉴相关学科的研究视角，构建农村居民旅游消费行为的理论分析框架。

第四章是农村居民旅游消费行为特征。在分析中国农村居民旅游消费宏观发展特征的基础上，基于苏南农村家庭旅游消费的调查数据，描述与评价农村居民旅游消费行为的基本特征，并从家庭结构、经济变量、地理环境三个方面对农村居民旅游行为模式、消费水平和行为意向进行比较。

第五章是农村居民旅游消费行为影响机制。基于经典消费与行为理论，构建理论框架，提出理论设想，设计变量操作化的途径，并进行相应的检验。在此基础上，主要运用多分类 Logit 回归方法，剖析和比较影响农村居民旅游消费行为的主要因素，进而运用多群组结构方程模型（SEM）分析教育程度、家庭收入和家庭乡村性对旅游消费行为的调节效应，揭示旅游消费行为的影响机制。

第六章是农村居民旅游消费行为价值取向。根据研究思路和方法，设计旅游情境下农村居民消费价值观与旅游感知价值量表，提炼农村居民旅游消费价值观与旅游感知价值维度，拟合价值观、感知价值与旅游消费行为的关系，在此基础上，探讨农村居民旅游消费行为价值取向的结构与特点。

第七章是农村居民旅游消费行为调节模式与政策建议。根据研究结果，构建农村居民旅游消费行为调节模式；根据教育和收入程度，划分农村居民旅游者类型；从政府和企业两个层面，提出相关的政策建议。

第八章是结论。围绕主要研究成果进行总结，并在此基础上提出今后改进和进一步的研究方向。

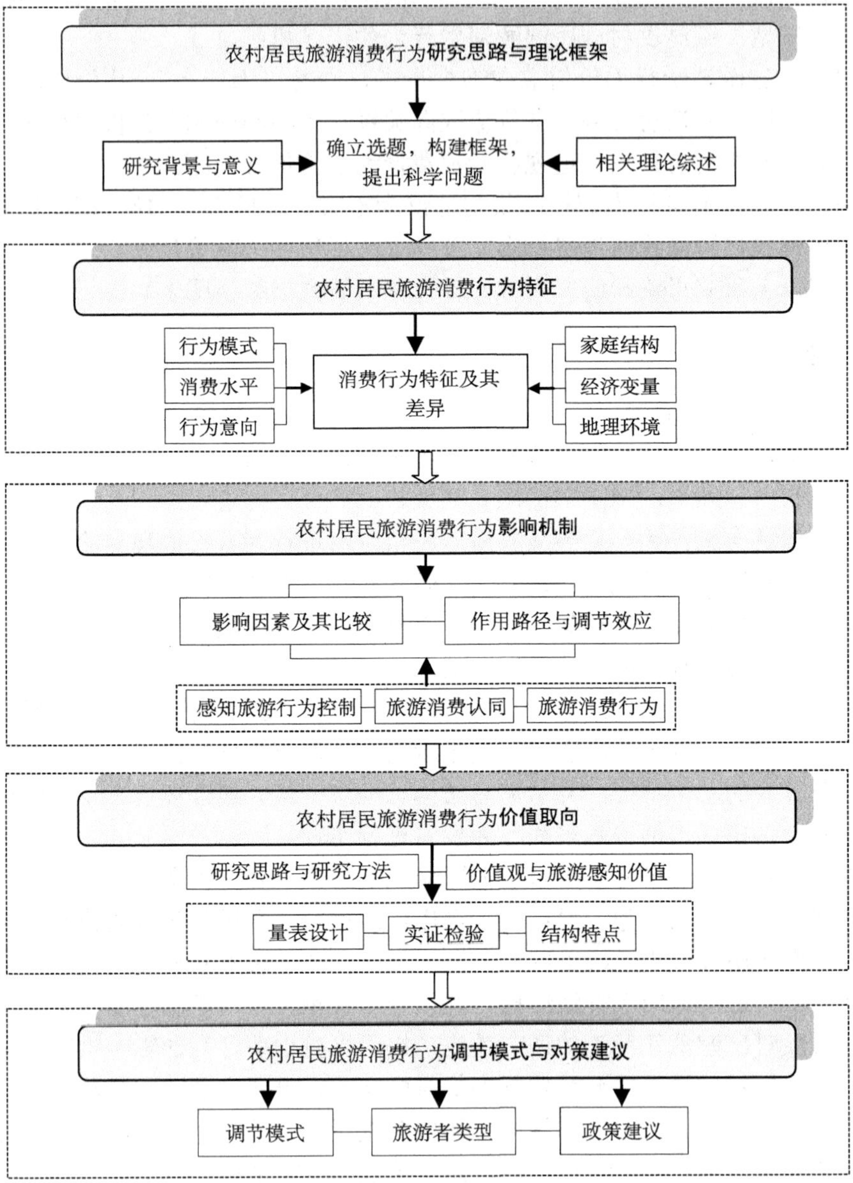

图 1-1　本书研究框架

第二章　国内外相关研究进展与展望

中国乡村社会是国内外不同学科研究者探寻中国转型的“试验场”（狄金华，2011），国外学者较早就开始从经济学和社会学角度关注中国农户行为研究（黄宗智，2000；李小建，2009）。在家庭联产承包责任制实施以前，中国农户作为独立核算经济单位的地位没有完全确立，国内关于乡村与农户消费行为的研究较少。据资料可查，早在1947年，费孝通对江村经济进行了比较全面深入的研究（费孝通，2007）。自1978年改革开放以来，中国处在一个经济快速发展、社会快速转型的时期，制度的变革带来城乡社会结构的巨变，农户有了相对独立的经营权。在此背景下，农村社会经济发展的速度加快、广度加宽、程度加深，传统价值观与现代价值观发生了激烈的碰撞、冲突和融合，强烈冲击了农村居民消费行为和生活方式。农村居民消费水平、消费特征与影响因素得到较多的研究，这些成果为农村居民旅游消费研究提供了理论指导和启发。

中国目前且将来很长一段时间内仍然有大量的农村人口，旅游消费已成为发达地区农村居民消费增长的亮点。本书主要探讨新时代农村居民旅游消费行为特征、机制与价值取向。基于此，文献综述思路如下：首先，梳理和评述农村居民旅游消费行为的研究内容及启示，在此基础上，提出农村居民旅游消费行为研究的意义和展望；其次，在简述价值观与消费行为之间关系研究的基础上，重点梳理和评述价值观与旅游消费行为关系的相关研究，指出旅游消费行为的价值观研究应嵌入中国情境，为构建旅游情境下价值取向和旅游消费行为关系框架提供理论来源和研究方向。

本章结构安排如下：第一节对农村居民旅游消费行为研究展开一个较为全面的综述；第二节重点综述价值观与旅游消费行为之间关系的研究以及价值观、感知价值与消费行为关系的研究成果。

第一节　农村居民旅游研究

旅游者消费需求与行为始终是旅游研究的前沿问题（Tsang and Hsu，2011；赵莹等，2016），国内外学者都对其展开了较早和较为深入的研究（Moutinho，1987；陈健昌和保继刚，1988）。多数发达国家由于较早开始了城市化的进程，而大众旅游在第二次世界大战后才逐渐发展，这时主要西方发达国家的城市化水平已经很高且没有典型的城乡二元结构，致使国外从农村居民视角切入的旅游研究很少。

因此，本章主要基于国内文献资料，较为全面地梳理和评述农村居民旅游研究现状、内容和方法，提出值得进一步研究的问题。

一、研究现状

以“篇名”作为检索方式，分别以“农民旅游”“‘农村居民’＋‘旅游’”为检索词，以中国学术期刊网（www.cnki.net）为检索数据库，并剔除掉新闻报道和杂文，则2014～2017年共发表了187篇学术论文（图2-1）。

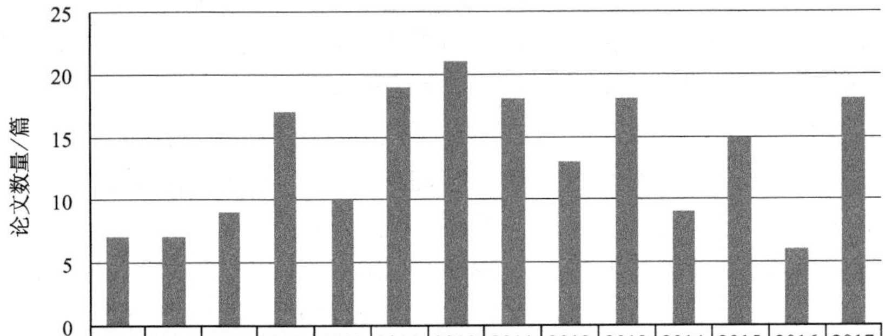

	2004	2005	2006	2007	2008	2009	2010	2011	2012	2013	2014	2015	2016	2017
■学术论文	7	7	9	17	10	19	21	18	13	18	9	15	6	18

图2-1　中国农村居民旅游学术论文的年度分布

数据来源：中国学术期刊网（www.cnki.net）

从研究时间看，根据论文发表数量的时间，农村居民旅游研究可以分为两个阶段（邱洁威等，2011a；凌常荣，2012；余凤龙等，2013a）：第一阶段，2004年以前，学术研究相对滞后，涉及农村居民旅游的学术论文较少，中国知网上仅查询到两篇学术论文，探讨农村居民旅游市场开发（王昆欣等，2000）和旅游消费问题（邹荣桂和郧爱其，2001）。农村居民旅游的大部分资料来源于非学术性报纸、杂志等，这在一定程度上说明在2004年以前，农村居民旅游的研究并没有从真正意义上开展。第二阶段，2004年以后，学术文献数量快速增加。从2004年开始，中央相继实施了一系列强农惠农、扩大内需和促进消费的政策，增强了农民生产的积极性，提高了农民经营性收入，也相对地保证了收入的稳定性。同时，国家开始着眼于城乡统筹发展和社会主义新农村建设，生活水平的稳步提高，消费观念的变化，促进了农村居民旅游的发展。在此背景下，学术论文数量也逐渐增加，因而其原因可能是基于农村居民旅游意识的觉醒、出游人次的增加以及国家政策而引起的学术反应。

从研究内容看，目前的研究主要涵盖研究背景和意义、市场现状与开发、消费特征与影响因素、研究综述与基础理论4个部分，其中旅游市场与消费领域的研究文献占到总数的80%以上。通过评述旅游消费的研究成果，总体反映了农村居民旅游研究的基本现状。

二、研究内容

（一）研究视角

经济学是对消费研究最成熟、显得最具有严密性的学科，消费低迷、内需不足也一直是中国经济发展的瓶颈。在此理论和实际背景下，学者们也侧重从经济视角开展农村居民旅游消费研究，具体可以从以下四个方面予以解读：一是从扩大内需、拉动消费和建设小康社会等视角提出农村旅游市场开发和旅游消费水平提升的经济意义（梁留科和曹新向，2005；周翀燕和李祝舜，2004；徐海军等，2010）；二是从经济原因剖析收入与农村居民旅游消费的关系（周文丽和李世平，2010；庞世明，2014；Yang et al.，2014；杨勇，2015）；三是运用回归模型等经济学方法构建消费函数模型，分析农村居民旅游消费特征与影响因素等（依绍华和聂新伟，2011；杨勇，2014）；四是从收入等经济角度提出开拓市场和提升消费水平的对策（徐海军等，2010；周文丽，2013）。

经济收入是农村居民旅游消费的基础，但消费不仅是物质生产过程，也是文化交往和社会生活的过程，是衡量一个社会发展程度的重要标准（王宁，2009），过于偏重经济学视角的研究，可能难以理解并解释城乡关系转型时期农村居民旅游行为的分异特征、复杂动因与价值意义。随着城乡一体化进程的推进，旅游消费的社会文化功能也被关注，指出城乡居民通过旅游互动可以推动城乡文化的有机融合，积极健康的休闲旅游活动有助于农民形成文化主体性的闲暇消费方式（邱洁威，2011）。

（二）旅游消费态度和目的

旅游消费态度和认知。随着农村居民收入的增长和消费观念的逐渐转变，农村居民对旅游消费态度较为积极，出游愿望也较为强烈（郑群明，2004；叶延琼等，2011；王江和罗仕伟，2014），这促使更多的农村居民参与旅游，但旅游认知、出游态度与当地旅游开发程度和经济水平相关，不同区域、不同年龄层次的农民对旅游认知差异较大（郑群明和钟林生，2005），相对而言，西部地区农村居民旅游消费观念落后，消费意愿不够强烈，出游频数较低（周文丽，2013）。

旅游消费目的和偏好。农村居民出游目的以探亲访友为主，观光/游览、度假/休闲的游客相对较少，明显低于城镇居民的比例（刁宗广和张涛，2010；余凤龙等，2013a）。出游目的在较为一致的同时也呈现出一定的区域差异，探亲访友、游览观光等基本层次旅游主要分布在中西部地区，而东部地区的旅游消费需求正在实现向保健医疗、商务会议等专业和提高层次方向转型升级（王文瑞，2009；刁宗广，2009；依绍华和聂新伟，2011）。农村居民出游方式偏好于家庭旅游（李娜和侯国林，2007）、集体出游或结伴出游（周国忠和郎富平，2009），但受农村传统观念影响，出游偏好以及消费结构上均表现出较高的一致性（叶延琼等，2011）。休闲旅游是东部发达地区农村居民的主要出游目的，目的地集中在周边旅游业发展较好的城市；中西部地区农村居民的主要出游目的是探亲访友，以长途跨省市旅游为主；其他地区的出游目的和目的地呈现多样化、分散化特征（虞虎等，2015）。

根据不同学者的实地调查数据，表 2-1 总结了农村居民旅游消费特征。

表 2-1　农村居民旅游消费特征的部分研究成果

研究者	调研区域（时间）	有效问卷	旅游消费特征
郑群明和钟林生（2005）	湖南（2001）	1077	旅游态度较好，出游愿望高，认知差异较大，信息渠道较单一；出游动机多元化，目的较集中，偏好受年龄和经济影响较大；出游时间充裕且较集中；出游限制因素是可自由支配收入
李娜和侯国林（2007）	苏南（2005）	543	热爱旅游，以观光为主，但呈现多元化趋势；交通和费用是主要影响因素；出游时间集中在黄金周，倾向于家庭旅游，散客游发达；旅游服务需求档次较高
王莹等（2008）	宁波（2007）	170 户	旅游意愿强烈，以观光旅游和休闲度假为主，以散客为主，消费水平较高，信息获取渠道单一；收入和时间是主要影响因素
周国忠和郎富平（2009）	浙江（2007）	876	出游态度积极，单独出行人数较少，偏好集体出游或结伴出游；交通工具、旅游动机、出游时间和住宿设施等存在差异
王晖和邹冬生（2010）	长株潭（2010）	980	出游意愿高，但意愿和花费存在差异；旅游时间和旅游方式相对集中；旅游选择和旅游要求更为多元
叶延琼等（2011）	珠三角和粤北（2008）	1040	旅游态度较好，信息渠道较单一；主要限制因素是经济收入；出游动机、方式、交通工具、时间以及花费存在较大差异；受农村传统观念影响，出游偏好及消费结构均表现较高一致性
王帆（2013）	宁夏（2012）	300	新农村居民出游意识增强，收入持续提高，有一定出游能力，文化、家庭、居民外向度、城市化等使居民在出游上存在差异
王江和罗仕伟（2014）	重庆（2012）	162	旅游认知渠道和动机多样，旅游需求旺盛；消费行为层次分明，方式多样，住宿要求不高，消费比较理性；收入有极大影响
卞显红等（2016）	长三角（2011～2013）	1836	外出旅游动机主要停留在观光游览层次，对探亲访友旅游动机的赞同感知度较低，但对不同目的地选择有一定影响
余凤龙等（2016，2017）	苏南（2014）	650	旅游目的地选择以周边地区为主，流向呈现近距离指向性，旅游行为存在收入、教育和乡村性上的差异

（三）旅游消费水平与空间差异

1. 旅游消费水平

基于农村居民的抽样调查和统计数据，研究显示农村居民旅游总花费增长较快，人均花费增长相对迟缓且多保持在较低的消费水平，并未呈现明显的逐年上升趋势（魏正环，2006），旅游消费发展主要因出游人次增加而带来的规模扩张，消费结构以低档的交通、住宿等基本支出为主，消费结构不合理，消费层次较低，城乡居民平均旅游消费倾向总体上呈波动性下降趋势，农村居民消费水平有一定的波动，但以滞后性消费为主（刁宗广，2009；徐海军等，2010；余凤龙等，2013b）。旅游消费结构是反映旅游者消费质量变化状况和内在构成合理化程度的重要标志，城乡居民旅游消费结构水平得到了一定的改善，农村居民的旅游消费行为发生了较大的变迁，发达地区农村居民散客游较为发达（李娜和侯国林，2007；王莹等，2008），但出游人次中一日游比例较高（徐伟等，2010），这部分游客没有住宿费用，游览和餐饮费用也较低。总体上农村居民旅游消费产品结构不合理，旅游产品质量亟待改善（刁宗广和张涛，2010）。

2. 旅游消费行为的空间格局与城乡差异

农村居民旅游消费水平、结构与流动呈现较为明显的空间差异与城乡差异。农村居民旅游者受旅行花费限制，出游地集中在东部沿海发达地区，出行腹地主要涵盖本省，空间特征体现了近距离指向性和发达地区指向性，游客流向特征符合距离衰减规律（钟士恩等，2009a，2009b）。陈超等（2013，2014）基于国内农村居民旅游者的流向抽样调查资料，运用社会网络分析方法和重心模型，研究显示中国农民旅游空间的节点呈现“东部沿海密、内陆疏、偏远地区游离”的消费格局，农民旅游客源地重心与目的地重心存在空间错位。通过对城乡居民旅游消费行为的比较，城乡居民在旅游消费规模、消费倾向及消费结构等方面也存在较大差异，农村居民旅游消费水平明显滞后于城镇居民（刁宗广和张涛，2010；周文丽，2013）。

（四）旅游消费影响因素

1. 经济因素

经济视角是学者探讨旅游消费影响因素的主要视角，研究结果也显示收入水平等经济因素是影响农村居民旅游消费的主要原因。已有研究偏重运用西方经济学的理论与方法以及表征经济收入的不同变量来构建农村居民旅游消费函数，探讨经济收入与旅游消费之间的关系。线性回归模型、Logit 回归模型、协整与误差修正模型、面板数据模型等是被运用较多的经济学方法。周文丽和李世平（2010）基于凯恩斯消费理论，构建了旅游消费支出与年总可支配收入、城乡居民基尼系数与国内旅游平均消费倾向之间的消费模型，得出农村居民基尼系数每上升 0.1，国内旅游平均消费倾向会上升 0.0694。然而，庞世明（2014）对周文丽和李世平的结论提出质疑，并对结果进行了重新检验，表明居民当期收入和旅游消费之间没有长期协整关系，农村居民的国内旅游消费行为通过了相关实证检验，说明持久收入决定农村居民的旅游消费决策，由于无法妥善解决教育、医疗、养老等问题，使得农村居民的预期收入和实际收入水平下降，导致其旅游消费偏低。

收入水平的衡量从绝对指标（总收入、可支配收入等）到相对指标（相对收入、基尼系数等）和结构指标（收入来源结构，如工资性收入、经营性收入、转移性收入等）变化，并逐渐综合运用收入和其他非经济因素共同分析农村居民旅游消费行为的影响因素。依绍华和聂新伟（2011）构建了时间序列模型和面板模型，分别从全国和区域视角，实证分析收入对农村居民旅游消费具有促进作用，各地区农村居民的自发性消费呈明显差异性，相对于中西部地区农村居民的旅游需求，东部地区农村居民的旅游消费需求已实现转型升级。李晓婷和卞显红（2013）通过格兰杰因果关系检验、主成分回归和对数回归模型研究农村居民不同收入来源和旅游消费的关系，财产与转移性收入、工资性收入、家庭经营性收入对农村居民旅游消费支出存在正向影响。杨勇（2014）采用面板模型实证检验不同性质收入来源有着显著的旅游消费需求效应，工资性收入对出游率贡献最大，家庭经营收入、转移性收入对提高旅游消费水平的贡献显著且潜力很大。

表 2-2 从研究方法、研究指标和研究结论等方面，梳理了 2010 年以来基于经济模型探讨农村居民旅游消费影响因素的部分研究成果。

表 2-2　农村居民旅游消费行为影响因素的部分研究成果

研究者	研究方法	研究指标	研究结论
张丽峰（2010）	状态空间模型、变参数模型	人均纯收入	旅游消费和收入之间存在一种变参数协整关系
赵东喜和刘永涓（2010）	协整与误差修正模型	收入、消费习惯、城镇居民旅游消费行为	人均可支配收入是最大制约因素；棘轮效应和示范效应显著；农村居民居住消费对旅游消费有挤出效应
周文丽和李世平（2010）	消费函数模型、协整分析	年总纯收入、基尼系数	可支配收入与旅游消费、收入分配差距与旅游平均消费倾向之间存在长期均衡关系；旅游消费倾向逐年递增
邱洁威等（2011b）	二元 Logit 回归模型	教育、收入、保险以及互联网等	教育程度越高、有家庭成员外出打工和收入较高的农户，以及参加养老保险和意外伤害保险的农户，对旅游消费意愿都有积极的影响

续表

研究者	研究方法	研究指标	研究结论
依绍华和聂新伟（2011）	时间序列模型、面板数据模型	人均纯收入	收入具有促进作用，但是在其他“强制性”消费因素的影响下，旅游整体消费水平仍不高
周文丽（2013）	探索性因子分析	收入、产品价格、旅游服务、目的地因素、群体支持	可支配收入和产品价格是主导因素，其次是目的地及旅游服务，第三是闲暇时间和群体支持，可进入性、旅游意愿和旅游动机的影响力最小
李晓婷和卞显红（2013）	格兰杰因果检验和对数回归模型	不同收入来源	经营性收入影响最大；旅游消费和经营性收入是双向影响关系，和工资性收入、财产与转移性收入之间是单向影响关系
余凤龙等（2013a，2013b）	回归模型、格兰杰因果检验等	收入、消费习惯、城镇化水平等	收入、消费习惯和消费不确定性是主要影响因素；消费不确定性是消极因素；城镇居民示范效应不显著；城镇化对旅游消费产生积极影响
庞世明（2014）	消费函数模型、协整分析	可支配收入	消费决策由持久收入决定，医疗、教育、养老等问题无法得到妥善解决，导致其旅游消费偏低
Yang 等（2014）	多层线性模型	个人绝对收入	收入是主要因素，东部地区收入效应在不同类型中都比中部强，西部地区收入在低收入组比其他地区更强，在高收入组效应要弱
杨勇（2014）	面板模型、动态偏离-份额法	不同收入来源	不同收入来源有着显著的效应，工资性收入对出游率贡献最大，家庭经营收入、转移性收入对提高消费水平贡献显著且潜力很大
卞显红等（2016）	主成分分析法、对数回归等	旅游动机等	旅游能提升其在家人、亲戚、朋友中的地位与声望的功能，旅游安全问题也很重要以及住宿设施能营造家外之家的感觉
程静静等（2016）	粗糙集和层次分析法等	旅游景观、氛围、距离等	消费水平、旅游景观、旅游氛围均排在前 3 位，对交通条件、住宿水平的影响因子考虑得较少

研究采用的经济数据主要来源于国家各种统计年鉴和旅游抽样调查数据，随着研究的深入，部分学者也开始选择案例地开展实证调研。Yang 等（2014）基于中国城乡住户旅游的调查数据，运用多层线性模型（multilevel models）研究显示个人绝对收入是影响农村居民旅游消费的主要因素，东部地区的绝对收入效应在不同类型中都比中部强，然而西部地区个人收入在低收入组比其他地区更强，在高收入组效应要弱。周文丽（2013）以甘肃省农村居民为个案，基于甘肃省 526 位农村居民的微观调查数据，对西部典型地区农村居民旅游消费特征及其影响因素进行了定量考察，可自由支配收入与旅游产品价格依然是影响农村居民旅游消费的主导因素。

2. 非经济因素

农村居民旅游消费影响因素的研究逐渐从经济因素的单一变量向经济因素

与非经济因素的综合变量转向，但这些因素也往往被纳入经济学分析框架予以研究，而从社会文化、心理、行为等视角分析影响因素的研究成果较少。研究显示，收入水平与旅游消费之间具有较强相关性的同时，旅游动机、城镇化、社会保障、消费习惯等非经济因素也对旅游消费存在不同程度的影响。

旅游动机和消费习惯因素。旅游动机是影响旅游消费行为的重要内在因素，是促使旅游行为的直接推动力量（张宏梅和陆林，2009）。周国忠和郎富平（2009）通过对浙江省 11 个地市的抽样调查，出游需求与旅游动机是影响农民出游决策的最大因素，而其外出旅游的首要动机是“怀旧亲情”，农村居民如果具有较好的旅游消费习惯，出游动机也相应增强，出游次数和消费水平也相对较高。

不确定性因素。中国区域经济发展的失衡和典型的城乡二元经济结构，导致区域和城乡之间收入差异日益拉大，加之农村社会保障制度不健全等，使得农村居民预期收入不确定性增强，且缺乏抵御风险的能力，这种对收入的不确定性和不适应性也渗透到农村居民的旅游消费行为中。农村居民旅游消费支出不仅受现期收入的影响，也受自己曾经实现的消费水平以及周围人消费水平的影响，农村居民旅游消费有着显著的不可逆性，“棘轮效应”明显（赵东喜和刘永涓，2010）。消费不确定性与旅游消费之间存在显著的负相关关系，是影响旅游消费的消极因素（余凤龙等，2013a）。

城镇化因素。随着农民工的增加以及大量城镇居民涌入农村地区旅游，城乡交流日益频繁，城镇居民旅游消费行为对农村居民可能存在示范效应（赵东喜和刘永涓，2010；余凤龙等，2013a）。城镇化可以通过消费敏感性、消费示范性、消费棘轮性和消费预防性等作用机制对农村居民旅游消费产生影响（余凤龙和黄震方，2013）。

文化、人口、家庭等社会经济因素。邱洁威等（2011b）基于浙江省 780 个农户的微观调查数据，发现农户旅游消费意愿受家庭人均收入、教育程度、外出务工收入、是否参加意外伤害保险和养老保险等因素的影响，此外，电脑和互联网等新兴因素也对旅游消费产生一定的影响，农业生产和不能照顾家庭也限制了中青年人外出旅游。配套服务设施、周边环境和基础服务设施影响农村居民旅游消费行为（周国忠和郎富平，2009）。不同群体的居民由于文化、家庭、居民外向度和城市化等方面的差异，其出游行为也存在较大不同（王帆，2013）。

三、研究评述

（一）研究内容分析

1. 研究价值认识不足，研究的广度和深度有待加强

随着城镇化进程的快速推进，学者将更多的目光投向城市，相对忽视了农村

居民旅游的研究，研究成果相对较少，更缺乏对农村居民旅游消费的深入研究和系统归纳，农村居民旅游研究价值认识不足，表现在两个方面：偏向于城镇居民旅游研究，忽略了农村居民研究，研究结果只能反映城市居民的单向流动规律；偏重于农村居民旅游消费的经济价值，而忽略了其社会文化价值。中国农村居民旅游的研究与国内较多的旅游研究领域类似，研究呈现“多规范、少实证，重宏观、轻基础，多抽象、缺特质，缺理论、少方法”的特征（邱洁威等，2011a），现实主义研究价值取向影响明显（保继刚，2010）。中国在很长的一段时间内仍然有大量的人口生活在乡村，农村居民旅游消费是刺激消费、扩大内需的着力点，更是提升民生质量、增进居民福祉的有效途径。在更宏观的意义上，望通过农村居民旅游消费研究，引导富裕起来的农村居民树立健康的消费观念，满足其精神文化需求。应充分认识农村居民旅游消费研究的社会经济等多重价值，加强农村居民旅游消费研究的广度和深度。

2. 传统经济观研究多，新消费范式研究有待探索

旅游消费深受传统文化与社会转型的双重影响，决定了农村居民消费行为研究的复杂性，西方农户和消费函数理论虽然对中国农村居民消费研究具有一定借鉴作用，但对于解释农村居民消费问题只有有限实用性。在运用西方消费理论解释中国农村居民旅游消费问题时，必须根据所研究的具体社会环境，考虑理论运用的前提与假设条件，选择适合的理论或者对多种理论进行综合性利用。此外，目前的研究忽略了农村居民职业类型、教育程度以及社会文化、心理和地理环境等因素的影响，难以把握不同变量之间可能存在的联系和科学揭示旅游消费行为的机制。此外，消费经济学主要解释消费的量的方面，而较少解释消费的质的方面，导致已有研究侧重于影响因素的探讨，缺乏对旅游消费行为价值动因的阐释。消费模式的变迁反映了社会经济的转型和多种因素的综合影响，农村居民旅游消费行为研究应结合多学科理论，探索构建中国本土化旅游消费理论体系。

3. 宏观规范研究多，中微观实证研究少

农村居民旅游消费研究以国家层面的宏观分析为主，呈现多规范、少实证等特征，所选择指标（数据）主要来源于官方统计数据，缺乏实证分析，难以对农村居民旅游消费行为形成一个全面而深入的认识。部分学者对中国东中西部地区农村居民旅游消费开展了实证研究，但研究的深度还有待加强。在农村居民旅游消费的进一步研究中，选择典型区域开展实地调研，将农村居民旅游消费行为嵌入城乡转型和社会文化背景，使用一手资料从中微观尺度剖析旅游行为特征与机制。在实证区域的选择上，对于农村居民而言，旅游消费还是一种相对“高档”的消费品，因而会尽可能选择相对发达的农村地区开展调研，同时兼顾能反映社会转型的阶段特点和区域差异性，有助于全面分析城乡转型背景下农村居民消费行为特征与机制，并对相对落后的农村地区有所借鉴和启示。

（二）研究方法分析

方法研究对应用性学科的发展往往起到巨大的推动作用（陆林，2013）。农村居民旅游研究大多数属于描述性研究，少数运用模型和数理统计开展研究，而概念性或基础理论研究不足。基于目前的研究成果，农村居民旅游研究仍以描述性为主，方法性还不够。从数据资料的获得而言，由于缺少一手基础数据和资料，研究主要基于官方统计数据，然而目前农村居民旅游统计也相对欠缺，且受到客观性和有效性限制（邱洁威等，2011a），使研究层面的选择空间狭窄，部分研究结论以推断性为主，还需要更有力的科学支撑，数据单一性也使得研究者主要从经济因素（收入水平）来分析农村居民旅游消费特征和影响因素，难以对农村居民旅游消费行为形成一个全面而深入的认识。

消费本身是一个复杂的问题，不同学科都从不同视角开展了研究，同一学科内部也存在不同的研究视角和研究方法，目前侧重于从经济学方法，如构建不同模型等计量方法剖析农村居民旅游消费的影响因素，但收入只是消费的必要条件，决定消费行为在于消费动机，而这种动机扎根于文化价值观，中西方文化价值观的显著差异使得用西方传统经济学理论解释中国居民消费行为问题可能会出现“水土不服”。研究者呼吁在旅游研究领域中应更多地使用质性研究方法，尤其在理解旅游者与产品或服务购买、消费或体验相联系的意义时（McIntosh and Thyne，2005），有助于更好地探讨消费行为背后的动因。农村居民旅游消费研究要汲取多学科的营养，加强定量和质性混合研究方法的应用，有效地从代表性的案例中挖掘旅游消费生活的复杂性和多面性，丰富和深化研究结论，更好地解读旅游消费行为的机制及深层次原因。总之，需要深入探讨农村居民旅游消费行为的方法论与具体方法，特别是建立由多种方法综合而成的研究体系。

四、研究启示与展望

（一）城乡转型为农村居民旅游研究提供广阔空间

法国社会学家孟德拉斯（Mendras）在1967年出版的《农民的终结》一书中指出，在全球化、城市化和农村工业化影响下所发生的乡村转型，使得部分村落逐渐走向终结之路。随着中国城乡一体化和新型城镇化进程的推进，“农村、农民”也好像走向了终结，学者和政界将更多的目光投向城市。城市居民行为研究者已试图从行为角度解释中国城市社会转型（柴彦威和塔娜，2013），然而乡村转型及其与农村居民旅游行为的互动关系探讨较少。在较长的一段时间内中国还有几亿人生活在农村，社会转型期的中国社会经济结构与西方发达社会以及传统社会均具有一定的相似性，但又不完全相同，转型背景下农村居民在生活方式、心理状态上具有似城非城、似乡非乡的特点，其旅游消费行为不仅是个人追求效用最大化的理性选择，也并非简单地社会制度变迁的推动或阻碍，农村居民旅游消费行为是农村居民个体与社会环境结构相互建构、共同形塑的结果。农村居民旅游消费行为研究必须依托并嵌入中国城乡转型背景，利用中国作为农村大国及农村变迁的经验事实，在乡村转型中解读农村居民旅游消费行为，同时也为理解中国乡村社会转型提供一个视角。新时代农村居民旅游消费行为研究，有利于产生有关中国的农村居民旅游消费理论，推动中国旅游学科的知识贡献与溢出。

（二）加强非经济因素对农村居民旅游消费影响研究

传统文化特质决定了消费者心理的独特性和复杂性，中国深厚的历史文化底蕴必然使旅游者心理有别于其他国家的消费者，农村居民旅游消费行为研究要植根于中国的具体国情，具有高情境化取向。在经济转轨与社会转型的时代背景下，社会心理与文化因素必然加剧了消费研究的不确定性，建立在西方社会经济文化背景下的消费理论难以解释中国消费问题（朱信凯和骆晨，2011）。经济学者在研究中国居民消费行为时，也开始注重对中国传统文化背景的分析，或直接将文化因素纳入经济学模型（黄少安和孙涛，2005；叶德珠等，2012）。不同地区有着不同的亚文化和地理环境，农村居民消费价值观、地理环境、心理认知以及个体、家庭形态等因素都可能影响旅游消费态度、意向和行为方式。因此，旅游消费行为研究不能仅仅停留在经济视角和经济学研究范式，更要关注影响旅游消费行为的非经济因素，这可能便于对旅游消费行为做出科学合理的解释和预测。

（三）从社会公平角度关注农村居民旅游消费研究

《马尼拉世界旅游宣言》（1980 年）强调“旅游应是人人享有的权利”，农民也应与市民公平地享有旅游权利。政府、学者和企业应本着城乡一体化的公平观念，为农村居民旅游消费权利的实现创造条件（邱洁威，2011）。徐勇（2010）指出中国农村居民具有节俭、勤劳、忍耐和求稳等理性，中国社会一直以来是以牺牲农村来换取城市的二元经济体制，因而，更应从增进农村居民福祉和促进社会公平的视角，从弱势群体关怀的角度，关注和研究农村居民旅游消费研究。为了让农村居民能享受到平等的旅游休闲权，需要理解农村居民真实的社会心理需求和文化消费观念，通过制订面向农村居民的旅游消费对策，增进农村居民幸福感，推进城乡一体化进程，引导和优化农村居民旅游消费行为。

（四）加强不同类型乡村和不同层次消费群体的比较研究

农村自改革开放以来，由原来相对均等的收入水平、单一的收入来源和相对封闭的乡村环境，逐渐分化为从事多种职业、收入差距加大、乡村城市化程度不等的社会阶层，不同阶层之间的消费行为存在较大差异，对消费行为也赋予了不同的意义。中国农村人口众多，地域分布广泛，环境的非均衡性加大了典型案例选择的难度，从而在寻求共性规律时可能陷入以偏概全的困境。农村居民旅游消费研究要在全国宏观形势分析的基础上，选择旅游发展较好的典型案例地进行研究，再通过个案比较到一般性规律的总结，可能会得到更有启发性意义的结论，为农村居民旅游的总体研究提供理论探索和借鉴。同时，社会的全面快速转型决定了消费行为的持续不稳定性，致使不同群体居民在旅游消费态度和行为上迥然有异，应开展不同类型农村居民旅游消费行为的比较研究，在典型案例的选择中也要兼顾农村居民旅游消费的经济差异、区域差异和阶层差异。

第二节　价值观与旅游消费行为关系研究

价值观是文化的内核，可以被用来衡量文化对行为的影响，旅游行为意向、消费水平与行为方式也往往反映出消费者的文化价值观与个体价值取向的差异。

一、价值观与消费行为关系

（一）价值观内容

中西方学者从不同学科、层次、内容、方法和对象等方面，对价值观进行了不同范式的研究（金盛华等，2009）。Rokeach（1973）被认为是在价值观研究领域最有影响力的学者之一，他将价值观分为两类：与终极状态相关的终极性价值观和与行为方式相关的工具性价值观，并将价值观研究推向深入，表达了价值观作为“深层建构”、“信仰体系”与“行为选择”之间相互依存的性质和关系（杨宜音，1998）。美国学者构建了一套比 Rokeach 价值观体系更简短、更易于实施的价值观列表 LOV（list of value），只包含 9 项终极价值观，LOV 量表在价值观与行为研究领域得到了较广泛的运用（Kahle et al.，1986）。Schwartz 和 Bilsky（1990）、Schwartz（1994）在跨文化实证研究的基础上，指出任何一种价值观都源于 3 种普遍的人类需求，即个人的生物需要、社会交往需要以及群体生存与福利需要，并将价值观归纳为 10 个方面，被划分为自我超越、自我提高、保守、对变化的开放性态度 4 个维度。Hofstede（2001）从基本价值需求的视角出发，开发了一个有助于区分文化的五维模型：权力距离（PDI）、个人主义（IDV）、男性化倾向

（MAS）、回避不确定性（UAI）和长期取向（LTO），是被跨文化研究者引用最多的国家文化理论，其中长期/短期导向，也被作为“儒家文化动力”。

在中国人价值观研究方面，学者主要从价值观的整体性结构或从具体价值观（职业价值观、生育价值观等）作为切入点进行探讨（金盛华等，2009）。在关于中国人价值观量表开发方面，主要存在两种情况：一种是修订和使用国外相对成熟的价值观度量工具；另一种是采用自编的工具进行数据收集。众多学者在沿袭西方价值观概念和理论模型的同时，对相应概念与理论也进行了本土化思考，并结合实证研究建构有关中国人价值观的理论模型，并进行了生动的描述。

（二）消费行为的价值观研究

价值观与消费行为的一致性得到较多学者的认同，并认为价值观对消费行为具有重要的影响力和消费导向作用，为购买行为的发生提供了强大的内在驱动力，是消费者行为的最终决定因素（David and Susan，2001；胡洁和张进辅，2008；潘煜，2009）。David 和 Susan（2001）认为消费者行为是其所在的特殊文化价值体系的反映，个人在融入某一特殊群体的过程中会逐渐形成个人的文化价值观体系。部分学者研究了中国传统文化价值观与消费行为之间的关系，张梦霞（2010）基于佛教、道教和儒教三大学说，归纳总结了中国消费者的文化价值观，揭示了文化价值观与消费者行为之间的因果规律。传统性价值观与现代性价值观是两套不同的心理成分，这就使得仅从传统性价值观或仅从现代性价值观的单一角度研究消费行为难免有失偏颇，吕巍等（2009）及闫超（2012）同时从传统性/现代性价值观角度研究其与消费者行为的关系。

跨文化消费者行为的区域差异是研究的重要内容，但从文化或个体价值观角度研究消费行为的区域差异的学者并不多。Kahle 等（1992）基于对 Homer 和 Kahle（1988）提供的“消费者价值观→态度→消费者行为”的理论推导，提出了研究区域消费差异的概念模型（图 2-2），反映了价值观与态度、意见等心理变量以及消费者行为紧密相关，价值观的区域差异也会引致与之相关的心理和行为的区域差异。刘世雄和卢泰宏（2006）指出不同国家和地区有着不同的文化，导致不同国家或地区的消费行为模式表现出很大差异性，从价值观和心理层面研究区域消费差异是主流方向。中国各地区在“接受外部文化”和“敢于花钱”两个消费文化价值维度上存在着地区差异，不同区域消费者在成就感、人情和面子 3 个维度上差异显著（刘世雄和卢泰宏，2006；阳翼，2007），不同地区的消费者具有不同的文化价值观，对事物的感知方式也不相同（李东进等，2009），从而产生不同的消费行为特征和模式。苏凇等（2013）从城市化角度出发，研究显示不同城市化程度的地区，消费者在文化价值观、感知价值和购买决策风格上存在较大差异。

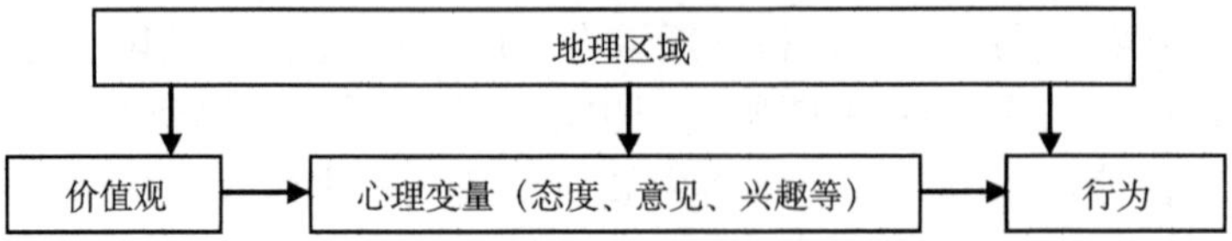

图 2-2　区域消费差异概念模型

资料来源：Kahle 等（1992）

虽然大部分学者都认为价值观与消费行为具有很强的相关性，但价值观对消费行为的作用机制仍是理论黑箱，一定程度上导致价值观能否直接预测消费者行为还存在很大争议（Bardi and Schwartz，2003；Bardi et al., 2008；陈莹和郑涌，2010）。内隐性的价值观与外显性的行为具有不同的层次和表现，价值观表达的是人类终极和基本的需要，但由于这些需要只是激发个体行为的内因，而在现实生活中，个体的实际行为是在特定情境下的结果，是内外因共同作用的结果，所以价值观与行为之间可能存在不一致。研究者试图通过寻求中介变量连接价值观与行为之间的关系，或者分析在特定情境下相关变量对两者关系的调节效应，以检验两者之间的内在联系（Brunso et al.，2004；Cai and Shannon，2012）。

（三）研究评述

1. 价值观研究应从客位研究转向主位研究

国外价值观量表的构建体现了客位研究的思想，提供了从一个跨文化视角来理解价值观的体系，其理论基础源于西方文化，不可避免地带有对其他文化的偏见。中国人价值观的研究一开始主要引用西方主流价值观理论（潘煜等，2014），又逐渐通过对中国社会现象的深入观察，结合中国情境，从理论架构和方法上突破了对西方研究的照抄照搬，进行了本土化的思考，尝试构建中国人的价值观理论模型，呈现了不少代表性的价值观研究成果。中国文化情境下的价值观研究应在借鉴西方价值观理论的基础上，从中国情境出发，运用主位研究模式，挖掘社会转型期中国人价值观的特征，构建中国价值观的结构维度。

2. 价值观与消费行为之间关系研究应嵌入中国文化和社会情境

情境性因素对价值观与行为关系的影响作用不容忽视，往往导致价值观与行为的不一致性，西方人在价值观、态度和行为之间具有更高的一致性，东方人在行动前会更多地考虑他人的反应，其一致性较低。情境因素可能增强或减弱价值观与行为的一致性程度，这需要分析不同情境变量的调节效应，以更好地反映价值观对行为的影响。面子、关系等中国传统价值观比西方价值观可以更好地解释中国消费者行为，但同时中国正处于激烈的社会转型期，现代价值观对消费行为的影响程度也日趋凸显，如居民住房行为深受传统东方文化价值观与西方现代思潮相互融合的价值观影响（杨永春等，2012）。价值观与消费行为之间关系的理论建构、概念测量以及研究方法的选择，应嵌入中国文化和社会转型情境，才有可能合理解释消费行为逻辑，也可以为相应政策提供科学依据。

3. 农村居民价值观及其与消费行为之间关系研究较为缺乏

目前中国人的价值观研究成果，其调研样本主要来源于港澳台地区，如Hofstede调研群体是跨国企业中层管理人员，Bond的调研样本是在校大学生，且是新加坡等华裔国家样本，部分学者的调研对象是中国台湾大学生居民，很少涉及中国大陆，其结论是否适用于快速转型的大陆地区的消费者，仍没有得到充分证实，这些理论的说服力有待进一步检验。部分学者关于中国消费者价值观研究的调研对象也主要是上海、北京等城市居民，农村居民消费价值观研究是一个较为薄弱的环节（金盛华等，2009）。中国存在明显的城乡差异和区域差异，在快速城镇化背景下，农村居民消费价值观可能正经历社会转型和传统文化的双重影响，相关研究较为缺乏（赵保国和刘勇，2013；周军和田克勤，2013）。农村居民价值观研究应根植于农村地区的历史和文化，这有助于完善价值观体系，更重要的是运用价值观去分析、挖掘和引导农村居民的消费行为。

二、价值观与旅游消费行为关系

文化引导着旅游消费者的感知、倾向和行为，不同文化背景的旅游者表现出不同的价值取向和行为特征，跨文化旅游及文化对旅游消费行为的影响研究逐渐成为旅游学术领域的热点之一（Pizam and Jeong，1996；伍晓奕和林德荣，2008；王健，2011；Li，2014），然而，作为文化内核的价值观与旅游消费行为之间关系的研究一直较为薄弱，尤其是在国内很少有学者从价值观视角解释旅游者的行为逻辑。本节从研究路径、内容与方法三个方面梳理和评述价值观与旅游消费行为关系的研究文献，为研究提供启示。

（一）研究路径

旅游消费行为是消费者的一种外在活动形式，往往反映旅游者内心深处所渴望的终极状态或价值观，内隐性价值观与外显性旅游消费行为之间的研究可以归纳为两种理论路径：“由内而外”的路径（价值观→旅游消费行为）和“由外而内”的路径（旅游消费行为→价值观），不同研究路径在研究内容、目的和方法等方面存在一定差异，也有各自的不足（表2-3）。

表 2-3 价值观与旅游消费行为关系的研究路径比较

研究路径	研究内容	研究目的	研究方法	不足和讨论
“由内而外”（价值观→行为）	从价值观切入，直接运用、提炼或重构价值观量表，构建理论模型，剖析两者关系及价值观的影响程度	开发旅游情境下价值观量表；实证检验两者关系及其影响；细分旅游市场，预测旅游行为	基于问卷调查数据，以数理统计、结构模型等定量方法为主，如结构方程模型等	不同文化、场地和个人消费情境下，价值观存在差异，对行为的解释力度较弱，应加入反映文化、地方和个人情境的中介或调节变量
“由外而内”（行为→价值观）	从旅游产品属性或旅游者行为切入，构建理论框架，探寻旅游者行为意图或价值取向	揭示旅游行为背后的价值观动因；透视和解读旅游行为；基于价值观差异，设计旅游产品，满足需求	运用实地访谈并结合问卷调查数据，偏重质性研究方法，如阶梯访谈法等	不同消费场地、样本规模、结构效度等受到一定质疑，应提高研究结论的稳健性和结果的普适性

1. “由内而外”研究路径

“由内而外”的理论路径是指从旅游者价值观切入，基于实地问卷调查数据，运用数理统计、结构模型等定量方法，实证检验价值观与旅游消费行为之间的关系。这是一种较为宏观的研究视角，也是目前研究的主流思路。在这个理论路径中，旅游者价值观度量及其与旅游消费行为关系的理论建构是两个关键问题。

（1）价值观度量。一是借鉴 Rokeach、Kahle、Schwartz 和 Hofstede 等主流价值观理论，运用他们开发的价值观量表度量旅游者价值观（Pitts and Woodside，1986；Muller，1991；Watkins，2005；Hedlund，2011；Li and Cai，2012；Moura et al.，2014）。二是针对具体消费情境，重新发展旅游消费价值观概念，提炼价值观内容（Deborah and Richard，2000；Wong and Lau，2001；Mehmetoglu et al.，2010；Tsang，2011；Xu and Fox，2014）。

（2）价值观与旅游消费行为关系的理论建构。一是选用上述的成熟价值观量表，直接检验价值观与旅游消费行为之间的关系（Watkins，2005；Mehmetoglu et al.，2010）。二是结合社会文化背景，试图寻求具体旅游情境下的中介变量或调节变量，以增强价值观对旅游者行为的解释力度，检验价值观与旅游消费行为的关系（Wong et al.，2014；Xu and Fox，2014）。

2. “由外而内”研究路径

“由外而内”的理论路径是指从旅游产品属性或旅游者行为特征切入，将问卷调查与实地访谈等相结合，探寻旅游者所追求的最终意图或价值取向（Rekom，1995；Jewell and Crotts，2002；Klenosky，2002；Watkins and Gnoth，2010，2011）。这是一种较为微观具体的研究视角，研究成果相对较少但日益增多。价值观是抽象和稳定的，而旅游者行为变化较大且需要针对具体消费情境，致使旅游者内在隐性价值观与外在显性消费行为的直接相关性较弱，价值观对旅游消费行为的解释力度亟待增强（McIntosh and Thyne，2005）。

Watkins 和 Gnoth（2005，2010，2011）运用 Kahle 等学者开发的 LOV（list of values）量表，研究日本游客在新西兰的旅游消费行为时，发现 LOV 量表不能很好地解释旅游者行为，依据 Kluckhohn 和 Strodtbeck（1961）的五维价值取向理论构架，使用"手段—目的"链理论（means-end chain，MEC）和阶梯访谈法（laddering）等质性研究方法，从理论的、主位的和整体的视角探究日本游客的价值取向来解释旅游消费行为，在此基础上，架构了文化价值观、个人价值观与旅游行为之间关系的模型（图 2-3），进而构建了价值观与消费者行为关系的一般理论模型，为其他消费领域的研究提供理论框架与启示。

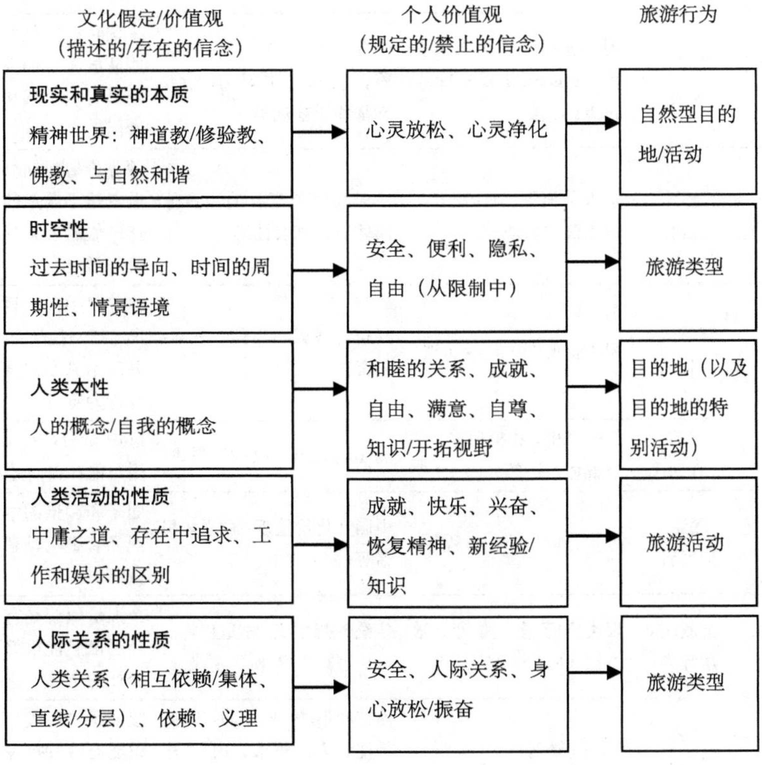

图 2-3　文化价值观、个体价值观与旅游行为之间联系的模型

资料来源：Watkins 和 Gnoth（2011）

（二）研究内容

1. 旅游消费行为研究中的价值观内容与结构

旅游者价值观不同，对旅游消费行为的理解和诉求也就存在差异，价值观内容的界定与度量是探讨两者关系的前提和基础。表 2-4 梳理了 2000 年以来学者关于价值观与旅游消费行为关系研究的部分成果。

表 2-4　价值观与旅游消费行为关系的部分研究成果

研究者	研究对象	研究方法	价值观内容与结构	研究结论
Deborah 和 Richard（2000）	度假行为	分层对数线性模型（hierarchical log linear analysis）等	情感支配/认知支配、内部导向/外部导向	所构建的模型有效检验了价值观对度假旅游行为的积极效应
Wong 和 Lau（2001）	团队旅游	因子分析、典型关联分析（canonical correlation analysis）等	CCVs 提炼 4 个维度：社会整合、儒家工作动力、个人幸福和道德规范	中国传统文化背景下的香港团队旅游者偏爱团队旅行以及具有安全感和全自费的旅游活动
Jewell 和 Crotts（2002）	遗产旅游	层次价值图（HVM）、焦点群体访谈等	快乐与学习互补的满意休闲体验、真实性等	探寻价值观动机与需求，旅游者追寻满意的休闲体验，遗产旅游者有独特的旅游动机与需求
Klenosky（2002）	春季度假行为	层次价值图、阶梯访谈	兴奋、成就、自信、快乐/兴奋	检验“手段—目的”链理论和“推—拉”动机之间联系，并应用到春假旅游目的地选择行为研究
Watkins（2005）	旅游行为	因子分析、扎根研究、焦点群体访谈等	list of values（LOV）量表	LOV 量表在跨文化情境中使用可能存在问题和偏差
Hoare 和 Butcher（2008）	餐馆消费者	因子分析、回归方程等	中国文化价值观：面子、和谐等	面子和和谐的中国文化价值观显著影响顾客满意度和忠诚度
Mehmetoglu 等（2010）	挪威旅游行为	聚类分析、多变量变异数方法（MANOVA）等	传统理想主义/物质主义、现代理想主义/现代主义	个人价值观是有效的市场细分手段且能很好地解释旅游者行为
Watkins 和 Gnoth（2010，2011）	游客行为	阶梯访谈等	内在和谐/精神、即时/现实关注、人的需求、内部/外部导向价值	验证了“手段—目的”链理论能有效发掘深层次且特别是与文化兴趣相关的价值观
Hedlund（2011）	可持续旅游	结构方程模型等	Schwartz value survey（SVS）量表	普遍主义与环境关心具有相关性，且环境关心与意愿程度、购买意图之间有显著正相关性

续表

研究者	研究对象	研究方法	价值观内容与结构	研究结论
Li 和 Cai（2012）	出境旅游者	描述性统计、结构方程模型等	list of values（LOV）量表	内/外价值观对旅游行为有显著影响，行为意图受内在价值观影响，新奇性维度直接影响意图
Pike（2012）	短期度假旅游	阶梯访谈、积储测验（repertory test）等	快乐、健康生活、与家庭/同伴的亲近性、自我实现等	个人对目的地认知的突出属性有所不同，但有一个共享的结果和价值观，营销组织可确立一个涵盖多重不同属性的品牌定位主题
Wong 等（2014）	志愿旅游者	验证性因子分析、方差分析等	垂直/水平个人主义、垂直/水平集体主义	个人文化取向与影响目标追求的权力融合，会导致志愿或自我放纵型旅游者增长
Xu 和 Fox（2014）	可持续旅游	探索性因子和验证性因子分析、结构方程模型等	利己价值观、生态价值观	人类中心和生态中心价值观都显著影响态度，中国与英国在价值观、态度与行为间有相同的因果结构
Moura 等（2014）	旅游意图	方差分析、多变量变异数法等	Hofstede 文化价值观量表	文化价值观不一致，对目的地网站能产生积极形象和更愿意旅行

表 2-4 显示，较多学者没有重新界定旅游情境下的价值观内涵，主要借鉴主流价值观理论应用到旅游者调查中，以提炼旅游者的价值观内容和结构，并用来分析其对旅游消费行为的影响，但旅游行为的价值取向与一般行为存在差异，需要根据具体旅游消费情境与研究目的，重新提炼或建构价值观内容与维度。Deborah 和 Richard（2000）通过剖析经典价值观理论在旅游研究中存在的问题，构建了由二维空间组成的旅游者个人价值取向：内部导向（inner directed）/外部导向（outer directed）、情感支配（emotion-dominant）/认知支配（cognition-dominant）（图 2-4）。Jewell 和 Crotts（2002）探寻遗产地游客价值观动机与需求，游客的价值取向是快乐与学习互补的满意休闲体验（satisfying leisure experience）、真实性（authenticity）等，发现遗产旅游者有独特的价值观动机与需求。同样，Watkins 和 Gnoth（2010，2011）也认为依赖 Hofstede 跨文化理论的客位研究亟须新理论和新方法，发现日本游客前往新西兰旅游的价值观包括内在和谐/精神（inner harmony/spirituality）、即时/现实的关注（immediate/practical concerns）、人的需求（people）、内部/外部导向价值（inner-directed values/outer-directed values）。

	情感支配	认知支配
内部导向	缓解和放松；回到自我；乐趣；兴奋；满足	学习有趣的事
外部导向	亲近自然；和亲朋好友分享珍贵时间；没有烦恼；自由于广阔开放的空间	一个可以安全度假的地方；可告知亲友的知名目的地；了解自己的国家

图 2-4　基于实地情境的价值观二维模型

资料来源：Deborah 和 Richard（2000）

2. 价值观与旅游市场细分

价值观与旅游市场细分关系的研究是最早开展的热点领域之一。这类研究主要运用主流价值观理论和定量研究方法，测度旅游者的价值观取向，并基于所得结果的个人价值观差异，细分旅游市场或探查不同市场旅游者的价值观差异，揭示价值观与旅游细分市场的关系。Boote（1981）对价值观与旅游者住宿选择关系的研究可能是最早的相关研究文献之一，显示价值观对市场细分具有积极的意义，而不仅仅是运用传统的人口学变量进行细分。Pitts 和 Woodside（1986）、Muller（1991）分别运用 RVS（Rokeach value survey）、LOV 量表，检验价值观与旅游细分市场的关系，揭示不同市场旅游者具有显著的价值取向差异。同样，McCleary 和 Choi（1999）运用 RVS 量表对美国和韩国游客进行价值观评分，显示价值观能有效辨认细分市场，不同市场在宾馆选择标准上存在显著差异。挪威学者 Mehmetoglu 等（2010）运用该国监测旅游者使用的价值观量表，将旅游者分成四个类型：传统理想主义者、现代理想主义者、物质主义者和现代主义者，发现个人价值观是市场细分的有效手段且能很好地解释旅游者行为。基于价值观对旅游市场的科学细分，旅游营销者可以根据旅游者的心理需求，设计相应的旅游产品以吸引、影响并满足旅游者（Muller，1996；Pike，2012），如 Pike（2012）通过研究短期度假旅游者对目的地属性、结果与价值取向的认知，显示个人对目的地认知的突出属性有所不同，但存在一个共享的期望结果和价值观，目的地营销组织据此可确立一个涵盖多重消费属性的品牌定位主题。

总之，在具体旅游消费情境下，价值观往往比人口学特征更能阐释旅游行为活动差异（Madrigal and Kahle，1994），能较好地理解旅游者行为，为跨文化市场营销战略的制定提供一个理论基础（Ekinci and Chen，2001）。

3. 价值观与旅游活动偏好

旅游者的价值观触发旅游动机，呈现不同的旅游消费活动偏好，是理解消费行为动机和活动偏好的基础；价值观常被用来预测旅游与休闲活动决策、旅游目的地与活动选择等。Pizam 和 Calantone（1987）以学生旅游者为调查对象，研究了一般价值观、特定价值观与旅游行为之间的联系，显示出一般价值观和特定开发的价值观结构可以成功预测 41%～81%的旅游者行为。文化距离会影响游客的决策行为，文化背景相似的旅游者可能表现出相似的消费决策与行为特征，而不同价值观取向的游客通常会在旅行计划时间、旅游方式、行程安排和旅游信息搜集方式上有不同的特点（Litvin et al.，2004）。Kim 和 Lee（2000）研究发现英美和日本游客存在明显的个体主义与集体主义的文化差异，旅游动机表现为集体主义文化的日本游客重视与家人在一起和身份/地位，而新奇性动机对表现为个人主义文化价值取向的英美游客更重要。目前，学者主要从跨文化角度研究国家层面的文化价值观与旅游消费偏好，而国家内不同区域和不同群体消费者的个人价值观与旅游行为偏好关系的研究相对缺乏。

4. 价值观对旅游消费行为的影响

价值观对旅游消费行为影响的研究侧重于运用定量研究方法，通过构建价值观与旅游消费行为之间的理论模型，检验两者的关系。Hedlund（2011）基于 SVS（Schwartz value survey）理论，使用普遍主义（universalism）、仁慈（benevolence）、权力（power）和成就（achievement）测量旅游者的价值观，运用结构方程模型（SEM）分析，显示出普遍主义与接受经济牺牲去保护环境的意愿程度具有相关性，且环境关心与意愿程度、购买生态旅游产品意图之间都有显著的正相关性。Wong 等（2014）将水平—垂直（horizontal-vertical）维度嵌入个人主义—集体主义（individualist-collectivist）文化价值观理论框架，划分出四种文化价值取向：垂直/水平个人主义、垂直/水平集体主义，运用验证性因子分析（CFA）、方差分析（ANOVA）等方法研究志愿旅游者行为，显示出若个人文化取向与影响目标追求的权力相融合，会导致志愿或自我放纵型旅游者增长。Xu 和 Fox（2014）分析人类中心（anthropocentric）价值观和生态中心（ecocentric）价值观对旅游环境保护及态度的影响，显示出中英两个国家在价值观、态度与行为之间具有相同的因果结构关系。

5. 中国旅游者价值观研究

中国人的价值观研究主要以整体性结构或具体价值观（职业价值观、生育价值观等）为切入点予以探讨（金盛华等，2009），学者在研究过程中发现起源于儒家文化的中国消费者价值观感知与西方主流价值观不相一致，以西方人为研究对象开发出来的价值观量表并不适合东方文化背景的消费者，基于相关研究的薄弱性，中西方学者对中国消费者的价值观开展了研究。The Chinese Culture Connection（1987）和 Bond（1988）开发了在本质上非西方的调查问卷，被称为中国文化价值观（Chinese cultural values，CCVs）调查，这个量表经常被运用于测量包括旅游行为在内的中国消费者价值观。Wong 和 Lau（2001）根据香港出境旅游团队的问卷调查，从 CCVs 中抽取与旅游行为相关的 13 个价值观条目，运用因子分析法提炼了四个反映中国文化的旅游者价值观维度：社会整合（social integration）、儒家工作动力（Confucian work dynamism）、个人幸福（personal well-being）和道德规范（moral discipline）。基于 CCVs，Tsang（2011）提炼了 5 个与服务业相关的价值观维度：对工作的态度（attitude towards work）、对人的态度（attitude towards people）、道德规范（moral discipline）、地位与关系（status and relationships）和节制（moderation）。此外，Mok 和 Defranco（2000）构建了中国文化价值观的概念框架：尊重权威（respect for authority）、相互依赖（interdependence）、面子（face）、群体取向（group orientation）、和谐（harmony）和外部属性（external attribution），并分析不同价值观维度对接待业与旅游业的营销含义。

梁雪松等（2006）比较了东西方旅游者的价值观与行为取向，东方旅游者受中国传统儒家文化影响，追求群体主义取向，行为保守，热衷团体旅游，而西方人受西方宗教文化影响，崇拜个人主义，追求自由，喜欢冒险旅游（表 2-5）。

表 2-5　东西方旅游者价值观与旅游行为取向差异比较

项目	东方旅游者	西方旅游者
价值取向	集体主义，保守的，团体出游	个人主义，积极的，喜爱散客旅游
与当地居民交往	不太渴望，交往较少	非常渴望，交往很多
旅游者特征	旗子+队伍+相机+遮阳帽	自由+休闲+牛仔服
旅游影响因素	景点和文化吸引，旅游价格	景点，距离，目的地居民好客程度
旅游逗留时间	较短，7～12 天	较长，10～20 天
出境旅游目的	观光游览，增加见识	休闲度假，追求新奇
咨询渠道	旅游商，亲友介绍，广告	导游书籍，亲友介绍，互联网
旅游景点偏爱	人工景点，自然景点	自然景点，历史文物
目的地饮食	倾向母国风味	喜爱品尝具有当地特色的食品
购物、摄影	兴趣大，留影多，留作纪念	兴趣较小，留影较少

资料来源：梁雪松等（2006）。

同样，Wong 和 Lau（2001）通过对香港出境旅游团队的研究，也显示他们偏爱团队旅行以及具有安全感和自费的旅游活动。Li和Cai（2012）运用LOV量表研究中国海外团队旅游者，研究表明内在价值观和外在价值观对旅游动机都有显著影响，行为意图受到内在价值观显著影响。国内学者还从饭店营销、满意度、目的地选择、感知价值和旅游动机等视角调查和分析旅游者行为特征及其期望的消费结果，探寻和阐释不同旅游消费行为的价值取向（崔晓林，2001；王跃伟和陈航，2011；魏宝祥，2012；张宏梅等，2012；曲颖和贾鸿雁，2013）。盖玉妍（2012）分析得出居民旅游消费价值观的影响主要体现为两种不同的旅游消费价值观取向：个体化导向的享受型和家族主义影响下的实用型。此外，还有学者研究了明代居民文化价值观与旅游消费的相互影响（饶品样，2012），明代文化价值观的嬗变为其旅游观的出现提供了思想资源和价值导向，丰富了城市旅游活动，城市旅游活动的发展又进一步拓宽了人们的视野，促进了文化价值观念的变迁。

总之，研究发现中国传统文化观念显著影响消费者的满意度与忠诚度、旅游消费活动等，将“面子”、“关系”、“中庸”和“权威”等中国儒家思想观念融入旅游消费价值观研究（金丽，2008；Hoare and Butcher，2008），可以更合理地解释中国文化背景下的旅游者消费行为逻辑。

（三）研究方法

旅游消费研究的主流范式是实证主义研究，基于调查数据的定量研究是价值观与旅游消费行为之间关系的主要方法，但McIntosh和Thyne等学者呼吁在旅游研究领域中应更多使用质性研究方法，特别是在文化价值观研究领域，质性研究可以较好地替代以问卷调查数据为基础的定量研究，尤其是在理解和解释旅游者购买、消费或体验产品和服务的价值意义时（Steenkamp and Hofstede，2002；Thompson and Troester，2002；McIntosh and Thyne，2005）。

“由内而外”的研究路径较多地运用定量研究方法。在定量研究中，数据主要来源于实地问卷调查，也常常辅助有访谈调查、开放式问卷等收集和确定调查项目，编制问卷，以供定量研究。学者一般运用频率分析、描述性分析、探索性因子和验证性因子分析等方法对问卷数据进行处理并提炼旅游者的价值观维度，在此基础上，构建理论模型，选用适合的定量方法揭示价值观与旅游消费行为的关系，如运用配对比较法（pair-comparison）分析价值观与旅游消费行为的匹配程度（Pizam and Jeong，1996），运用典型关联方法（canonical correlation analysis）（Wong and Lau，2001）分析持有不同价值观的旅游者所偏爱的旅游活动和产品属性，运用分层对数线性模型（hierarchical log linear analysis）（Deborah and Richard，2000）、多变量变异数方法（MANOVA）（Mehmetoglu et al.，2010；Moura et al.，2014）等检验价值观与旅游消费行为之间的关系。SEM因为在模型构建、多变量处理、路径系数测算和模型拟合优度检验等方面具有优势，有助于揭示旅游消费行为的影响机制，较多地被运用于检验价值观对旅游消费行为的影响（Hedlund，2011；Li and Cai，2012），获得了较好的验证效果。然而，在不同文化、语境或区域情况下，旅游者的价值观存在差异，应综合考虑旅游者人口学、文化背景和实地消费情境，加入适当的中介或调节变量，从主位视角探测与旅游行为相关的文化价值观并检验两者的关系（Deborah and Richard，2000；Wong and Lau，2001）。

“由外而内”的研究路径倾向于运用质性研究方法。质性研究在价值观与旅游消费行为研究中日益增多，非结构化问卷、焦点群体访谈、阶梯访谈等调查方法是数据收集的主要方法。“手段—目的”链（MEC）理论认为人类的一切行为都是为了使其价值观得到满足，将顾客感知到的不同抽象水平的价值划分为三个层次，即产品属性（attributes）、消费结果（consequences）和消费者价值观（values），从而构建出价值观与消费行为之间的密切联系（Gutman，1982），从微观视角揭示并阐释驱动旅游者行为的价值观动因，为价值观与旅游消费行为研究提供一个较好的理论框架与研究范式（McIntosh and Thyne，2005）。阶梯法是研究 MEC 最为常用的一种定性研究方法，根据访谈方式的不同特点分为硬梯法（hard laddering）和软梯法（soft laddering）两种（Watkins and Gnoth，2011）。Grunert 和 Grunert（1995）分析了硬梯法与软梯法的区别，在软梯法中，应答者的回答被限制得尽可能小，应答比较自然；相反，硬梯法是申请人运用访谈和数据收集技术，迫使应答者根据一定的顺序，由一个答案产生另一个答案，应答较为生硬，不自然。该方法通过探测式导向访谈逐步揭开消费者内心的价值观，将相对具体的属性、逐渐抽象的结果和个体价值观联系起来，如同引导回答者在一个抽象的梯子上上上下下一样，所以被称为“阶梯”访谈法（Watkins and Gnoth，2011）。

阶梯法可以根据旅游者自身的理解来界定价值观，而不是预先设置的价值观，从而能更好地检验具体消费行为与其相对应的个人价值观的关系，使调查结果与旅游行为的联系更为紧密，从而有效建立 MEC 理论的“属性—结果—价值观”结构，弥补了从宏观视角定量研究的不足，因而阶梯法被认为是一种适用于旅游者价值观研究的方法，如运用在目的地选择（Klenosky，2002；Watkins and Gnoth，2010）、博物馆和遗产旅游（Crotts and Rekom，1999；McIntosh and Prentice，1999）等领域。然而，学者也质疑 MEC 模型是否是一个层级结构，以及对消费行为预测能力的有限性等，MEC 结构和阶梯法还可能会“强加”价值观和旅游者行为之间的可能并不存在的联系，且旅游者并没有意识到该关系或有哪些确切的意义（McIntosh and Thyne，2005；Watkins and Gnoth，2010）。硬梯法强迫受访者在一个特定的结构和回答顺序上，由此引出相应的价值观，其直接性和狭窄性受到了批评（Watkins and Gnoth，2011）。运用“手段—目的”链理论研究旅游者的价值观是没有疑问的，但对经常使用的阶梯法提出了批评和质疑，在决定和阐释旅游者的最终价值观方面仍需要完善，在具体运用时需要明确区分硬梯法和软梯法，以及加强对价值观运用的规范性讨论等（McDonald et al.，2008）。

部分学者融合“由内而外”和“由外而内”两种研究路径，将定量和质性研究方法相结合，依据“手段—目的”链理论，以内容分析法作为阶梯访谈资料的分析工具，绘制旅游产品属性、结果和价值链关系的价值层级图（hierarchical value map，HVM），目的在于将访谈资料进行客观、系统的分类，并加以量化，以探查与不同旅游消费行为相对应的主要价值观。国外学者运用 HVM 研究了遗产地游客的需求动机因素（Jewell and Crotts，2002）、个人价值观相符的旅游目的地选择（Crotts，2004）、个人价值观对城市边缘绿地经济使用价值的评价（López-Mosquera and Sánchez，2011）等。王跃伟和陈航（2011）构建了辽宁赴台旅游者的价值层次图，聚类得出五大最具主导地位的“手段—目的”意义链；张宏梅等（2012）使用回归方法检验了目的地属性层的价值观维度与结果层价值观维度的关系，发现旅游者对目的地属性层的价值感知显著影响了对结果层的价值感知；曲颖和贾鸿雁（2013）以海滨城市目的地为例，构建了一个综合展示目的地属性、旅游者期望结果和个人价值观之间关系的价值层级图。

（四）研究评述

1. 理论构建

在旅游行为研究领域中，学者在沿袭价值观经典理论的基础上，逐渐结合旅游者行为的考察和具体的文化情境，从理论架构和方法上开始探讨不同旅游情境下的旅游者价值观取向，尝试构建旅游情境下的价值观理论模型。然而，这种理论探讨尚且不多，目前主流研究还是借鉴成熟的价值观内涵和维度，实证检验价值观与旅游行为之间的关系。在探讨价值观与旅游者行为之间的关系时，学者一般遵循两条研究路径：“由内而外”（价值观→旅游行为）和“由外而内”（旅游行为→价值观），不同的研究路径，其切入点、理论框架和研究方法都存在一定差异。目前以前一种研究路径为主，成果多数是探讨价值观与旅游市场细分、活动偏好关系以及检验价值观对旅游者行为的影响等方面，而价值观对旅游消费行为影响机制的研究相对滞后，这也导致价值观与旅游行为之间关系存在不一致和争议。后一种研究路径通过构建旅游者行为与价值观的关系，研究不同旅游者行为背后的价值取向，但其研究结论受到样本或区域的限制，还有待进一步检验。

2. 研究方法

目前的研究以定量的实证研究为主，基于问卷调查，检验价值观与旅游消费行为关系及其影响效应。质性研究也逐渐被学者所采用，主要运用“手段—目的”链理论和访谈法分析价值观与旅游消费行为的关系，并显示出这是一种有效探测旅游者行为背后价值观的方法。定量研究和质性研究在文化语境、情境场地、结构效度等方面都受到一定的质疑，因而应加强两种研究方法的综合运用，以便更好地揭示价值观与旅游消费行为的关系。

3. 实证研究

实证研究的理论建构主要来自于西方理论，调研区域以国外为主，虽然也有少数学者运用中国学者开发的“中国文化价值观”（CCVS）量表对旅游者进行研究，但也以中国香港和海外华人学者为主，针对中国大陆旅游者价值观与旅游行为的相关成果较少。国内关于价值观与旅游消费行为的研究主要以描述性为主，深入挖掘旅游者背后的价值观动因以及实证检验价值观对旅游行为作用机制的研究成果都非常缺乏。虽然部分学者研究文化价值观与旅游消费行为之间的关系，但这类研究主要基于跨文化背景，以国家为研究尺度来研究不同国家文化背景下的旅游者行为差异，而国家内部不同区域也有不同的文化，亚文化价值观及其导致的个体价值观差异也可能影响旅游消费行为的区域差异和个体差异，而此类研究较为缺乏。中国存在典型的城乡二元结构，城乡居民在价值观与消费行为方面存在较大差异，目前这个方面的研究成果不多，且研究对象以城镇居民为主，而对浸润中国传统文化的农村居民价值观与旅游消费行为的研究尚未发现。

三、游客感知价值与旅游消费行为关系

感知价值被称为继服务质量和消费者满意度研究后的第三次消费研究浪潮（Cronin et al.，2000），其内在原因在于顾客感知价值作为价值取向导致了其与消费行为之间的关系，驱动着消费者行为（潘煜，2009）。

（一）游客感知价值内涵与测量

1. 内涵与维度

学者基本认同 Zeithaml（1988）对顾客感知价值的界定，即顾客感知价值是顾客权衡感知利得与感知利失的结果，感知利得一般包括产品或服务的功能价值、社会价值与情感价值，感知利失包括经济成本与非经济成本，并结合不同的研究情境，构建有所差异的感知价值维度。Sheth 等（1991）提出感知价值理论框架，即顾客感知价值由功能价值、社会价值、情感价值、认识价值和情境价值五个维度构成。Parasuraman（1997）使用定量评估方法对感知服务价值的维度进行了探测，得到了著名的 PZB 模型，据此形成了 SERVQUAL（服务质量测量量表）。在服务情境下，价值感知与传统商品相比，具有更大的危险和不确定性，单一功能价值维度对消费体验来说可能太简单（Baker and Crompton，2000），再加上服务

体验的异质性，一个多维度感知价值视角被认为更适合服务情境（Sweeney and Soutar，2001；Petrick and Backman，2002）。Sweeney 和 Soutar（2001）创建了包含 19 个项目的量表，发现有四类价值维度（情感价值、社会价值、质量价值、价格价值）有助于解释消费者的态度和行为，被运用于测量不同消费产品的顾客感知价值（Williams and Soutar，2009）。

顾客感知价值理论在旅游者行为领域获得了广泛的研究（Carlsen and Boksberger，2015）。旅游领域中的感知价值概念主要基于营销学的定义，且多数研究是对 Zeithaml 定义的直接引用或稍加调整（张宏梅等，2012；王莉等，2014），强调游客感知利得与感知利失的均衡。主要分为两类：一类是研究特定情境下感知价值维度结构，开发相应的感知价值量表，并予以实证检验。感知价值维度的构建主要基于已有的成熟理论，并结合具体的情境进行理论阐述和量表开发。虽然不同情境下旅游目的地和旅游产品的游客感知价值维度存在较大差异，但总体上可以归纳为服务或产品质量价值、情感价值、社会价值、成本价值等。另一类是探讨感知价值与旅游者行为或行为意向之间的关系。游客对旅游目的地或旅游产品的价值感知强烈影响着未来旅游意向和重访，或从事类似的旅行体验（Petrick，2004）。这类研究包括：感知价值对旅游者行为的直接影响；感知价值与服务质量、满意度、忠诚度等概念之间的关系；在不同旅游情境下，感知价值在构建模型中的中介效应，探讨感知价值对旅游者行为的影响机制。

2. 游客感知价值测量

游客感知价值测量维度有单维度与多维度两类。

第一类，单维度研究侧重于测量游客总体感知价值，以探讨感知价值与其他营销变量之间的关系（王莉等，2014）。Kashyap 和 Bojanic（2000）、Petrick 等（2001）仅用 1 个题项的 10 点量表测量感知价值；Chen 和 Chen（2010）、Duman 和 Mattila（2005）、Chen 和 Tsai（2007）则用 5 个题项的 5 点或 7 点量表来测量，如用 5 个题项测量感知价值对电视购物旅游产品的影响。

第二类，多维度研究侧重探讨不同情境下的游客感知价值结构。由于服务业体验本质的异质性，多维度的感知价值视角被认为更适合服务情境（Zeithaml，1988；Sheth et al.，1991；Sweeney and Soutar，2001），逐渐关注多维感知价值研究，构建感知价值与满意度、行为意图等变量的关系模型并予以实证检验（Oh，2003；Petrick，2004；Gallarza and Saura，2006；Williams and Soutar，2009）。Petrick 和 Backman（2002）开发了一个 5 维度的游客感知价值量表，包括质量、情感反应、货币成本、行为成本、信誉。Sánchez 等（2006）开发了一个适用于旅游情境下的 GLOVAL 量表，包括旅行社功能价值、旅行社联络人员的功能价值、包价产品功能价值（质量）、功能价值（价格）、社会价值、情感价值 6 个维度。Williams

和 Soutar（2009）认为在构建游客感知价值时，需要考虑更多的旅游情境，并依据题项价值量表（PERVAL）构建框架，开发了一个冒险旅游产品的顾客感知价值量表，包括功能价值、成本价值、社会价值、象征价值和情感价值 5 维量表。Jamal 等（2011）以住在当地居民家里的旅游类型为情境，得出 5 个感知价值维度：功能价值（建立）、功能价值（价格）、体验价值（主客交流）、体验价值（活动、文化和知识）和情感价值。Gallarza 等（2013）研究了在特别事件中的志愿价值，并通过价值量表的开发与检验，得出了精神的利他主义、社会价值、玩乐、效率和努力付出的 5 维量表。国内学者对生态旅游、节事旅游、旅游目的地选择、遗产旅游、古村落旅游、湿地公园等类型的旅游感知价值维度进行了较为深入的探讨（表 2-6）。

表 2-6　国内学者关于游客感知价值维度的部分研究成果

研究者	情境	维度和项目	维度结构	有效样本	方差贡献/%	Cronbach's α 系数
程兴火（2006）	森林景区	8维36项	服务、功能、特色、品牌、教育、情感、感知成本和环境价值	369	64.034	—
黄颖华和黄福才（2007）	香港	8维38项	情感（愉悦感、新奇感）、旅游质量（活动、接待体系、资源）、社会价值、感知经济成本、感知非货币成本	411	60.35	0.834
张涛和贾生华（2008）	节事旅游	6维38项	便利价值、服务价值、感知价格、美感价值、玩乐价值和社会价值	867	68.58	—
隋丽娜等（2010）	文化遗产	6维23项	享乐价值、社会价值、质量价值、服务价值、效率价值和成本价值	749	58.801	0.734～0.866
白凯等（2010）	入境旅游	5维18项	社会环境、设施、公共服务、旅游吸引力和旅游服务	1003	64.292	大于 0.6
李文兵（2011）	古村落	8维37项	情感价值、旅游资源本体感知、认知价值、社会价值、非经济成本感知、导游服务感知、经济成本感知、社区服务感知	496	68.137	大于 0.8
王朝辉等（2011）	节事旅游	6维32项	服务价值、美感价值、效用价值、愉悦价值、感知价格、方便价值	1305	69. 746	0. 963
魏遐和潘益听（2012）	湿地公园	7维26项	服务体验、特色体验、教育体验、成本体验、生态体验、信任体验、关怀体验	166	68.633	0.928
周玮等（2012）	城市公园	5维19项	感知价格、休闲价值、环境价值、服务价值、文化价值	302	61.039	0.861
马凌和保继刚（2012）	节事旅游	7维24项	认知价值、享乐价值、社交价值、服务价值、经济便利价值、情境价值和功能价值	388	69.854	0.594～0.847
王莉等（2014）	湿地公园	6维29项	环境价值、特色价值、服务价值、管理价值、知识教育价值、成本价值	939	59.6	0.70～0.93

（二）游客感知价值与旅游消费行为关系

1. 旅游消费行为的游客感知价值研究

感知价值对消费行为的影响已得到理论与实证的广泛支持，根据研究视角与作用类型，可将影响研究分为直接作用型和综合作用型两类。

类型 1：直接作用型。这类研究多见于游客感知价值研究文献，倾向并实证检验感知价值是旅游行为意向最重要的直接前因（Petrick et al.，2001；Petrick and Backman，2002；Petrick，2004；Lee et al.，2007；李华敏，2010；白凯等，2010；Carlsen and Boksberger，2015）。Chang 和 Wildt（1994）发现感知质量和感知价格也会借助感知价值对行为倾向产生间接作用。Petrick 和 Backman（2002）研究了感知价值结构和高尔夫旅游者重游意图之间的关系，显示出交易价值和重游意图有着统计相关的意义。Chen 和 Tsai（2007）说明了感知价值是先于旅游者满意度的行为变量，旅游者感知价值的研究结果能更早地预测旅游者对目的地各类旅游产品再次购买的行为意图。白凯等（2010）的研究显示当个体认知评价水平增加时，个体感知价值也对应增加，个体感知价值水平越高，个体行为意图越强烈。Bajs（2015）总结了感知价值与消费行为意图的研究，大部分研究显示顾客感知价值与旅游消费行为意向之间存在直接联系。

类型 2：综合作用型。这类研究倾向于认为如果顾客感知价值对旅游消费行为产生影响，需要借助态度、满意度、忠诚度等中介变量，从而在相关变量的中介效应下，顾客感知价值影响旅游消费行为（Petrick et al.，2001；Chen and Chen，2010；Williams and Soutar，2009；李文兵，2011），其影响效应可能包括直接效应和间接效应。Chen 和 Tsai（2007）对台南四个主要遗产旅游景点的游客体验质量和后续行为意愿进行了实证分析，反映了“体验质量—感知价值—满意度—后续行为”之间的相关关系，遗产游客的感知价值越高，游客满意度越高，游客越有积极的后续行为意向。Williams 和 Soutar（2009）研究了在冒险旅游情境下，检验感知价值、满意度与行为意图之间的关系，显示出感知价值各个维度都对顾客满意度和行为意图有显著影响，建议研究者应当以一个更广阔的整体视角去研究旅游语境下的游客感知价值。李文兵（2011）研究显示古村落游客感知价值作为单维度结构通过满意度间接影响忠诚的形成，但忠诚机理差异明显，功能维的忠诚驱动显性化，情感维的忠诚驱动隐性化。Yen 和 Teng（2015）从流行媒体的视角出发，研究节日涉入对旅游行为意图的影响，以及感知价值在其中的效应。Carlsen 和 Boksberger（2015）归纳并分析了葡萄酒旅游的属性，葡萄酒旅游产品必须提供关键属性，其中最重要的是优良的服务质量和各酒厂的参观环境，而经济功能价值并不是葡萄酒旅游者寻求的重要属性。

2. 价值观、感知价值与旅游消费行为关系

消费者通过对消费对象属性的认知、使用和体验，获得期望的消费结果，即感知价值，这是经过感知利得与感知利失比较后的结果，消费者借助感知结果达到内心深处所渴望的终极状态，即价值观。消费者的感知价值是连接内在隐性价值观与外在显性产品特征的“桥梁”，据此考察消费者的价值观、感知价值与消费行为特征之间的关系，可以揭示感知价值与价值观对行为的引导和规范作用，也可以透过行为理解消费者的感知价值以及最终价值取向。感知价值对消费者行为意图影响的研究已取得较多成果，然而，价值观、感知价值与消费行为三者之间关系的研究还较为缺乏。张新安（2010）考察了消费者所渴望的终极状态、所期望的消费结果与所看重的产品属性三个层级变量之间的关系，表明受中国传统文化价值观的影响，社会性消费结果以及产品形象属性在消费者的顾客感知价值中占至关重要的地位。

“手段—目的”链理论为研究三者的关系提供了一个有用的理论框架（McIntosh and Thyne，2005），旅游者之所以期望得到某些结果，是因为这些结果能够帮助他们达到内心的终极状态，构建了抽象的终极价值观、不同情境下的价值感知与行为意图之间关系。张宏梅等（2012）基于“手段—目的”链理论，使用回归方法检验了目的地属性层价值维度与结果层价值维度的关系，旅游者对目的地属性层的价值感知显著影响对结果层的价值感知，但其研究没有关注消费的终极状态层，即价值层。郭柳晨和周依晨（2013）借助 SEM 探讨文化价值观、感知风险和邮轮旅游购买意愿之间的关系。Pike（2012）运用贮存测试和阶梯访谈两种质性研究方法，探索认知属性、结果与个体价值之间的关系，得到旅游者可能有共同的价值观与利益结果，但其对产品属性认知存在较大差异。

在营销学领域，学者对价值观、顾客感知价值与消费行为两两之间的关系都进行了一定的研究，但总体而言，这些研究局限于概念层面或定性方法开展，定性研究的多，实证研究的少，消费者感知价值与行为研究已成热点，但价值观与消费者感知价值研究偏少（潘煜，2009），尤其是从旅游者视角，开展价值观、感知价值与旅游行为三者关系的研究更少。

（三）研究方法

在感知价值量表构建方面，量表的探测方法较为成熟，也较为科学。构建量表的步骤基本遵循在市场营销领域被广泛采用的 Churchill 研究思路，或在借鉴已有量表的基础上，在初期定性访谈、焦点小组讨论、专家咨询、初次测试的基础上建立初始量表，然后运用探索性和验证性因子方法对量表进行检验，经过科学的量表开发程序，其维度和测试题目能较好地反映不同情境下的游客感知价值。

游客感知价值维度集中在 4～8 维之间，量测项目差别较大，量表提纯之后少的不到 20 项（白凯等，2010；周玮等，2012），多的达 38 项（张涛和贾生华，2008；黄颖华和黄福才，2007），问卷数量差异也较大，少的 166 份（魏遐和潘益听，2012），多的达 1003 份（白凯等，2010），因子累积方式贡献率基本在 60%～70%之间，Cronbach's α 系数除了少数小于 0.7 以外，多数大于 0.7，反映了不同旅游情境下，学者关于感知价值量表维度、题项与问卷数量的研究存在差异。

较多学者运用 SEM 等模型和方法实证检验感知价值与旅游消费行为之间的关系。Lee 等（2007）基于游客对战争旅游的体验，构建了功能价值、整体价值和情感价值三个维度，以及游客感知价值、满意度与后续行为的概念模型，SEM 的经验数据支持了游客对韩国“去军事化区域”的旅游感知价值显著影响游客满意度的假设。Bajs（2015）构建了一个游客感知价值、满意度和行为意向模型，该模型运用 SEM 测试变量间的关系，结果显示出感知价值对满意度和预期未来行为有显著效果，游客前往杜布罗夫尼克（Dubrovnik）旅游主要受旅游目的地外观影响，其次是情感体验，而成本感知效应显著降低。Petrick（2004）、Gallarza 和 Saura（2006）、Lee 等（2007）、Yoon 等（2010）、Yen 和 Teng（2015）、Wu 和 Li（2017）也同样运用 SEM 分析了不同旅游情境下感知价值与旅游消费行为的关系。多元分类（Petrick and Backman，2002）、逐步回归（Williams and Soutar，2009）、分层回归（Yen and Teng，2015）等定量研究方法也被运用。

少数学者融合定量和质性方法研究感知价值与旅游消费行为的关系，如 Lo 和 Lee（2011）在研究香港志愿旅游者的动机与感知价值时，用焦点小组和深入访谈，探测出其感知价值包括个人成长与发展、关系增强和生活观的变化。Carlsen 和 Boksberger（2015）在研究葡萄酒旅游者的感知价值时，运用二项选择法、多元回归对数据进行分析，然后运用焦点小组访谈等质性研究方法，分析影响消费者的重要属性或价值。

国内学者在探测并检验游客感知价值量表时，也多运用统计产品与服务软件（SPSS）和 SEM 中的信度和效度检验、探索性和验证性因子等定量研究方法（王朝辉等，2011；李文兵，2011；周玮等，2012；王莉等，2014），部分学者通过构建感知价值与其他概念间的模型，综合剖析感知价值对旅游者行为的影响（白凯等，2010）。

（四）研究评述

感知价值与旅游消费行为关系已成为当前研究的热点，研究方向已经逐渐由概念本身的定性讨论、量测逐渐深入到顾客感知价值与其他变量关系的定量分析上，从心理学或营销学角度解释旅游者行为意向、选择等问题。

1. 感知价值量表开发和检验

感知价值量表开发一般基于 Zeithaml（1988）等学者的顾客感知价值内涵，结合旅游目的地和旅游产品类型，开发不同旅游情境下游客感知价值维度与相应的测量量表，并在实证中予以检验。感知价值探测早期研究中采用一维量表，后来逐步被多维度量表替代，感知质量和感知价格两个价值维度备受重视，功能价值、社会价值、情感价值、成本价值四个维度是逐渐被学者认同的价值维度。此外，不同旅游情境下，旅游者选择旅游产品属性及对其价值认知存在差异，旅游者对旅游产品的价值取向也具有较大不同，导致不同情境下旅游感知价值的维度不尽相同，且不同价值维度对旅游者的影响效应也存在差异。

2. 感知价值与旅游消费行为关系

基于对感知价值与旅游行为关系的理解及具体运用，构建不同情境下的理论模型，分析游客感知价值对行为意向或消费水平的影响，多数结果显示感知价值是影响消费者行为意向的关键因素，但感知价值的不同维度对旅游产品和旅游目的地的重要性存在差异。感知价值量表开发及其与旅游者行为之间关系的模型建构，要反映中国文化和具体消费情境，在构建变量间关系时，应引入能够反映中国特征的调节变量或中介变量；在推理假设所用的逻辑方面，应真正反映出中国人独有的文化、价值观和行为模式。

3. 价值观、感知价值与旅游消费行为关系

价值观是人们关于一切价值的信念、信仰、理想和标准的总称，指导、规范和塑造着生活行为，同时又深刻反映了社会转型对人的思想观念的影响，进而影响消费者心理和行为。消费行为是对具体产品的行为，建立在对产品属性认知、体验和评价的基础上。感知价值是个体价值观与行为意向间的中介，将抽象价值观与具体行为联系，从而更好地阐释消费者行为的原因以及深层次的机制问题。此外，顾客感知价值理论在旅游消费行为中已有较多的研究，但目前缺乏关于农村居民旅游消费行为价值取向的研究。

四、研究启示

韦伯从文化的角度考察近代资本主义的兴起，新教伦理为资本主义精神提供了终极价值。旅游者的消费价值观是形成旅游动机、态度和活动偏好的根源性因素。近年来，从动机、感知、态度等心理变量研究旅游消费行为的成果日益增多，跨文化旅游研究也成为热点，但作为文化的核心变量——价值观与旅游消费行为关系的研究并没有引起应有的重视。中国旅游者的消费行为在一定程度上受中国传统文化观念和社会结构转变的双重影响，价值观与旅游消费行为研究的理论框架应嵌入中国本土化情境，包括概念形成和测量、变量选择和构建、机理分析和阐释等应具有中国情境化取向。

表 2-7 通过比较高情境化与低情境化的研究特征（郑雅琴等，2013），为价值观与旅游消费行为关系的中国情境化取向研究提供启示。

表 2-7　中国情境化研究的主要特征比较

理论建构	高情境化取向	低情境化取向
概念形成和测量过程	结合中国消费情境，修改西方价值观量表或重新发展价值观概念，使用定量与质性方法相结合的方式开发测量项，提炼价值观内容	直接将西方量表翻译后不加或稍加修改在中国做验证性研究，运用定量研究方法，测量采用西方情境的操作方式
变量选择和关系构建	针对具体消费情境，选择并融入情境化的调节变量或中介变量，构建变量间的关系	直接检验国外价值观理论在中国情境中的适用性，或加入不能反映中国情境特征的调节或中介变量
机理分析和解释逻辑	结合中国社会文化现实，运用多种方法，分析影响机理，增强对消费行为的解释力度	完全借用西方的逻辑理论基础，忽视中国传统文化和转型现实对旅游消费行为的影响

（一）在理论建构上，旅游消费行为研究应嵌入中国现实和具体消费情境

理论建构是研究的核心和灵魂，移植西方经典价值观理论分析中国旅游消费行为可能出现“水土不服”问题。目前学者主要采用“由内而外”（价值观→旅游消费行为）和“由外而内”（旅游消费行为→价值观）两种思路研究价值观与旅游消费行为的关系，不同研究路径的视角、切入点、方法和目的等存在一定差异，但若将内隐性的价值观与外显性的旅游消费行为直接关联仍然缺乏足够的理论证据，也难以描述价值观体系如何作用于旅游行为。此外，目前研究者较为关注价值观对旅游消费行为的影响或者通过消费行为透视旅游者的价值取向，但反之，旅游行为是否或多大程度影响旅游者的个体价值观，这方面的研究较为缺乏。中国是一个正在发生快速社会经济转型的文化大国，社会转型期的中国消费者的价值观可能正处在一个逐渐摒弃传统消费观和认同现代消费观的过程（郑红娥，2006），价值观内容的现代性与传统性并存，这必将对旅游者的消费行为产生重要影响，也决定了旅游消费行为研究的复杂性和挑战性。旅游者具有多维的价值取向，易受消费情境的影响，在不同的旅游消费时空场景中，旅游行为受内外部变量的调节，其价值观内容与具体维度排序存在分异特征，可能导致价值观与旅游消费行为之间的相关性较弱。因此，中国旅游消费行为研究要深刻植根于中国国

情，凸显中国特有的传统文化观念和社会转型现实，并根据研究对象和目的，选择合适的情境化中介变量或调节变量，构建嵌入社会文化和具体消费情境下的理论框架，揭示价值观与旅游消费行为的相互影响。

（二）在概念形成上，从主位视角提炼旅游情境下的价值观内容和维度

旅游者价值观的界定和度量是研究的前提和基础，目前的研究主要借鉴国外主流价值观理论，归纳了不同文化背景下消费者行为的相似性，比较其差异性，部分量表也进行了跨文化检验，提供了一个跨文化视角来理解价值观体系，但其理论基础源于西方文化，体现了西方文化坐标，并不可避免地带有对其他文化的偏见，难以透视以中国为代表的东方文化消费者价值观。因此，旅游者价值观概念的形成与测量应从客位研究（etic approach）转向主位研究（emic approach），在借鉴西方经典价值观理论的基础上，吸纳学者关于中国传统文化价值观的研究成果，融入“人情与面子”、“中庸”、“社会取向”和“关系取向”等传统文化观念。同时，根据具体研究情境，以研究对象的视角和方位观察、发现和解决问题，挖掘和提炼中国旅游者消费价值观特征，并将其与现有研究相结合，从主位视角重新发展中国传统文化和社会转型背景下的旅游者价值观概念，使用定性与定量相结合的方法，开发旅游者价值观量表，测量过程要符合中国情境的需要，以提炼价值观内容和维度。

（三）在方法运用上，综合运用多种方法，增强价值观对旅游行为的解释力

方法研究对旅游学科的发展往往起到巨大的推动作用（陆林，2013），能增强研究结果的可信度和说服力。目前，价值观与旅游消费行为研究的数据来源主要是实地调查问卷，以定量的实证研究为主，相对忽略了对实证结果的阐释，质性研究方法在结果解释方面具有优势。学者认为在跨文化研究中，方法论相对缺乏，并期望寻求一种在方法论上的理论建构，以更好地理解旅游者行为（Watkins and Gnoth，2011），以“手段—目的”链理论和阶梯访谈法等为代表的研究思路和方法能有效探测旅游消费行为的价值观，相关研究日益增多。然而，单独运用定量和质性研究方法在文化语境、情境场地、结构效度等方面都受到一定的质疑，因而应加强两种研究方式的综合运用，使用不同场景、来源的数据，采用多元研究方法论，取长补短，提高研究结论的稳健性和结果的普遍性，为研究提供不同角度的支持。通过定量研究将旅游消费行为的表面现象量化，在此基础上，运用

定性数据挖掘现象的本质，融入关系、人情、面子等中国传统文化观念，结合社会转型背景，增强对旅游消费行为的解释力度，为量化结果提供论据，也提高了研究的内部效度和外部效度。

（四）在对象选取上，加强对不同群体和区域个体价值观与旅游行为关系研究

研究对象和调研样本的选择是研究结论科学性的保证，也增强了研究的创新性。目前的研究对象以国外旅游者为主，以国家为尺度，研究跨文化旅游者价值观与消费行为关系，而针对个人价值观层面的研究相对偏少。“中国文化价值观”（CCVs）量表被学者较多地运用于测量中国旅游者的消费价值观，但量表形成的调查对象主要是香港和台湾地区的大学生，以及新加坡等国的华裔大学生，而基于大陆旅游者调查的价值观研究明显偏少。国家内部具有不同的区域文化，不同群体的个人价值观取向也存在差异，作为文化内核的价值观将长久地影响着本区域成员的态度和行为，致使旅游者的消费心理和行为模式表现出区域和个体的差异性，从价值观层面研究区域消费差异是研究的主流方向之一（卢泰宏和刘世雄，2004）。中国存在长期的城乡二元结构，城乡居民在价值观与旅游消费行为方面存在较大差异，目前研究对象以城镇居民为主，而对浸润中国传统文化的农村居民消费价值观与旅游行为的关系研究尚未发现。随着城乡一体化进程的推进，农村居民的消费价值观正在重组与嬗变，将推动农村居民旅游消费规模的扩大和消费模式的升级。因此，选取不同群体和不同区域的旅游者开展研究，加强对个体价值观与旅游消费行为关系的研究，从价值观视角透视旅游消费的行为逻辑和区域差异，揭示旅游消费行为产生和发展的规律，有助于构建旅游消费行为的理论体系。

第三节　本 章 小 结

旅游消费行为研究一直是国内外研究的热点，但国内较多学者开展了城市居民研究，农村居民旅游消费研究成果明显不足。目前，在西方消费理论和中国城乡经济结构的影响下，学者侧重从经济意义、经济原因、经济方法和经济对策等经济视角研究农村居民旅游消费特征与影响因素，这为进一步的研究提供理论和实证借鉴。然而，中国农村正经历深刻的社会经济转型，农村居民旅游研究价值认知的不足、偏重经济视角及宏观层面研究等特点，难以深入剖析农村居民的消费行为特征和机制，也难以理解和解释农村居民旅游消费行为的目的，尤其是深层次的价值观动因，据此提出的对策也可能仅有有限实用性。中国目前且将来很长一段时间内仍然有大量的农村人口，庞大研究对象的持续存在和社会转型的宏

观背景为农村居民旅游消费行为研究提供了广阔的空间。在经济学研究基础上，融入不同学科的研究视角，探索农村居民旅游消费研究的新范式，解读农村居民旅游消费行为背后的价值观取向；充分认知农村居民旅游消费研究的经济和社会价值，加强研究的广度和深度，推进城乡旅游消费公平；选择典型案例地，开展中微观区域的实证研究，并加强不同类型乡村和不同层次消费群体的比较研究，为总体研究提供理论探索和借鉴。

价值观是对具体行为模式和生活意义的持久信念和评定标准，是影响旅游者消费心理和行为的重要因素。内隐性价值观与外显性旅游消费行为关系的研究思路可以归纳为“由内而外”和“由外而内”两种路径，不同研究路径的视角、切入点、方法和目的等存在一定差异。现有的价值观与旅游消费行为关系的研究成果，主要集中在旅游者价值观的界定和度量、价值观与旅游市场细分、价值观与旅游活动偏好及价值观对旅游消费行为影响检验等方面，基于问卷调查数据的定量方法是主要方法，运用不同访谈方法的质性研究成果也日益增多。旅游感知价值的研究方向逐渐由概念本身的定性讨论、量测逐渐深入到顾客感知价值与其他相关变量关系的定量分析上，从心理学或营销学角度解释旅游者行为意向、选择等问题，但很少分析农村居民旅游行为的感知价值，以及开展价值观、感知价值与旅游消费行为三者关系的研究。

中国消费者价值观与旅游消费行为研究应具有中国情境化特征，理论建构要嵌入新时代中国社会文化现实和具体消费情境，从主位视角发展旅游者价值观概念，将定量和质性研究方法相结合，增强价值观对旅游消费行为影响的解释力，加强对不同群体和区域消费者个人价值观与旅游行为关系的研究。价值观与旅游消费行为关系的中国情境化取向研究，有助于从价值观视角揭示中国旅游消费行为的规律，为企业开展价值观驱动的旅游营销活动提供理论指导。

第三章　农村居民旅游消费行为的理论框架

新时代农村居民旅游消费行为折射出乡村演变的态势及各方面的影响，是新时代城乡关系转型时期农村空间场域与农民个体结构共同形塑的结果。本章将借鉴不同学科的理论与方法，系统构建中国情境下农村居民旅游消费行为的研究框架，具体结构安排如下：第一节界定农村居民旅游消费行为的几个基本概念；第二节梳理相关学科对消费行为的研究成果，据此剖析其对旅游消费行为研究的启示；第三节构建农村居民旅游消费行为研究的理论框架。

第一节　基本概念界定

一、农村居民旅游者

研究的调研对象是居住在农村社区的居民，农村社区和农村居民内涵的明晰是顺利开展调查研究与科学揭示旅游消费行为规律的前提和基础。首先要理清“农村居民”与“农民”的区别与联系。“农民”的概念有三层含义：一是职业的农民，即发达国家广泛应用的职业概念；二是社区的农民，即居住在农村社区的人，也称农村居民；三是户籍身份的农民，即拥有农村户口的人。农民的传统属性已经发生深刻变化，呈现高度异质化趋势，其身份、职业、收入来源及空间特征都发生了不同程度的分离，可以分为三类：务农农民（传统农民、农业专业户等）、非农农民（农民工、个体私营者等）和兼业农民（以农为主的农民、以非农为主的农民等），这三类农民又与职业农民、户籍农民和社区农民相互交叉，使得农民问题异常复杂。本书中“农村居民”是一个地域划分的社区概念，包括长期居住在农村，或偶尔在外地居住，但仍然以在农村社区居住为主的人，收入来源于农业，也可能是非农业。在实际操作中，根据国家统计局关于划分城乡的规定界定农村居民，即指居住在城镇以外区域的所有居民①。

改革开放以后，随着乡村城镇化进程和城乡融合发展的加速推进，城乡要素的互动交流日益加强，传统农村社区也向新型农村社区过渡和转型，传统村落和居民的乡村性都日益削弱（张小林，1999；张富刚和刘彦随，2008）。2014 年 8

① 根据国家统计局发布的《统计上划分城乡的规定》标准，城镇包括城区和镇区。城区是指在市辖区和不设区的市，区、市政府驻地的实际建设连接到的居民委员会和其他区域；镇区是指在城区以外的县人民政府驻地和其他镇，政府驻地的实际建设连接到的居民委员会和其他区域。乡村是指本规定划定的城镇以外的区域。

月，国务院印发《国务院关于进一步推进户籍制度改革的意见》（国发〔2014〕25号），今后将取消农业户口与非农业户口的区分，统一登记为居民户口，作为户籍身份的农民在制度层面已不复存在，但农村地区目前且将来很长一段时间内仍然生活着大量的人口。本书从社区或居住地的视角探讨农村居民旅游消费问题，而不具体纠缠其与户籍农民、职业农民的区别，因而使用“农村居民旅游”而不是“农民旅游”作为名称，能较为恰当地表述研究主体的特质、发展趋势，也便于研究的开展。

按照《中国旅游统计年鉴（2013）》对统计指标的解释[①]，本书主要研究国内游客，包括国内（过夜）旅游者和国内一日游游客。农村居民国内（过夜）旅游者指农村居民离开惯常居住地在境内其他地方的旅游住宿设施内至少停留一夜，最长不超过12个月的国内游客。农村居民国内一日游游客，指农村居民离开惯常居住地10千米以上，出游时间超过6小时，不足24小时，并未在境内其他地方的旅游住宿设施过夜的国内游客。在实际操作中，从农村区域与旅游者两个方面界定农村居民旅游者，具体为：一是根据《统计上划分城乡的规定》确定农村区域，以判断是否是农村居民；二是根据《中国旅游统计年鉴》对旅游者的界定，确定旅游者，且在过去1年内有过旅游经历，出游时间超过6小时。

二、旅游消费行为

旅游消费行为，指个体收集旅游产品信息进行决策和在购买、享用、评估、处理旅游产品时的行为表现与相关活动（杜炜，2009）。旅游消费行为可以被划分为三个阶段：旅游行为模式，指旅游前信息咨询与出游的方式；旅游消费水平，指旅游消费行为过程中消费旅游产品和服务的数量以及对旅游需求的满足水平，如旅游距离远近、旅游天数长短、旅游花费多少、旅游消费结构比例等，本书主要运用旅游目的地、旅游天数和旅游花费三个指标测度，囿于数据限制，不考虑旅游消费结构变量；旅游行为意向，指旅游消费后的评估行为，旅游消费者满意就会产生积极的态度，发展为忠实性的行为，产生再游意向。因此，旅游消费行为是一个包括消费前决策、消费中购买和消费后评估的动态过程，运用旅游行为模式、旅游消费水平（旅游目的地、旅游天数和旅游花费）、旅游行为意向刻画旅游消费行为特征。

三、价值观与价值取向

“价值观”与“价值取向”（value orientation）基本内涵是一致的。基于Kluckhohn对“价值观”与“价值取向”的理解，“价值取向”指个体对人在大自然中的位置

① 中华人民共和国国家旅游局，中国旅游统计年鉴（2013），北京：中国旅游出版社。

以及处理人与人、人与环境关系时值不值得做的看法（杨宜音，1998），而这种看法背后是一整套具有普遍性的、有组织的概念系统，这个系统就是“价值观”，价值观是一套对人具有约束力的概念系统。旅游消费行为价值取向反映出个体对旅游行为意义和重要性的看法，是个体旅游行为的价值目标和尺度准则。旅游消费行为价值取向被划分为两层：表层是旅游感知价值取向，深层是消费价值观取向。

（一）消费价值观

价值观自 20 世纪 30 年代被引入心理学研究后，西方学者对价值观内涵进行了大量研究（金盛华和辛志勇，2003），在众多的价值观定义中，Kluckhohn、Rokeach 和 Schwartz 的定义被引用得最为广泛。

Kluckhohn 认为价值观是有关什么是“值得的”的看法，是个人或群体的特征，影响人们对行为方式、手段和目的的选择，Rokeach（1973）指出价值观是一种具体的行为方式或存在的终极状态，是一种持久的信念，对个人或社会而言，比与之相反的行为方式或存在的终极状态更可取（杨宜音，1998）。Schwartz 和 Bilsky（1990）定义了价值观的 5 个正式特征，即观念或信念、终极的目标状态或行为、超越特别的情境、指导行为和事件的选择和评价、相对重要性的排序等。目前主要存在三个层面的价值观研究：文化价值观、社会价值观和个体价值观（阳翼，2007；金盛华等，2009），三个层面的价值观并不割裂，而是相互渗透和影响，个体价值观受社会文化环境影响，反过来又建构社会与文化价值观。

总之，价值观是人们形成的一种对具体行为模式和生活意义的持久信念，在个体认知系统中具有核心位置，对目标的选择和行为的指导具有重要影响力。个体价值观一旦确定，便具有相对稳定性，但随着社会的发展，传统的社会文化价值观不断受到新的价值观挑战，个体价值观也会发生相应变化。消费价值观是价值观在消费领域的反映，与具体消费情境相关联。农村居民旅游消费行为价值观，是农村居民进行旅游消费所期望达到的最终目的和终极状态。此外，不同消费者的价值观体系存在差异，甚至同一消费者在不同情境下的消费价值取向也不一致（侯烜方等，2014；潘煜等，2014）。

（二）旅游感知价值

感知价值内涵有“得失说”、“多要素说”和“综合评价说”三种（白琳，2009）。美国学者 Zeithaml（1988）提出的“得失说”定义被广泛接纳和使用，感知价值被定义为消费者对所使用产品感知成本和感知收益比较后的总体认知评价。“多要素说”指出感知价值仅仅是质量和价格之间的权衡过于简单化，任何产品或服务所提供的价值都应包括功能价值、社会价值、情感价值、认知价值和情景价值（Sheth et al.，1991）。以 Sweeney 和 Soutar（2001）为代表的“综合评价说”从总体价值角度分析顾客感知价值，认为顾客感知价值是顾客对其所购产品获得的各种利益的总体评价。此外，Woodruff 利用消费者行为学中的“手段—目的”链模型，提出了顾客价值层次模型，试图理清顾客价值内涵，即顾客价值是对产品属性、属性表现以及通过使用实现顾客的目标和目的后果进行感知偏好和评估（Woodruff，1997；王高，2004），可以称之为“层次说”。

基于 Zeithaml 的定义，界定农村居民旅游感知价值：在旅游消费情境中，农村居民对旅游产品（或服务）效用是否能满足其目标而进行的感知所得和感知所失的总体评价。具有四个基本特征：1）感知价值是主观评价，具有主观性，不同个体的感知价值取向存在差异。2）感知价值是感知所得与感知所失进行权衡后的总体评价，具有多要素性，其中感知所得包括功能价值、情感价值与社会价值，感知所失包括感知经济成本和感知非经济成本。3）感知价值具有动态性或情境性，不同旅游情境下不同旅游者对同一旅游产品（或服务）的感知价值存在差异，甚至同一旅游者在不同旅游情境下的感知价值也可能存在差异。4）感知价值具有中介性，旅游感知价值是指旅游者消费旅游产品或服务后的感知效果，是连接个体价值观与旅游消费行为的中间层次，感知价值是旅游者的初始目标，而终极目标是消费价值观。

第二节　相关理论基础

一、消费行为的经济学视角

消费行为研究始终是经济学领域的一个热点，学者对消费函数理论进行了大量的深入研究，取得了丰硕的成果。消费函数首先由凯恩斯（Keynes）提出，并称之为“绝对收入假说”。凯恩斯认为决定消费支出的因素很多，但收入水平是最重要的因素，消费函数反映的是消费水平与即期收入水平之间的依存关系。顺应对绝对收入理论的质疑与挑战，Duesenberry 和 Modigliani 提出“相对收入假说”，证明消费收入比并不会随着收入水平的提高而变化，当收入发生改变时，消费者并不倾向立即改变自己的消费水平，即消费“黏性”，开始从消费者行为出发分析问题（朱信凯和骆晨，2011）。Duesenberry 将习惯因素纳入消费者行为的研究中，消费者的支出不仅受现期收入的影响，还受历史最高可支配收入的影响，被称为消费的“棘轮效应”（ratcheting effect），同时，消费还受周围其他消费水平的影响，存在互相攀比效应，被称为消费的“示范效应”（demonstrative effect）。Modigliani 的生命周期假说（LCH）和 Friedman 的持久收入假说（PIH）都说明家庭会利用生命周期内的全部资源确保消费在生命周期内是平滑的，即确定性条件下，消费者也具有完全理性（郜秀军等，2009）。然而，此理论对现实的过度理想化广受批评，对现实较弱的解释力促进了学者们对于不确定性的重视，在此背景下，Hall（1978）引入了理性预期，将消费函数研究从确定性条件推进到不确定性条件，表示在考虑了滞后消费的前提下，过去收入或收入变化与消费的现期变化无关，在不确定条件下，家庭会有更多的储蓄，影响消费行为（郜秀军等，2009）。Deaton（1991）认为在不确定性条件下，流动性约束程度较高，并认为内部习惯形成类似于谨慎，内部习惯形成的影响越大，消费者越谨慎，影响消费需求与行为。

农户经济行为一直存在着经济理性和非经济理性的争论。中国农民在长期的农业生产活动中形成的意识、态度和看法，是个人感性经验与长期传统积淀的产物（徐勇，2010）。图3-1显示，经典消费函数的发展历程说明，收入始终是影响消费需求与消费行为的重要因素，但从早期的绝对收入逐渐演化为相对收入，从收入作为单一客观解释变量逐渐与习惯性、示范性、不确定性和预防性等个体主观解释变量交织在一起。因而，消费函数的发展历程显示出旅游消费行为不仅要考虑绝对收入效应，也要考虑习惯性、示范性、不确定性和预防性等消费情境及其与消费行为关系强度的主观感知。

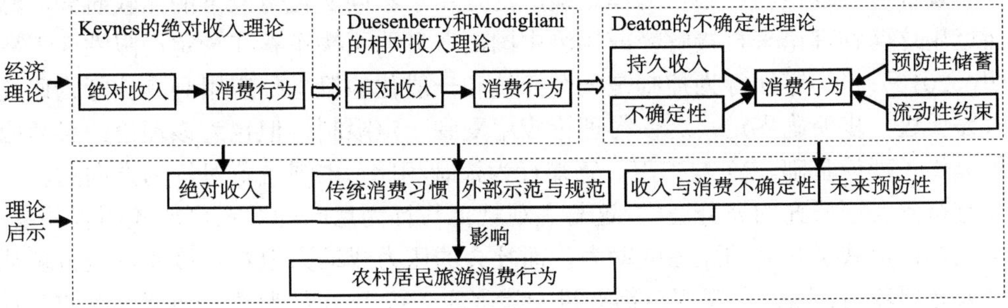

图3-1　消费函数的理论启示

二、消费行为的社会心理学视角

（一）理性行为理论和计划行为理论

理性行为理论（theory of reasoned action，TRA）和计划行为理论（theory of planned behavior，TPB）是目前运用最为广泛的两种行为理论（王建明，2013）。美国学者 Fishbein 和 Ajzen（1975）发展了理性行为理论，认为行为的产生直接取决于个体的行为意向（behavior intention），行为意向是态度与主观规范两大因素作用的结果。态度是个体对执行特定行为喜欢或不喜欢程度的评估；主观规范是个体在执行特定行为决策时感知的社会压力，反映了身边重要他人或组织的影响感知（段文婷和江光荣，2008）。理性行为理论主要适用于预测完全受意志控制的行为，对于不完全受意志控制的行为，其预测作用就会降低。对此，Ajzen（1991）引入了感知行为控制变量，将理性行为理论延伸发展为计划行为理论，以期更合理地对个体行为进行解释和预测。在计划行为理论中，行为的直接决定因素仍是行为意向，但行为意向又有三个决定因素：个人态度、主观规范和感知行为控制。前两个决定因素与理性行为理论一致，感知行为控制是个体感知到执行某特定行为容易或困难的程度（图 3-2）。

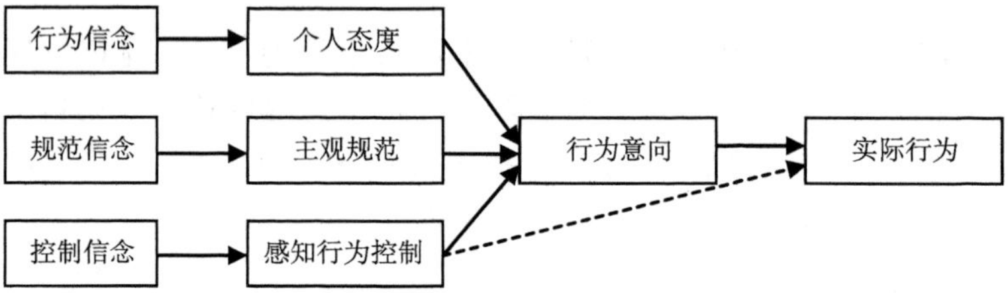

图 3-2　理性行为理论结构模型

资料来源：Ajzen（1991）

理性行为理论与计划行为理论被广泛运用于不同文化背景下的比较研究，然而运用这两种理论来直接解释或预测中国消费者购买决策存在一定局限性（王建明，2010）：1）感知行为控制是一个笼统和一般化的概念，应用到具体行为研究时需要进一步明确界定，这使得理论应用受到一定限制，但也为该理论的灵活应用提供了理论基础。2）与态度、感知行为控制相比，主观规范对行为意向的影响没有得到实证研究的充分证实，这与主观规范与行为意向的关系可能较弱有关系，主观规范反映了社会的压力或动力，而社会的压力或动力很难直接通过是否顺从他人意愿获得，因此主观规范需要进一步界定。3）计划行为理论强调态度的工具性成为，忽视态度的情感性成分。4）该理论忽视了对过去行为、习惯性行为等行为的研究，这些变量可以不通过态度或规范而直接对行为意向或行为产生影响。此外，不同的文化情境和消费群体对主观规范和感知行为控制存在显著差异。Bagozzi 等（2000）在四个不同国家验证理性行为理论时，发现行为理论的预测能力存在差异，总体看来，与东方文化相比，在西方文化背景下，模型中变量的解释能力更强，如难以解释“群体一致意识”和“面子”等影响中国消费者行为的价值取向因素（李东进等，2009）。

计划行为理论为研究农村居民旅游消费行为提供了理论启示：1）社会规范与行为意向或行为的关系较弱，主要由于不能很好地反映个体感知的社会规范与具体消费对象的关系程度，或者说旅游者感知社会规范对（旅游）消费行为影响的强度，因而可以尝试将社会规范融入感知行为控制中予以统一分析。2）将传统习惯性等因素融入感知行为控制中，并嵌入具体消费情境，增强感知行为控制的解释力。在农村居民旅游消费行为研究中，结合经济学的理论启示，基于传统习惯性、未来预防性、外部示范性、内在不确定性与旅游消费行为关系的感知程度，尝试构建感知旅游行为控制内涵，分析其对农村居民旅游消费行为的影响。

（二）态度-情境-行为理论

美国社会心理学家 Lewin 提出了 Lewin 行为模型（内在因素-外部环境模型）（王建明，2010），通过划分内在因素和外部环境来表示诸因素对个体行为的影响，以此表明个体行为是个体与环境相互作用的产物。在 Lewin 行为模型的基础上，Guagnano 等（1995）提出了预测环境行为的态度-情境-行为（attitude-context-behavior，ABC）理论，该理论认为环境行为是个体环境态度变量和情境因素共同作用的结果（图 3-3）。当情境因素的影响显中性时，态度和行为的关系最强；当情境因素有利或不利时，可能会促进或阻碍行为的发生，此时态度对行为的影响会接近于零。图 3-3 虚线右上侧产生积极的环境行为，虚线左下侧则产生消极的环境行为。态度-情境-行为理论认为，行为是个体的态度变量和情境因素相互作用的结果。

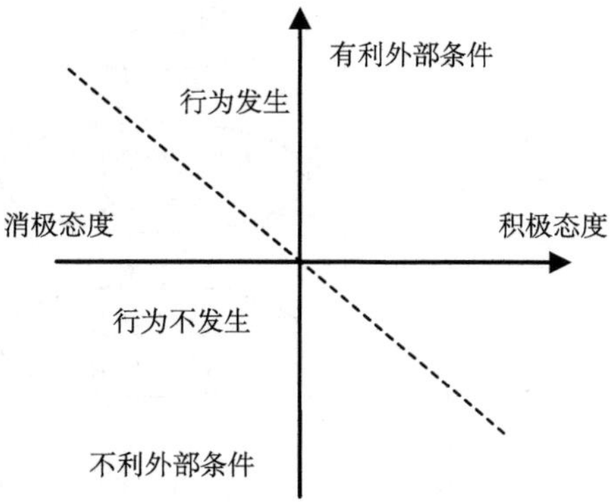

图 3-3　态度-情境-行为理论

资料来源：Guagnano 等（1995）

结合吉登斯（1987）提出的结构化理论启示，农村居民旅游消费行为是主体行动者——农村居民结构与社会结构相互建构、共同作用的结果，这是一个环境与个体的二重化过程。

三、消费行为的文化价值观视角

（一）Woodruff 的顾客价值层次模型

美国学者 Woodruff（1997）基于信息处理的认识逻辑，利用消费行为学中“手段—目的”链模型，提出顾客价值层次模型（图 3-4）。顾客价值指顾客对产品属性、产品功效以及在具体情形中有助于或有碍于达到其目标和意图的产品使用结果的感知偏好与评价，以试图理清顾客价值的内涵。顾客价值分为三个层次，从下向上分别为属性价值、结果价值和目标价值，其中属性层次包括产品的具体形式、产品特征和产品组成部分等；结果层次是顾客使用产品的效果，包括正负两种效果；目标层次是顾客价值的最顶层，指使用者的核心价值。顾客价值层次模型可帮助企业更好地分析顾客购买产品和服务的最终目标，指引企业实现顾客价值的努力方向，并指导消费行为。

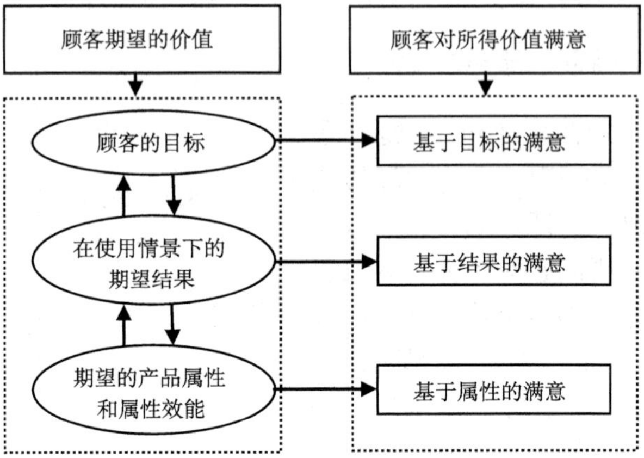

图 3-4　顾客价值层次模型

资料来源：Woodruff（1997）

（二）“手段—目的”链理论

“手段—目的”链理论（means-end theory，MEC）起源于社会心理学领域对于人类价值观的研究，认为人类的一切行为都是为了使其价值观得到满足（Rokeach，1973）。Gutman（1982）综合了相关理论，提出了“手段—目的”链理论。图 3-5 显示，目标价值链由属性、结果和消费者价值观三个不同抽象水平的等级构建（胡洁和张进辅，2008）。

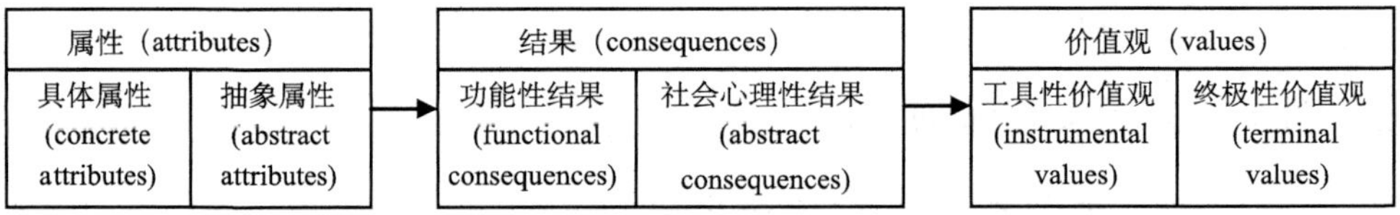

图 3-5　“手段—目的”链模型

资料来源：Gutman（1982）

产品属性指产品本身固有的特征，消费结果指产品能为消费者带来的效益，消费者价值观指消费者内心深处的核心价值和意图。消费者价值的三个层次自下而上逐渐抽象化，可以经由消费者自身的认知结构联系在一起。消费结果是消费后导致的状态，不是一种终极状态，但能推动消费者向终极状态迈进，结果一般分为功能性结果、心理性结果和社会性结果。价值观比结果更为抽象，是个人期望的生活终极状态。价值观引导消费者行为指向一定的目标或附有特定倾向性，对人们行为具有调节作用。Gutman 把价值观影响消费者行为的作用形容为一条“手段—目的”链，消费者价值的实现是消费的终极目标，产品属性是取得价值的手段，而消费结果是联系这两者的中间环节，三者构成一条等级结构的手段—目标链，即属性—结果—价值链（A-C-V）。

“手段—目的”链理论强调消费者内心渴望的终极状态，影响所期望的消费结果和所看重的产品属性。学者在依据“手段—目的”链理论进行分析时，通常认为消费者所追求的终极状态，即代表其所认同的文化价值观（Gutman，1982）。在整个“手段—目的”链中，文化价值观是相对稳定的因素，因此若想通过该理论分析消费者群体的价值诉求，首先需要研究这个群体的文化价值观体系（Woodruff，1997）。不同的消费行为所对应的价值观不相一致，从营销学角度，不少学者为了探究影响某种产品的最终价值观，从外在的消费产品属性切入，利用阶梯访谈法等方法，探测与消费行为相对应的价值观。

价值观在个人系统中具有核心的位置，对农村居民旅游消费行为具有至关重要的影响力，但价值观是抽象的，位居消费者内心的深处，而旅游消费行为是外层的、表面的，基于“手段—目的”链理论，通过感知价值将农村居民个人价值观与旅游消费行为联结。Gutman（1982）提出的“手段—目的”链模型和 Woodruff（1997）构建的顾客价值层次模型，为理解并构建价值观与旅游消费行为之间的关系提供了研究范式和理论启示。

四、消费行为的地理学视角

地理学尤其是行为地理学将心理、行为等因素引入人地关系研究，揭示人类活动与地理环境的规律，主要研究人类在环境感觉的基础上所产生的内在心理行为和外在社会行为之间的关系（赵荣等，2006）。行为地理学早期研究主要集中在认知、偏好—选择等方面，后来逐渐开始关注空间认知过程与行为、日常生活空间行为等方面（柴彦威等，2008），将微观层面的时空行为模式分析嵌入宏观层面的制度转型和空间重构中进行解释，加深了对中国社会转型及其机制的理解（柴彦威和塔娜，2013），但其研究的主要是城市居民。较多学者从行为地理学视角研究农户经济行为，包括行为空间移动、区域差异及影响因素等（李小建等，2009），而对其消费行为的研究成果相对较少。农村居民旅游消费行为是消费主体在感知消费环境与消费心理相互关系的基础上产生的旅游消费倾向与行为，反映了旅游消费行为感知、决策与行为的过程。

随着全球化、城市化的快速推进，文化对消费行为的影响日益突显，并出现了“新文化地理学”（叶超和赵媛，2014）。新文化地理学认为要抓住文化概念，首先应该抓住文化的核心——价值观，不同的价值观影响了景观、地方和空间，价值观是行为的最终归属感（段义孚，2013），社会文化价值观的差异形成了不同环境中居民差异化的行为方式。行为地理学和新文化地理学的相关理论为旅游消费行为及其与价值观关系的研究提供了有力的理论支持与思路框架。

第三节　理论体系构建

农村居民旅游消费行为是旅游情境下农村消费场域与农民消费心理嵌入个体结构共同形塑的结果。农村消费场域是消费者的外部宏观环境，农民消费心理是消费者的内部心理环境，在旅游情境下，内外环境的相互作用影响了消费者的感知旅游行为控制与旅游消费认同，进而影响旅游消费行为方式、水平与意向。同时，消费者的价值观引导和规范着农村居民旅游消费行为，也期望通过旅游消费行为满足个体特定的价值取向，而消费者的价值取向也受内外消费环境的影响，并重构旅游消费环境与旅游消费心理的关系强度（图 3-6）。

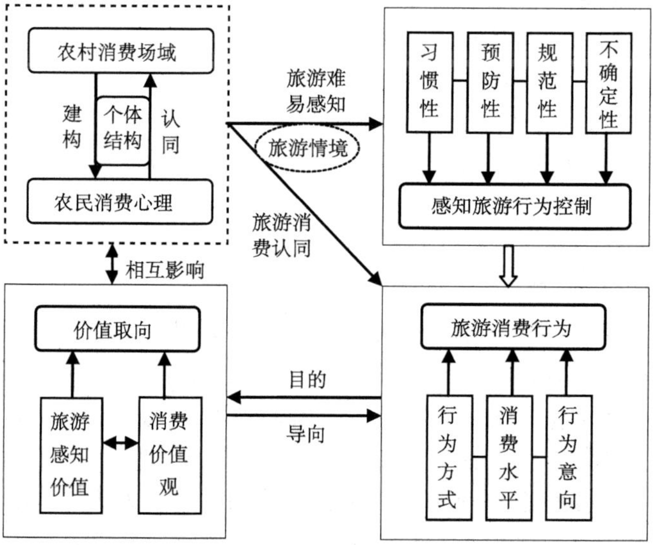

图 3-6　农村居民旅游消费行为研究思路

一、农村居民旅游消费行为是内外消费环境形塑的结果

布迪厄（1997）的“场域—惯习”理论指出，外部场域与内在惯习的相互关系体现为制约和认知的关系。农村居民旅游消费行为处于城乡转型期的社会经济场域下，在此场域下的农村居民消费心理深受外在环境因素的影响，影响农村居民感知执行旅游消费行为的难易程度，即感知旅游行为控制，这制约或促进了农

村居民旅游行为的意向、方式和水平。同时作为一个理性的农村居民，具有特定的心智结构，能产生对旅游消费行为的认知，形成自身特定的旅游消费心理，对旅游消费行为具有不同的认同程度，也直接影响着旅游消费行为。在旅游情境下，消费环境与消费心理相互作用的结果对感知旅游行为控制与旅游消费认同产生影响，进而影响农村居民的旅游消费行为。

二、感知旅游行为控制与旅游消费认同是前置影响因素

计划行为理论（Ajzen，1991）认为，感知行为控制是影响行为意向或行为的重要因素。除了收入、文化与地理环境等客观变量外，在一定程度上农村居民旅游消费行为取决于个体感知旅游行为的难易程度，感知旅游行为控制程度是个体感知传统消费习惯性、未来消费预防性、外部社会示范性和内在消费不确定性对旅游行为影响的综合结果，可以从习惯性、预防性、示范性和不确定性四个维度界定感知旅游行为控制内涵。旅游消费认同反映农村居民对旅游消费的认知、涉入与情感，农村居民旅游者是一个具有特定地位、认同和形象的个体，个体通过对旅游消费行为的认同，影响对旅游消费结果的感知，产生不同的旅游消费行为。

三、旅游消费行为价值取向引导和规范旅游消费行为

价值观是对具体行为模式和生活意义的持久信念和评定标准，农村居民的消费价值观是形成旅游动机、态度和活动偏好的根源性因素，不同的农村居民具有不同的价值取向。农村居民进行旅游消费的目的是获得期望的结果（旅游感知价值），进而达到最终的目的（价值观）。价值观与消费行为关系研究显示，价值观对消费行为具有规范和导向作用，为购买行为的发生提供了强大的内在驱动力，也为旅游消费行为提供了标准和准则。

四、个体（家庭）结构是旅游消费行为的主体

旅游消费者的个体或家庭结构是旅游行为的主体，也是将内外情境融为一体的主观能动者，无论外部场域的消费策略如何变化，均需要嵌入消费者的个体或家庭结构中，为农村居民的生理结构所接受，同时与消费者的心智模式相融合，最后才能转换为旅游消费行为。不同的个体或家庭存在经济、文化和现代性等差异，形成不同的价值诉求，这影响了感知旅游行为控制与旅游消费认同程度，进而产生不同的旅游消费行为。

第四章　农村居民旅游消费行为特征

农村地区不仅是城镇居民的旅游目的地，也是旅游消费市场的重要组成部分。随着新时代乡村城镇化进程和城乡融合发展的加速推进，越来越多的农村居民从土地中解放出来，这将有效刺激农村居民尤其是经济发达地区农村居民的旅游消费需求，逐渐引导农村居民消费习惯与行为模式向城镇居民的过渡与转型，旅游消费将可能成为农村居民消费增长的亮点。农村居民旅游消费发展现状与行为特征的科学认知与评价是进一步研究的前提和基础，有利于旅游发展中存在问题的诊断和具体措施的制定。

本章结构安排如下：第一节运用国家统计数据，归纳和分析中国农村居民旅游消费发展的宏观特征，为新时代农村居民旅游消费行为研究提供一个宏观背景以作为参考；第二节介绍实证调研区域——苏南地区的区域特征、抽样情况与样本概况；第三节基于调研样本，分析农村居民旅游消费行为的基本特征；第四节从家庭形态、经济变量和地理环境三个方面比较旅游消费行为特征的差异。

第一节　中国农村居民旅游消费发展特征

本节数据来源如下：城乡居民人均旅游花费、旅游总花费、城镇居民人均可支配收入和农村居民家庭人均纯收入等数据来源于《中国统计年鉴》，城乡居民旅游消费结构和产品结构等数据来源于《中国旅游统计年鉴》和《中国国内旅游抽样调查资料》。这几种统计年鉴都是由国家旅游局和国家统计局联合编制的，统计口径相对一致。

一、旅游消费发展阶段

基于现有统计数据，1994～2017年，农村居民旅游总花费从175亿元增长到7988亿元，国内人均旅游花费从55元增长到603元，年平均增长率分别为18%、11%，旅游总花费增长较快，人均花费增长相对迟缓。根据农村居民人均旅游花费和旅游总花费的变动趋势（图4-1），并结合平均旅游消费倾向（表4-1），中国农村居民旅游消费可以分为四个发展阶段。

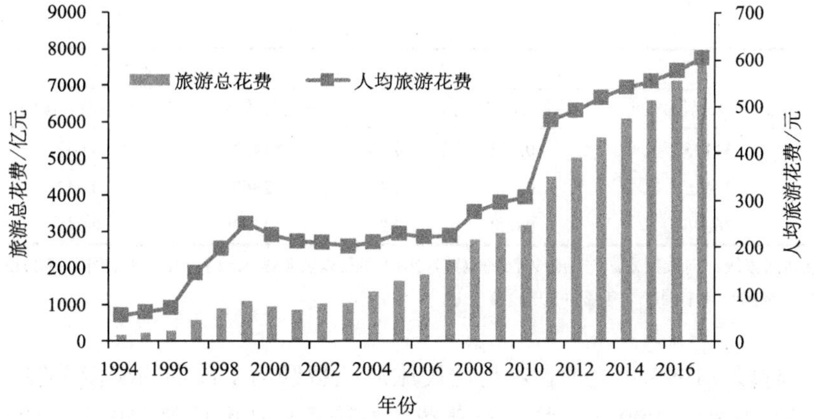

图 4-1　农村居民人均旅游花费与总花费的年际变化（1994～2017 年）

表 4-1　中国城乡居民平均旅游消费倾向和 Q 值比较

年份	城镇居民			农村居民		
	人均可支配收入/元	旅游消费倾向	Q 值	人均纯收入/元	旅游消费倾向	Q 值
1994	3496	0.119	1.00	1221	0.045	1.00
1995	4283	0.108	0.91	1578	0.039	0.87
1996	4839	0.110	1.02	1926	0.037	0.94
1997	5160	0.116	1.05	2090	0.070	1.90
1998	5425	0.112	0.96	2162	0.091	1.31
1999	5854	0.105	0.94	2210	0.113	1.24
2000	6280	0.108	1.03	2253	0.101	0.89
2001	6860	0.103	0.96	2366	0.090	0.89
2002	7703	0.096	0.93	2476	0.084	0.94
2003	8472	0.081	0.84	2622	0.076	0.90
2004	9422	0.078	0.96	2936	0.072	0.94
2005	10493	0.070	0.90	3255	0.070	0.98
2006	11760	0.065	0.93	3587	0.062	0.88
2007	13786	0.066	1.01	4140	0.054	0.87
2008	15781	0.054	0.82	4761	0.058	1.07
2009	17175	0.047	0.87	5153	0.057	0.99
2010	19109	0.046	0.99	5919	0.052	0.90
2011	21810	0.040	0.87	6977	0.068	1.31
2012	24564	0.037	0.92	7917	0.062	0.92
2013	26467	0.036	0.96	9430	0.055	0.89
2014	28844	0.034	0.95	10489	0.051	0.94

续表

年份	城镇居民			农村居民		
	人均可支配收入/元	旅游消费倾向	Q 值	人均纯收入/元	旅游消费倾向	Q 值
2015	31195	0.032	0.93	11422	0.049	0.94
2016	33616	0.030	0.95	12363	0.047	0.96
2017	36396	0.028	0.94	13432	0.045	0.96

注：根据国家统计局数据来源与调查方法的调整，2012 年及以前数据来源于《中国统计年鉴（2013）》，2013 年以后的数据来源于《中国统计年鉴（2018）》。

第一阶段，1999 年之前，农村居民旅游花费经历了前期的缓慢发展后，呈现快速发展的态势，1999 年人均旅游花费和总花费分别增长到 250 元、1083 亿元，人均花费水平较低。邓小平 1992 年“南方谈话”后，城乡二元经济结构逐渐转变，大批农民工进城务工，农村居民工资性收入占纯收入的比重越来越大且增长较快，人均纯收入从 1994 年的 1221 元增加到 1999 年的 2210 元，年均增长 12.6%，是农村居民收入增长较快的时期，农民整体生活水平已跨入温饱有余的阶段（赵卫亚，1999），收入的增加使农村居民对生存资料的消费需求已由追求数量扩张转到注重质量提高上来（周建和杨秀祯，2009）。此外，1997 年亚洲金融风暴爆发，外部需求下滑，中国政府提出了扩大内需、开拓农村市场的经济政策，出台各项措施引导国内旅游消费，这些因素的叠加促使一批先富起来的农村居民开始改变传统的消费观念，走出家门旅游，旅游消费意愿增强，1999 年的农村居民平均旅游消费倾向是 0.113，达到了研究期内的最高值，且首次超过城镇居民的旅游消费倾向（0.105）。

第二阶段，1999～2003 年，农村居民人均旅游花费和总花费分别下降到 2003 年的 200 元和 1038 亿元，平均旅游消费倾向也降到 0.076，总花费虽然在 2002 年和 2003 年出现小幅增长，但旅游消费水平基本处于停滞状态。1999 年以后，中国市场有 75%以上的消费品出现过剩，此后中国经济一直遭受总需求不足的困扰，2000 年以来消费率呈逐渐下降的趋势（方福前，2009），直接影响了农村居民消费水平的提高，居民旅游消费动力不足。这个时期国有企业也进行了大规模改革，在国际金融危机背景下，造成全国大约有 2000 万农民工失去工作，占外出农民工总数的 15.3%（李培林和李炜，2010）。在此宏观背景下，农村居民收入增长缓慢，期内年均增长率仅有 4.4%，城乡居民收入差距再一次拉大，在一定程度上抑制了农村居民旅游消费需求，旅游消费持续下滑且在以后较长的时期内都处于低迷状态。此外，2003 年“非典”危机对农村居民旅游消费也产生了一定的抑制作用，农村居民旅游消费倾向也再次低于城镇居民。

第三阶段，2004～2010 年，农村居民旅游总花费增长到 2010 年的 3176 亿元，且呈现持续的增长趋势，但人均花费增长相对迟缓，旅游消费的发展主要是由出游人数增加而带来的规模扩张。2003年中国政府正式将“三农”问题引入政府工作报告，2004年开始，中央一号文件连续锁定三农问题，相继实施了免除农村义务教育费、全面取消农业税等强农惠农、扩大内需、促进消费的政策，增强了农民生产的积极性，相对地保证了收入的稳定性，居民收入增速加快，年均增长12.3%。同时，国家开始着眼于促进城乡统筹发展，推进社会主义新农村建设，倡导生活观念、生活方式的世俗化、城市化，生活水平的稳步提高，消费观念的变化，促进了农村居民旅游的发展，其中2008年平均旅游消费倾向（0.058）再一次高于城镇居民（0.054）。这个时期城乡收入差距继续扩大，受宏观经济总体消费需求不足的影响，收入不确定因素增多，在中国农民传统谨慎的消费观念影响下，旅游消费多是“浅尝辄止”，不愿意花费较多的收入在旅游消费上，消费水平并没有出现明显提升，相反，农村居民人均旅游消费占城镇居民人均消费的比例从1999年的51%下降到2010年的35%，差距进一步拉大。

第四阶段，2010年以后，农村居民旅游消费呈现稳定增长态势，这与中国宏观经济背景下的农民收入水平增长和消费需求状况改善有较大关系，2010年农村居民收入达到了 5919 元，其增长速度在相当长时期内第一次超过了城镇居民；2011年农村居民平均旅游消费倾向也开始提升（0.068），并呈现波动性下降趋势；2017年旅游总花费和人均旅游花费分别达到7988亿元、603元。随着农村地区新型城镇化进程的加快和旅游产业地位的进一步提高，国家城乡统筹力度的加大，农村居民旅游消费有望进入稳步的发展时期。

二、旅游消费倾向和消费水平

表4-1显示，1994～2017年，随着城乡居民人均收入水平的提高，旅游消费倾向总体上呈波动性下降趋势，城镇居民从0.119下降到0.028，农村居民波动幅度也较大，以1999年为界，之前以上升趋势为主，之后呈现缓慢下降的态势。除1999年和2005年以外，从1994年到2007年，农村居民的平均旅游消费倾向低于城镇居民，而2008～2017年则高于城镇居民。长期以来农村居民较低的预期收入、传统的消费习惯以及较重的家庭负担等因素，致使收入以维持基本的生活消费需要为主，收入的增加并不能改变旅游消费对于大部分农村居民而言是“奢侈品”的属性，所以他们不敢消费，也不能消费。然而，从变化幅度而言，农村居民旅游消费倾向相对稳定，且目前已经高于城镇居民，也在一定程度上说明了农村旅游消费市场潜力巨大，旅游消费正被日益增多的农村居民接受，消费潜能亟待挖掘。旅游消费倾向递减符合经济学“先升后降”的普遍规律，然而与传统生活消费相比，对农村居民而言，旅游消费作为一种相对新鲜的消费形式，中国仍有大量农村居民没有出游经历，出游农民的消费水平也较低，远未达到饱和状态，

消费倾向在理论上仍处于一个正在不断上升的状态，但居民消费倾向的下降态势表明农村居民旅游消费好像“未饱先止”，消费动力不足，抑制了旅游消费需求，旅游消费水平不高。

三、旅游消费结构

旅游消费结构是反映旅游者消费质量变化状况和内在构成合理化程度的重要标志。表 4-2 显示，农村居民在交通、餐饮和购物三个方面花费最多，2012 年三项费用比重之和达 80.6%，而住宿费用仅为 11.3%，游览、其他费用分别为 4.5%、3.7%，这与城镇居民消费行为结构较为类似。城乡居民旅游餐饮和其他费用的变动程度都比较大，农村居民餐饮费用从 2000 年的 15.1%上升到 2012 年的 26.3%，相反，其他费用从 16.9%下降到 3.7%。

表 4-2　中国城乡居民旅游消费行为结构及其变动比较　（单位：%）

消费项目	城镇居民			农村居民		
	结构比例		变动方向和强度	结构比例		变动方向和强度
	2000 年	2012 年		2000 年	2012 年	
交通	32.7	32.1	– 0.6	28.7	28.8	+ 0.1
住宿	14.7	14.1	– 0.6	10.7	11.3	+ 0.6
餐饮	17.5	24.9	+7.4	15.1	26.3	+ 11.2
游览	7.5	5.4	–2.1	4.1	4.5	+ 0.4
购物	14.7	19.8	+5.1	24.5	25.5	+1.0
其他	12.9	3.7	–9.2	16.9	3.7	–13.2

注：“+”“－”表示消费支出从期初到期末的变动方向是“上升”“下降”。

农村居民出游人次中一日游比例较高，导致住宿费用相对较低。2012 年，城乡居民购物费用比重分别为 19.8%、25.5%，但与发达国家旅游购物比重一般为 50%相比，仍有较大差距。这里还需要理解的是，农村居民购物消费主要来自进城购买自身需求的基本生活用品，或购买礼品探亲访友，而不是真正意义上的旅游购物，因而不能以这里的购物消费比重衡量农村居民的真实旅游消费水平。虽然农村居民旅游消费波动幅度也较为明显，但研究显示外部危机对城镇居民旅游的负面效应强于农村居民，发展农村居民旅游有利于缓解国内旅游发展的波动性和敏感性，促进旅游业健康发展（余凤龙等，2013a）。

农村居民旅游的发展顺应社会经济发展的趋势，刺激了市场消费，扩大了内需，改善了农民生活质量，满足了农民全面发展的要求，是消除城乡二元结构、统筹城乡发展的重要途径。虽然农村居民旅游消费结构层次较低，消费产品结构不合理，城乡旅游消费水平仍然存在较大差异，但农村居民旅游消费倾向显著高于城镇居民，旅游消费意愿较为强烈，旅游消费市场潜力巨大，消费潜能亟待挖掘。新时代农村居民旅游消费行为特征和机制的深入研究有助于理解城乡旅游消费行为的差异，并对后发地区农村居民旅游消费行为研究有所借鉴和启示。

第二节 研究区域与样本特征

一、研究区域

调研区域选择苏南农村地区，具体包括南京、无锡、常州、苏州和镇江五市的农村地区。选择该区域不仅因为数据的可得性，更重要的在于该地区具有研究新时代农村居民旅游消费行为的优越性和典型意义（表 4-3），具体如下。

表 4-3 苏南地区农村居民家庭的基本背景资料（2017 年） （单位：元）

指标	苏南	南京	无锡	常州	苏州	镇江
人均可支配收入	26759	23133	28358	25835	29977	22724
人均生活消费支出	18872	17155	19998	17849	20298	17127
人均文教娱支出	2310	2608	2020	2059	2397	2415

数据来源：江苏统计年鉴——2018，江苏省统计局。

其一，苏南农村地区是中国乡村经济最为发达的区域之一，城乡一体化进程位居全国前列。苏南农村自改革开放以来，经济水平不断提升，创造了以发展乡镇企业实现非农化发展的“苏南模式”，农村居民收入逐渐达到了富裕阶段，高于苏中和苏北地区，也远高于全国大部分地区。以苏南为代表的东部沿海地区农村率先进入转型升级阶段（刘彦随，2007），旅游消费行为变迁可以反映社会结构的转型和社会生活各方面的影响，苏南农村地区为研究新时代农村居民旅游消费行为提供了一个较好的样本。

其二，苏南农村在地理空间区域和村落类型上具有多样性，在经济发展和乡村城镇化水平上具有非均衡性。苏南乡村散布于城乡接合部、平原以及部分山区，村落形态上既有现代化的农村社区，也有较为落后的传统农村，在地理位置、空间形态和经济发展上的多样性和差异性，导致不同村落的乡村性存在一定的异质性，便于科学总结并比较城镇化背景下农村居民旅游消费行为特征与机制。

其三，苏南地区旅游资源丰富，是中国旅游经济最为发达的地区之一，是旅游客源的重要集散地和目的地。此外，苏南乡村旅游经济较为发达，对农村居民旅游态度和消费行为具有一定的影响。旅游消费已在苏南农村居民生活消费支出中占有显著位置（史清华和徐翠萍，2008），农村居民出游已呈现规模化的趋势，由此得出的结论具有前瞻性的指导意义。

苏南农村地区具有“似城非城、似乡非乡”的特点，呈现诸多城乡之间的“中间性”特征，彰显着兼有城乡居民消费的双重属性和过渡性质，可以较好地展现城乡一体化背景下的“乡村类型谱”。因而，以苏南农村为实证研究区域，可以较好地理解城乡旅游消费行为的过渡性和联动性，有助于分析新时代农村居民的消费行为，并对广大后发地区农村居民旅游消费行为的引导和市场开发有所借鉴和启示。

作者在苏南地区开展了两次较大规模的调研，以及若干次的小规模补充调研。第一轮是针对“农村居民旅游消费行为特征与影响因素”的重点调研，采取的调研方式是结构化问卷，调研时间是 2014 年 1～2 月；第二轮是针对“农村居民旅游消费行为价值取向”的重点调研，以结构化问卷和半结构化访谈为主要调研方式，主要调研时间是 2014 年 7～8 月。

二、抽样情况

村庄抽样采用分层抽样和方便抽样相结合的方法，由于抽取村庄数量相对较少，为了保证样本的代表性，综合考虑村庄的区位、自然地形和经济发展水平，经过对乡村的甄别与筛选，采用近似的分层抽样方法，在五个市分别抽取 5～6 个行政村，以尽量保证村庄的代表性，最终选定的调研样本涉及苏南 5 市 14 县/市区、27 个镇/街道和 28 个村落，基本能反映苏南农村发展的态势。

家庭逐渐成为一个重要旅游群体。农村社会的基本单位是农户或家庭，以农户为单位的研究在国外农业经济领域取得很大的进展（朱信凯和骆晨，2011）。20 世纪 90 年代之后，国内经济学者也大量开始以户为单位的研究。农村地区的消费决策尤其是旅游消费决策主要以家庭为单位，转型期农户消费行为所表现出来的特殊性，决定了脱离家庭的消费行为研究很难反映农村居民旅游消费的基本实情。因此，本书抽样调查以家庭为基本单位。

调查充分利用调研员的“本土资源”。中国农村居民受传统性影响，一般不愿意对外来调研员报告自己的消费行为，此外，因语言、熟悉度等问题，很难得到真实而清晰的信息，因此为了相对客观地调查农村居民旅游消费情况，在确定调研样本村庄后，再招募来自苏南农村的学生作为调研员，利用其对所居住或熟知的乡村开展调研。在正式调查之前进行培训，要求调研员对其熟悉的村庄农户进行随机抽样，并以走亲访友的名义进入受访者家中开展访谈，尽量消除可能出现的信息失真问题，更多地搜集相关信息（温铁军等，2011）。采用方便抽样方法对村庄进行问卷调查，以家庭为抽样单位，首选户主填答，如果户主不在，则选择对家庭事务熟悉的成员回答。调研时间是 2014 年 1～2 月学生寒假期间。样本甄选原则参见第三章第一节对农村居民旅游者的界定，如果有过多次旅游经历，问卷填写的是最近一次出游的情况。

每个乡村发放问卷 30 份，共发放问卷 840 份。最后每个乡村回收问卷 25～

35 份不等，共回收问卷 785 份。删除以下无效问卷：填答“不确定”超过问卷项目的 1/3 的问卷；主体部分缺答题项累计达到或超过 10%的问卷；条目选择呈明显规律的问卷，如成片保持同一选项；问卷中对近似答案评分出现明显不一致的问卷。最后得到有效问卷 650 份，问卷有效率 77%。调研样本家庭的区域分布参见表 4-4。

表 4-4　调研样本的区域分布

项目	南京	苏州	无锡	常州	镇江	合计
有效问卷/份	114	150	159	153	74	650
比例/%	17.54	23.08	24.46	23.54	11.38	100

三、样本结构

表 4-5 是调研样本的分布特征。家庭形态变量包括性别、年龄、家庭人口、干部家庭和受教育程度。

（1）性别：男性 61.4%，女性 38.6%，男性比例偏高，原因在于调研数据是以家庭为单位，调研对象首选户主，如果户主不在，再选择家庭其他成员，导致男性比例高于女性。

（2）年龄：以户主年龄在 41～50 岁的家庭居多，占 37.4%，而 31～40 岁、30 岁以下、51～60 岁、60 以上的家庭比例递减，分别占 25.4%、17.7%、13.6%、5.8%。

（3）家庭人口：家庭人口指居住在一起，经济上在一起且共同生活的家庭成员，“两口之家”有 45 户，占 7.4%，多是两位老人；“三口之家”和“四口之家”分别占 26.3%、22.5%；5 口及以上的家庭占 43.8%。“三世同堂”的农村家庭较多，平均家庭人口为 4.14 人。

（4）干部家庭：家庭成员中担任村干部的家庭有 105 户，占 16.9%。

（5）受教育程度：指户主的受教育程度，集中在初中和高中水平，分别占 34.6%、30.1%，小学及以下、大专、本科及以上学历分别占 11.8%、10.6%、12.9%。

家庭经济变量包括家庭总收入、家庭收入来源和耕地。

（1）家庭总收入：近三年（2011～2013 年）家庭平均总收入在 3 万元以下、3 万～5 万的中低收入家庭分别占 11.2%、24.0%，收入在 5 万～7 万、7 万～9 万的中高收入家庭分别占 22.7%、16.1%，收入在 9 万～11 万、11 万元以上的高收入家庭分别占 12.9%、13.1%，初步反映了苏南农村家庭总体收入水平较高，生活较为富裕。根据《江苏统计年鉴（2014）》，苏南五市在人均收入、生活消费支出两个指标上的排序都是镇江＜南京＜常州＜无锡＜苏州，五市调研样本家庭总收入的均值大小与此顺序也完全一致，说明了调研样本的科学性。

（2）家庭收入来源：调研样本中纯农户仅有 25 户，以农业为主兼打工的也只有 51 户，两者占 12.2%，大部分农户的收入来源于上班（打工），占 63.4%，还有 20.4%的收入来源于家庭私营企业、养殖业或担任乡镇企业管理者。收入来源的变化一定程度上反映了苏南农村居民已经从传统的务农农民向兼业农户、非农农民转变。

（3）耕地：调研样本中拥有耕地的家庭不足一半，占 46.5%，户均耕地面积 3.02 亩，人均不到 1 亩。

村落类型。农村居民居住的乡村类型被分成三类：现代村、传统村和整治村。现代村指将若干个行政村或自然村进行整合，在基础设施、公共服务、组织管理等方面统一规划建设的农村新型社区，其乡村景观与功能已与城市社区相差不大。传统村指未经改造，保持传统乡村风貌的乡村。整治村指在不同程度上经过政府的统一整治改造，介于传统村和现代村之间。在调研村落中，现代村、传统村和整治村分别占 21.4%、48.5%、30.2%。这一题项由调研员最后填写。

表 4-5 调研样本家庭的基本特征（第一轮）

项目	分类	样本	比例/%	项目	分类	样本	比例/%
性别	男性	366	61.4	干部家庭	是	105	16.9
	女性	230	38.6		否	516	80.6
年龄	30 岁以下	112	17.7	受教育程度	小学及以下	76	11.8
	31～40 岁	161	25.4		初中	222	34.6
	41～50 岁	237	37.4		高中（中专、技校）	193	30.1
	51～60 岁	86	13.6		大专	68	10.6
	60 岁以上	37	5.8		本科及以上	83	12.9
家庭人口	2 人	45	7.4	人均耕地面积（亩/户）	1 亩及以内	51	18.6
	3 人	160	26.3		1～2 亩	70	25.5
	4 人	137	22.5		2～3 亩	66	24.0
	5 人及以上	266	43.8		4 亩及以上	88	32.0
耕地	有	288	46.5	村落类型	现代村	139	21.4
	否	332	53.5		整治村	196	30.2
					传统村	315	48.5
家庭总收入	3 万元以下	71	11.2	家庭收入来源	纯农户	25	4.0
	3 万～5 万	152	24.0		兼业户	51	8.2
	5 万～7 万	144	22.7		上班（打工）户	395	63.4
	7 万～9 万	102	16.1		管理户	127	20.4
	9 万～11 万	82	12.9		退休户	25	4.0
	11 万元以上	83	13.1				

注：样本总数量 650 份，但各题项存在缺失值，所以每个题项样本总和不等于 650 份。

第三节　农村居民旅游消费行为基本特征

旅游者行为研究多关注宏观尺度的时空位移或微观尺度的动机、态度、感知等心理层面，而旅游消费行为是一个包括游前消费决策、游中消费行为和游后消费评估的过程，学者对消费行为整体演替规律的研究相对较少。本节试图从旅游行为模式、旅游消费水平和旅游行为意向的过程，描述并评价农村居民旅游消费行为的整体演变特征及其差异（图 4-2）。

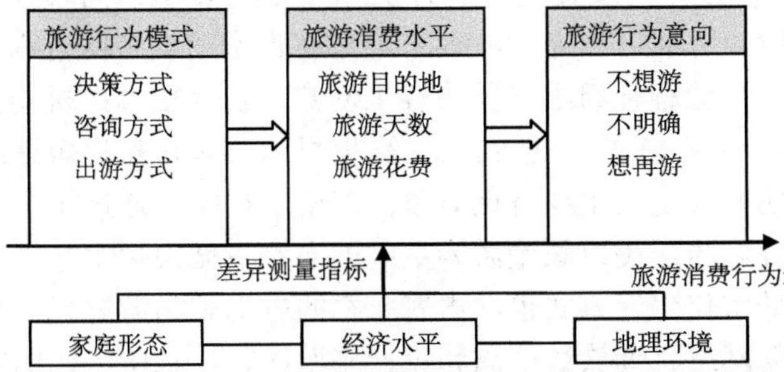

图 4-2　农村居民旅游消费行为过程及其比较的研究思路

旅游行为模式指农村居民提出旅游消费决策或确立旅游目标后，通过何种方式咨询旅游信息，最终设计和选择旅游方案的过程，包括决策方式、咨询方式和出游方式。旅游消费水平使用旅游目的地远近、旅游花费水平高低、旅游天数多少衡量。旅游消费评估用旅游行为意向指标衡量，根据农村居民旅游者的界定，调研显示，农村家庭均有过一日游或多日游的旅游消费经历，因而旅游行为意向也反映了农村居民的再游意向。基于调研数据，从旅游行为模式、旅游目的地、旅游天数、旅游花费、旅游行为意向 5 个指标，分析农村居民旅游消费行为特征及其差异。

一、旅游行为模式

苏南农村居民旅游行为模式以传统模式为主，其他行为模式也占较大比重。旅游行为模式通过旅游决策方式、咨询方式与出游方式三个方面予以综合判断，并相应地设计三个问题：“谁制订具体的旅游计划”、“如何咨询旅游信息”和“采取什么方式出游”。

调查设计了 5 种决策方式，分别是男主（男性为主）方式、女主（女性为主）方式、男女共商方式、子女参与方式和其他方式。男主（或女主）方式是指在家庭旅游中，主要由男性（或女性）提出旅游想法，并负责旅游方案的咨询、设计及最终决策。在调查的样本中，旅游决策方式以男女共商方式为主，占 55%，其次是子女参与方式，占 18.8%，男主方式占 11.6%，而女主方式相对较少，仅占 5%，其他模式占 9.5%。这说明在农村家庭旅游消费行为决策中，由男性或女性独立决策的比例较低，而夫妻双方共同协商出游决策是主要方式，同时，子女在家庭出游决策中也扮演重要角色。

表 4-6 显示，苏南农村居民旅游咨询方式呈现多样化发展，出游方式主要分成两类：自行组织出游与旅行社组织出游。咨询家庭成员和亲朋好友后再自行出游的有 184 户，占 29.7%；主要借助网络查询旅游信息后，再自行出游的有 100 户，占 16.1%；旅行社统一安排出游的有 92 户，占 14.8%；同时咨询亲朋与查询网络，再自行出游的有 92 户，占 14.8%；通过咨询亲朋或上网查询，或两者兼而有之，最后都是通过旅行社组织出游的有 139 户，占 22.5%；村委会（社区）或其他方式安排出游的有 13 户，占 2.1%。数据显示，农村家庭短途游或一日游占有较大比重，亲朋好友是其主要咨询对象；苏南农村家庭通过旅行社组织出游的占 37.3%，这部分农村居民以长途游为主；苏南农村城镇化水平较高，以网络为代表的现代化、城市化生活方式也冲击着家庭的咨询和出游方式，农村家庭已经在不同程度上借助网络查询旅游信息和设计旅游线路，且所占比例较高。与城市居民相比，农村居民对旅游消费认知度较低，信息咨询渠道相对落后，旅游消费行为也较为谨慎，一定程度上导致他们在咨询亲朋或上网查询后，仍然通过旅行社组织出游，尤其是长途游。

表 4-6　农村居民旅游信息咨询和出游方式

咨询和出游方式	亲朋	上网	旅行社	亲朋+上网	亲朋+旅行社	上网+旅行社	亲朋+上网+旅行社	村（社区）或其他
样本/户	184	100	92	92	52	47	40	13
比例/%	29.7	16.1	14.8	14.8	8.4	7.6	6.5	2.1

注：咨询和出游方式中含有“旅行社”指通过旅行社组织出游，其他是自行组织出游。

根据农村居民主要咨询方式和出游方式，将农村居民旅游行为模式分为四种：传统模式、团队模式、网络模式和综合模式（表 4-7）。

表 4-7　农村居民旅游行为模式

行为模式	咨询方式	出游方式	决策方式	模式特点	比例/%
传统模式	主要咨询家庭成员、亲朋好友，自行安排计划和组织行程	自行组织	男女共商或男主方式	短途游为主，旅游参与程度较低	45.6
团队模式	由旅行社安排计划，组织行程	旅行社组织	男女共商或男主方式	短途和长途游兼有，旅游参与程度一般	24.8

续表

行为模式	咨询方式	出游方式	决策方式	模式特点	比例/%
网络模式	主要通过查询网络，安排计划，组织行程	自行组织	男女共商或子女参与方式	短途游和长途游兼有，旅游参与程度较高	13.9
综合模式	咨询亲朋或查询网络后，旅行社安排线路和组织	旅行社组织	男女共商或子女参与方式	长途游为主，传统与现代兼顾，参与程度一般	15.7

传统模式指主要咨询家庭成员、亲朋好友后，最后自行选择旅游方案的决策方式，旅游涉入程度较低，以短途周边游为主，是一种较传统的被动式旅游行为模式。网络模式主要以查询网络旅游信息为主，同时也咨询亲朋好友，自行设计旅游线路和组织出游的一种现代旅游行为模式，旅游涉入程度较高，短途游和长途游兼而有之。团队模式指旅游消费行为过程主要由旅行社组织安排，居民很少参与旅游决策过程，短途游和长途游兼有。综合模式指在咨询亲朋或查询网络后，受主客观因素的限制，最后仍由旅行社组织出游，以长途游为主。在调研样本中，传统模式、团队模式、网络模式和综合模式分别有 293 户、159 户、89 户、101 户，所占比例分别为 45.6%、24.8%、13.9%、15.7%。农村家庭以传统行为模式占多，除了受传统消费观念影响外，还与农村居民出游距离近、时间短有较大关系，但其他行为模式也占有一定比重。

二、旅游目的地

农村居民出游空间集中在周边地区。表 4-8 显示，约 50%的居民出游市场集中在本市范围内，本市外苏南区域内的约占 15%，省外地区约占 30%。

表 4-8　农村居民旅游目的地范围和出游距离比例

目的地范围	有效样本	比例/%	出游距离/km	比例/%	累积比例/%
市内	312	49.8	0～15	5	5
市外苏南内	93	14.9	16～70	45	50
苏南外省内	31	5.0	71～250	30	80
浙江、上海内	78	12.4	251～500	5	85
全国其他区域	112	17.9	501～1500	11	96
合计	626	100.0	≥1501	4	100

苏南农村居民旅游流主要流向本省，江苏省内集中约 70%的旅游流，其中 65%的旅游流集中在苏南内部，前往浙江、上海内旅游的家庭明显高于省内苏中、苏北区域。苏南农村居民前往苏中和苏北旅游的家庭仅占 5%左右，且集中在扬州市，说明江苏省长江以北的旅游吸引力较弱，旅游资源开发和市场营销力度亟待

加强。虽然苏南农村居民的私家车拥有率较高，样本比例达 41%，且便捷的交通网络增加了出游的半径，但调研显示利用私家车出游的比例也仅达 16.9%，间接说明苏南农村家庭的出游意识还有待提高。

根据农村居民填写的旅游目的地数据，利用百度地图查询其经纬度，测算出农村家庭出游地与目的地的距离。具体计算公式如下：

$$D=\sqrt{\left(x_i-x_j\right)^2+\left(y_i-y_j\right)^2}\times 111.111$$

式中，D 表示出游地与目的地之间的距离；x_i 、y_i 是出游地的经纬度坐标；x_j、y_j 是目的地的经纬度坐标。

表 4-8 和图 4-3 显示，50%的农村居民出游市场分布在客源地 70km 范围内，30%分布在 71～250km 范围内，客源地 250km 范围内集中了 80%的农村出游客源，250km 以外的空间仅分割了 20%的农村居民出游市场，其中 250～500km 占 7%，500～1000km 占 5%，1000～1500km 占 4%，1500km 以外占 4%，出游方向集中在周边经济较发达区域。此外，调研样本的平均出游距离约为 250km，约 3h 车程。苏南农村居民旅游和休闲市场随距离而衰减，空间特征体现了近距离指向性和发达地区指向性，游客流向特征符合距离衰减规律，这与全国农村居民旅游空间范围较为类似（钟士恩等，2009a，2009b）。吴必虎等（1997）对 20 年前城市居民出游规律的研究也呈现相似的特征，然而不同的是，城市居民 80%的出游市场集中在距城市 500km 的范围内，而 20 年后①，发达地区农村居民 80%的出游市场集中在距出游地 250km 内。对苏南农村居民旅游距离进行曲线拟合，拟合度最高的是指数函数，R^2 为 0.912。

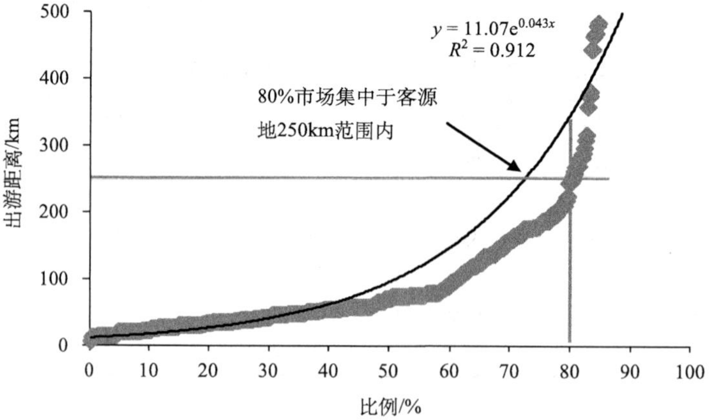

图 4-3　农村居民旅游距离累积比例曲线

① 吴必虎等（1997）对中国城市居民出游空间调查的时间是 1992～1994 年，距离本书中调研时间（2014 年）约 20 年。

三、旅游消费水平

苏南农村居民旅游消费水平相对较低，消费结构有待完善。农村居民旅游花费相对较低，一日游占有较高比例，中远程旅游次数较少。表 4-9 显示，苏南农村居民旅游花费在 501～1000 元居多，占 34.7%，在 200～500 元、1001～3000 元的分别占 25.1%、22.1%，200 元以下、3000 元以上的相对较少，分别为 5.9%、12.1%。

表 4-9 农村居民旅游花费、出游天数及年均旅游次数

旅游花费/元	比例/%	出游天数	比例/%	中远程年均旅游次数	比例/%
0～200	5.9	1 日游	45.8	不到 1 次	35.5
200～500	25.1	2 日游	9.0	1 次	36.0
501～1000	34.7	3 日游	19.6	2 次	21.1
1001～3000	22.1	4～5 日游	16.6	3 次	4.3
3000 以上	12.1	5 日游以上	9.0	4 次及以上	3.0

在旅游天数上，一日游家庭占 45.8%；2 日游相对较少，仅占 9%；3 日游及以上的家庭占 45.2%。城镇居民往往利用周末时间出游，2 日游比例较高，调研显示农村居民与此不一致。在本市以外的中远程旅游次数上，35.5%的居民一年不到 1 次，平均一年 1 次的占 36%，2 次的占 21.1%，3 次及以上的仅占 7.3%，反映出农村居民远距离出游意愿并不强烈。史清华和徐翠萍（2008）运用 1986～2005 年固定跟踪观察点所得的农户样本资料，分析指出旅游消费正在长三角地区农家生活消费支出中扮演着显著角色，江苏农户旅游普及面高于上海和浙江，但旅游消费水平低于沪浙地区，选择的是面宽档次低路线。

旅游消费结构包括旅游花费结构、旅游住宿结构和旅游交通结构。在农村居民家庭中，门票花费最多的家庭占 23.4%，22%的家庭购物花费最多，交通花费和住宿花费最多的家庭再次之，分别占 17.8%、16.3%，文化娱乐花费最多的家庭最少，仅占 7.1%。农村居民门票花费最高，一方面反映了相对于农村居民收入水平而言，景区门票价格过高，此外，大部分农村居民出游住宿选择在普通社会旅馆（30.5%）或中低星级饭店（41.7%），甚至亲朋家里（12.5%），高星级宾馆明显偏少（12.7%），导致本来就高的门票价格显得更高。旅游交通结构中，乘坐旅行社或单位汽车的比例达 25.1%，由于填写“旅游交通结构”题项的调查者以多日游为主，这可能导致选择旅行社/单位汽车、飞机、汽车出行的比例较高。总体而言，苏南农村居民出游人次中一日游比例较高，这部分游客没有住宿费用，游览和餐饮费用也较低；在过夜的游客中，以探亲访友为目的的游客所占比例较高，旅游形式以低层次的观光为主，吃住和门票费用支出较少，农村居民的旅游消费产品结构不合理，旅游产品质量亟待改善。

农村居民出游以家庭方式为主，偏爱山水观光。苏南农村居民在出游同伴选择中，选择家庭出游的占 61.2%，与亲朋好友一起出游的占 27.9%，共占 89.1%，反映了维护亲情和友情是农村居民出游的主要目的。农村居民旅游最偏好山水风光，占 44.2%；其次是文化景观，占 20.6%；传统农村居民偏爱的城市风光，位居第三，占 14.5%。这可能是受苏南较高的农村城镇化水平影响，再次是休闲度假、主题公园和购物商城，比例分别为 9.1%、8%、3.6%。49.5%的农村居民旅游以传统观光游览为目的，22.3%的旅游目的是探亲访友，度假娱乐也占 21.8%，观光游览和探亲访友比例较高，在一定程度上导致农村居民旅游消费水平不高。

四、旅游行为意向

苏南地区农村居民旅游消费意愿较强，一日游与过夜游意愿相差较大，总体满意程度不高。调查显示明确表示“不想”或“很不想”旅游的农村居民仅占 11.7%，24.9%的家庭表示“没想好”，63.4%表示“想”或“很想”再出去旅游。图 4-4 显示，样本家庭中“一日游”和“过夜游”的比例分别为 45.8%、54.2%，高于 2012 年全国 41%的过夜游比例。在“一日游”的家庭中，51.6%的家庭表示想再出去旅游，22.3%的家庭表示不想再出去旅游。在“过夜游”的家庭中，仅有 5.8%的家庭表示不想再出去旅游，70%的家庭还想再出去旅游，显示了有“过夜游”经历的家庭，旅游消费意愿更为强烈。

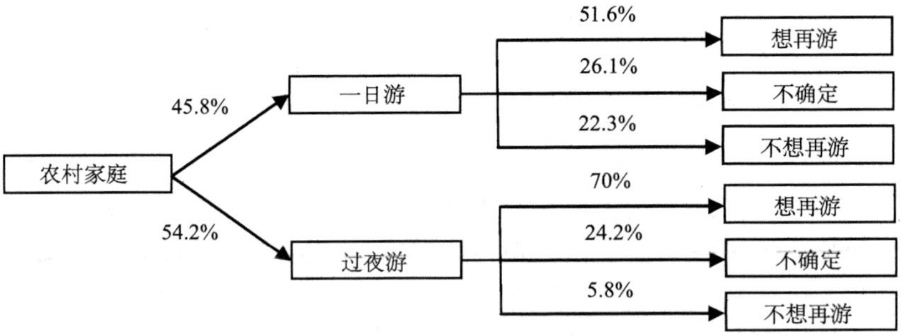

图 4-4　农村居民旅游消费行为意愿比较

图 4-5 显示，农村居民旅游消费满意度不高，旅游价格和旅游景区质量是不满意的主要原因，农村居民旅游消费满意度是刺激旅游行为意向的直接原因。调研显示，46.2%的家庭对旅游满意度表示“一般”，46.7%表示“较满意”和“很满意”，均值为 3.42。一般 5 分利克特量表中，均值在 2.5～3.4 表示中立，3.5～5 表示赞同（Tosun，2002），反映了苏南农村居民旅游消费满意度总体不高，位于中立和赞同之间。在不满意的因素中，“价格贵”是旅游不满意的主要原因，比例

达 35.9%，农村居民对旅游消费价格比较敏感，收入水平可能是影响农村居民旅游消费的重要因素。其次是“景区没意思”，比例占 17.3%，调研显示目前旅游市场的旅游产品缺乏针对性，难以满足农村居民的旅游消费需求。农村居民对交通、住宿、饮食和服务的不满意比例在 10%左右。在满意的因素中，农村居民满意度较高的因素是“景区质量”和“交通”，比例分别占 30.6%、22.6%，凸显出针对性的旅游产品开发对提高农村居民旅游满意度和刺激旅游消费需求具有重要意义。通过与导游人员访谈，农村居民在旅游消费中比较容易满足，对导游人员态度也较好，这与中国农村居民传统谦虚谨慎的习惯和一直以来较低的社会地位有很大关系，然而，农村居民的内敛性格也可能使其对旅游消费的不满压抑在心中，这需要深入分析农村居民心理因素与旅游消费行为关系。

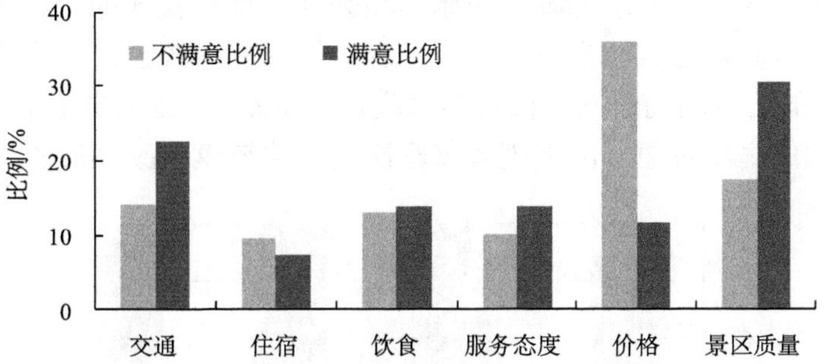

图 4-5 农村居民旅游消费满意与不满意原因比较

五、旅游消费行为特征比较

旅游行为模式、旅游消费水平与旅游行为意向三者之间具有较强的相关性。

图 4-6 显示，传统模式的农村家庭，旅游花费在 200～500 元和 501～1001 元的比例较高，分别占 35%、39%，1000 元以上仅约占 17%，且花费在 200 元以下的家庭比例明显高于其他模式的家庭。

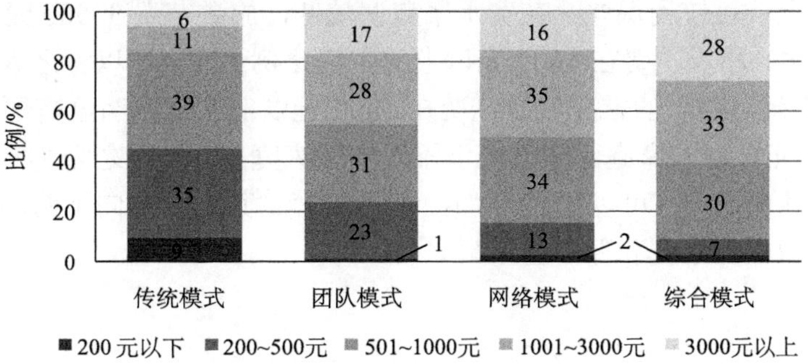

图 4-6 旅游行为模式与旅游花费比较

团队模式的农村家庭旅游花费在 501～1000 元、1001～3000 元的比例较高，分别占 31%、28%，明显高于 200～500 元（23%）和 3000 元以上（17%）的家庭比例。网络模式的家庭花费在 501～1000 元、1001～3000 元的家庭最多，共占 69%，也显著高于其他组。综合模式的家庭花费在 3000 元以上的比例高达 28%。传统模式家庭旅游花费最低，综合模式家庭旅游花费最高，而团队模式与网络模式介于两者之间，旅游模式与旅游消费水平显著相关，受到家庭经济、受教育程度、旅游认知以及旅游目的地等因素的综合影响。

图 4-7 显示，旅游行为模式不同的家庭在旅游行为意向上也存在差异。虽然“想再游”的家庭在不同旅游模式中所占比例都最高，但在四种行为模式中，综合模式的家庭“想再游”的比例高达 83%，远高于传统模式的 54%，相反，传统模式家庭（17%）表示“不想再游”的比例显著高于综合模式的家庭（1%），反映出综合模式的家庭对旅游行为态度积极，旅游行为意向较强。团队模式的家庭表示“想再游”的比例略高于网络模式的家庭。总体而言，通过旅行社出游的家庭，一般都有较强的出游意愿，网络模式家庭次之，传统模式家庭最弱。

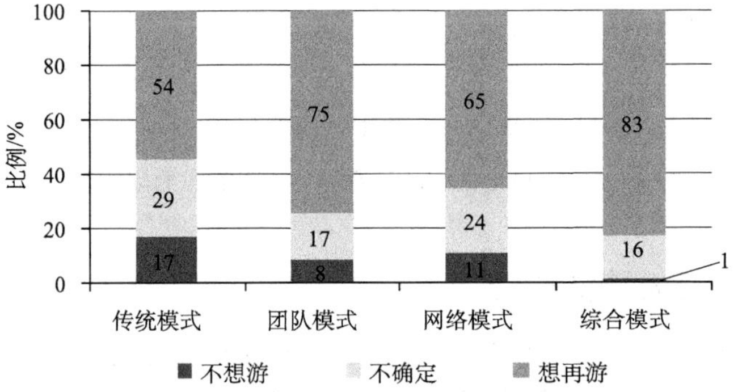

图 4-7　旅游行为模式与旅游行为意向比较

图 4-8 显示了旅游行为意向与旅游花费的交叉关系，表示“不想游”的家庭在旅游花费上一般较为保守，花费水平普遍较低，旅游花费在 500 元以下的家庭所占比例最多，相反花费在 1000 元以上的家庭比例最少，可以称之为“保守型家庭”。表示“想再游”的家庭旅游花费在 1000 元以上的比例明显高于不确定型家庭，而 1000 元以下的家庭比例也低于不确定型家庭，可以称之为“积极型家庭”。介于两者之间的家庭，可以称之为“中间型家庭”，其旅游意向不明确，旅游消费水平也居于积极型家庭和保守型家庭之间。

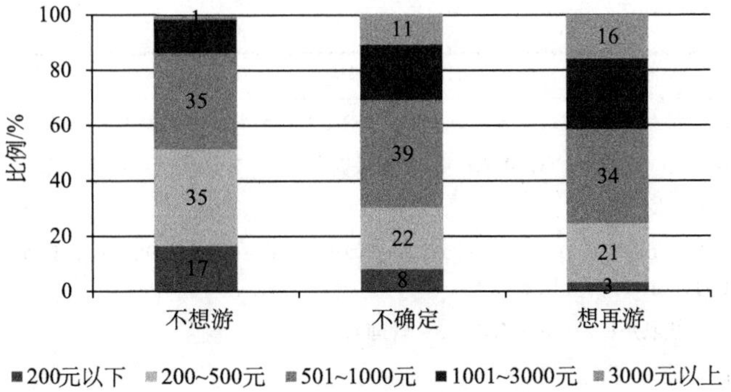

图 4-8　旅游行为意向与旅游花费比较

第四节　农村居民旅游消费行为特征差异

从家庭形态、经济变量和地理环境 3 个方面分析并比较旅游消费行为特征的差异，家庭形态包括户主年龄、受教育程度、家庭人口和干部家庭 4 个指标；经济变量包括家庭总收入、家庭职业和耕地 3 个指标；地理环境包括乡村类型、乡村区位和家庭乡村性 3 个指标。通过较全面地探查旅游消费行为特征在社会、经济、文化和地理等层面的差异，为进一步的机制研究奠定基础。根据样本组数的差异，分别采取不同的方法进行分析，两组样本采用独立样本 *t* 检验，三组及以上样本采用单因素方差分析（one-way ANOVA）进行两两比较，若进一步分析，则根据方差齐性检验（Levene's test for homogeneity of variance）结果判断，对于方差为齐性的结果，采用最小显著差异法（least-significant difference，LSD）检验结果，以判断均值是否存在显著差异，对于方差为非齐性的结果，则采用 Tamhane T2 检验，以判断均值是否存在显著差异（李志辉和罗平，2010）。

本部分所使用的变量名称与描述如表 4-10 所示。

表 4-10　主要变量名称及其描述

变量名称	变量描述	均值	标准差
旅游行为模式	1：传统模式；2：网络模式；3：团队模式；4：综合模式	2.11	1.151
旅游目的地	1：本市；2：本市外苏南内；3：苏南外省内；4：浙江、上海内；5：全国其他区域	2.34	1.599
旅游天数	1：1 天；2：2 天；3：3 天；4：4 天及以上	2.25	1.272
旅游花费	1：200 元以下；2：200～500 元；3：501～1000 元；4：1001～3000 元；5：3000 元以上	3.10	1.090
旅游行为意向	1：不想；2：没想好；3：想	2.52	0.697
年龄	1：30 岁以下；2：31～40 岁；3：41～50 岁；4：51～60 岁；5：60 岁以上	2.64	1.099

续表

变量名称	变量描述	均值	标准差
受教育程度	1：小学及以下；2：初中；3：高中（中专）；4：大专及以上	2.65	0.967
家庭人口	1：2人；2：3人；3：4人；4：5人及以上	3.03	0.999
干部家庭	1：是；2：否	0.17	0.375
家庭总收入	1：3万元以下；2：3万～5万；3：5万～7万；4：7万～9万；5：9万～11万；6：11万元以上	3.22	1.358
家庭职业	1：传统农户；2：现代农户；3：管理农户	3.04	0.681
耕地	1：有；2：否	0.47	0.500
乡村类型	1：现代村；2：整治村；3：传统村	2.27	0.791

一、家庭形态与旅游消费行为特征差异

调查的基本单位是农村家庭，性别、婚姻等变量不予以考虑，主要运用户主年龄、户主受教育程度、家庭人口和干部家庭4个反映家庭形态的指标，刻画旅游消费行为特征差异。年龄、家庭人口反映家庭生命周期，受教育程度反映家庭文化资本，干部家庭反映家庭拥有的社会资本。需要强调的是，涉及的受教育程度、年龄等变量均指家庭户主的特征，干部家庭指家庭主要成员（夫妇双方）中任何一人曾经或现在担任过村（社区）干部。

（一）户主年龄

表4-11和表4-12显示了旅游消费行为在年龄变量上的差异。农村家庭的旅游消费行为与家庭生命周期较为相关，在0.05的显著性水平下，旅游行为模式、旅游花费和旅游行为意向在户主年龄上存在显著差异，而旅游目的地和旅游天数不存在显著差异。生命周期理论显示，家庭在生命周期不同阶段，由于成长社会环境的不同形成了不同的收入水平和文化价值观，代际（generation）之间的差异显著影响着旅游消费水平和行为意图（张金宝，2014；Bernini and Craolici，2015），形成了不同的旅游消费行为。

表4-11　年龄和旅游消费行为关系的单因素方差分析

旅游消费行为	组均值检验		方差齐性检验	
	*F*值	Sig.	Sig.	是否齐性
旅游行为模式	2.882	0.022	0.552	是
旅游目的地	0.623	0.647	0.382	是
旅游天数	0.326	0.861	0.014	否
旅游花费	3.172	0.014	0.002	否
旅游行为意向	7.350	0.000	0.000	否

表 4-12 显示，在旅游行为模式上，30 岁以下和 50 岁以上之间、41～50 岁和 51～60 岁之间分别存在显著差异，年龄越大的农村家庭，选择传统模式和团队模式的越多，年轻家庭在身体健康、网络查询等方面有优势，选择网络模式的相对较多，其消费水平高于年龄较大的家庭，尤其是户主年龄在 31～40 岁的家庭旅游消费水平明显高于其他组，而 51～60 岁的家庭花费相对较少，60 岁以上的家庭旅游花费反而增加，这可能缘于户主在 60 岁以上的家庭负担较少，旅游休闲时间较多，且具有出游能力的年老家庭一般有较高的收入保证，促使其具有较高的消费水平。这与张金宝（2014）对城市家庭旅游消费的研究成果较为类似，显示家庭生命周期对旅游消费也有显著影响，户主年龄在 50 岁以上的家庭旅游消费最小，而 25～34 岁的家庭旅游消费支出达到高峰。在旅游消费行为意向上，户主年龄在 50 岁以上的家庭与 50 岁以下的家庭存在显著差异，50 岁以上家庭的旅游意向较低，而 50 岁以下的家庭旅游意向较强，说明户主年龄达到 50 岁后，出于身体健康和传统观念等原因，旅游行为意向下降。

表 4-12　年龄和旅游消费行为差异

旅游消费行为	均值差异						检验方法
	30 岁以下	31～40 岁	41～50 岁	51～60 岁	60 岁以上	总体	
旅游行为模式	2.32	2.13	2.14	1.84	1.81	2.11	LSD
旅游花费	3.04	3.30	3.09	2.80	3.00	3.09	Tamhane
旅游行为意向	2.57	2.63	2.55	2.30	2.03	2.51	Tamhane

总体而言，农村家庭旅游花费在年龄上呈现一个“M”字形，随着年龄的增加，旅游花费水平升高，在 31～40 岁达到高峰，随后趋于下降，但在 60 岁以后旅游消费又开始增加。但在旅游行为意向上，50 岁以下的家庭都有较高的消费意向，而 50 岁以后旅游行为意向较弱，尤其是 60 岁以后旅游意向最弱，这与旅游消费水平不太一致，即 60 岁以上的家庭虽然旅游行为意向较弱，但具有较高的旅游消费水平，农村老年家庭是一个具有重要开发潜力的旅游市场。

（二）受教育程度

农村居民受教育程度对旅游消费行为各变量的单因素方差分析结果见表 4-13。在 0.05 的显著性水平上，旅游消费行为在受教育程度上都存在显著差异，说明家庭户主受教育程度对旅游消费行为存在显著影响。

表 4-13　受教育程度和旅游消费行为关系的单因素方差分析

旅游消费行为	组均值检验		方差齐性检验	
	F 值	Sig.	Sig.	是否齐性
旅游行为模式	14.563	0.000	0.136	是
旅游目的地	12.209	0.000	0.000	否
旅游天数	14.040	0.000	0.002	否
旅游花费	19.116	0.000	0.065	是
旅游行为意向	8.642	0.000	0.000	否

表 4-14 是运用 LSD 和 Tamhane 两两检验的结果，显示旅游消费行为各特征在小学及以下组和初中组之间都没有显著差异，在高中组和大专及以上组之间，除了旅游行为模式存在显著差异外，其他组也没有显著差异。通过各组差异比较，高中教育程度是一个显著的分界点，高中及以上的家庭与初中及以下的家庭在旅游行为模式、旅游消费水平和旅游行为意图方面都存在显著差异。

表 4-14　受教育程度和旅游消费行为差异

旅游消费行为	均值差异					检验方法
	小学及以下	初中	高中（中专）	大专及以上	总体	
旅游行为模式	1.73	1.87	2.20	2.55	2.11	LSD
旅游目的地	1.62	2.12	2.54	2.83	2.35	Tamhane
旅游天数	1.66	2.03	2.44	2.61	2.25	Tamhane
旅游花费	2.59	2.85	3.29	3.48	3.10	LSD
旅游行为意向	2.30	2.40	2.59	2.72	2.52	Tamhane

总体而言，受教育程度越高，旅游行为模式越倾向于网络模式和团队模式，出游距离越远，旅游天数越长，旅游花费越高，旅游行为意向越强。消费习惯的培养与消费者受教育程度有较大关系，受教育程度越高的人群更易接受旅游这类新兴事物，消费观念能及时与时代潮流接轨，对作为较高层次的旅游消费兴趣也越大，而目前有经济能力参与旅游消费的农村居民以中老人为主，这部分群体受教育程度普遍较低，传统消费习惯比较根深蒂固，消费习惯短期内难以改变，影响了旅游消费规模的扩大和消费水平的提升。

（三）家庭人口

表 4-15 显示，在 0.05 的显著性水平上，旅游消费行为在家庭人口上都存在显著差异。

表 4-15　家庭人口和旅游消费行为关系的单因素方差分析

旅游消费行为	组均值检验		方差齐性检验	
	F 值	Sig.	Sig.	是否齐性
旅游行为模式	4.032	0.007	0.232	是
旅游目的地	2.743	0.042	0.001	否
旅游天数	4.373	0.005	0.000	否
旅游花费	7.616	0.000	0.039	否
旅游行为意向	3.030	0.029	0.056	是

表 4-16 显示，在旅游行为模式上，“两口之家”与其他组均存在显著差异，两口之家以传统模式为主，“三口之家”和五口以上的家庭在旅游行为模式选择上较为平均，“四口之家”较少选择团队模式。在旅游目的地、旅游天数和旅游行为意向上，“两口之家”比其他家庭出游距离相对较短，再游意愿不强烈，其他人口规模家庭之间没有显著差异。结合年龄分析，调研样本中，两口之家仅有 43 户，其中 50 岁以上的有 28 户，受年龄较大和出游观念的影响，导致两口之家的旅游花费水平较低，旅游消费意愿也不强烈，但较少的样本数量影响了其代表性，可能难以反映家庭人口之间的差异。

表 4-16　家庭人口和旅游消费行为差异

旅游消费行为	均值差异					检验方法
	2 人	3 人	4 人	5 人及以上	总体	
旅游行为模式	1.68	2.28	1.99	2.18	2.13	LSD
旅游目的地	1.71	2.44	2.30	2.44	2.36	Tamhane
旅游天数	1.63	2.40	2.23	2.31	2.26	Tamhane
旅游花费	2.49	3.23	2.94	3.22	3.11	Tamhane
旅游行为意向	2.22[a]	2.58	2.54	2.53	2.52	LSD

（四）干部家庭

农村居民家庭中有成员担任“村（社区）干部”，反映了家庭拥有的社会资本，说明家庭具有一定的社会地位，这样的家庭一般具有较多的出游机会和较高的消费水平，也对普通村民旅游消费产生示范性效应。“干部家庭”对旅游消费行为各变量的 t 检验结果见表 4-17。

表 4-17　干部家庭和旅游消费行为关系的 t 检验分析

旅游消费行为	均值		均值差异比较		方差齐性检验	
	担任村干部	不担任村干部	t 值	Sig.	F 值	Sig.
旅游行为模式	2.36	2.07	−2.328	0.020	0.835	0.361
旅游目的地	2.65	2.27	−2.036	0.044	8.296	0.004
旅游天数	3.44	3.03	−2.578	0.010	3.397	0.066
旅游花费	2.63	2.27	−3.507	0.000	1.155	0.283
旅游行为意向	2.61	2.50	−1.606	0.110	6.644	0.010

在 0.05 显著水平上，除了旅游行为意向外，旅游行为模式、旅游目的地、旅游花费和旅游天数都存在显著差异。干部家庭对网络模式与综合模式的选择比例明显高于非干部家庭，传统模式的比例则低于非干部家庭。干部家庭的旅游目的地相对较远，省外旅游的家庭达 39.9%，而只有 28.6%的非干部家庭到省外旅游。干部家庭旅游花费在 1000 元以上的占 46.2%，旅游天数在四天以上的占 36.5%，而非干部家庭分别仅有 32.4%、22.6%。干部家庭与普通家庭相比，一般拥有较高的受教育程度、较高的收入，对现代网络技术的认知度较强，运用也较熟练，出游考察的机会也较多，较能接受现代旅游消费观，导致农村干部家庭在旅游花费、旅游目的地与旅游模式上与普通家庭存在较大差异。

二、经济变量与旅游消费行为特征差异

经典消费函数理论证实即期收入水平（人均纯收入、家庭总收入、可支配收入等）与旅游消费存在显著的关系，收入结构也对农村居民旅游消费行为产生显著的影响（李晓婷和卞显红，2013；杨勇，2014），本书使用家庭总收入表征收入水平。家庭收入结构反映了家庭收入主要来源的变化，也在一定程度上说明了家庭职业结构的分化。受社会转型和乡村城镇化影响，在苏南地区，传统的纯农户较少，多数农村居民的收入主要来源于上班或打工，收入结构的变迁折射了乡村城镇化对农村社会经济结构的冲击。此外，“土地”在中国农户传统经济资本中占有重要地位，也应考虑其与农村居民旅游消费行为的关系。

（一）家庭收入

家庭总收入的单因素方差分析和差异检验结果见表 4-18 和表 4-19。在 0.05 的显著性水平上，旅游消费行为在家庭收入变量上均表现显著差异。总体而言，家庭收入水平越高，旅游行为模式越倾向于团队模式或网络模式，旅游目的地范围越大，出游天数越长，旅游花费水平越高，旅游意向也越强。

表 4-18　家庭收入和旅游消费行为关系的单因素方差分析

旅游消费行为	组均值检验		方差齐性检验	
	F 值	Sig.	Sig.	是否齐性
旅游行为模式	5.532	0.000	0.856	是
旅游目的地	9.177	0.000	0.000	否
旅游天数	11.217	0.000	0.346	是
旅游花费	25.820	0.000	0.009	否
旅游行为意向	4.295	0.001	0.024	否

表 4-19 显示，总收入在 7 万元以下和 7 万元以上的家庭在旅游行为模式、旅游目的地、旅游天数和旅游花费上均存在显著差异，而收入在 3 万～7 万元和 7 万～11 万元的各组差异均不显著。与其不一致的是，旅游行为意向的显著差异仅存在于收入在 3 万元以下和 3 万元以上的家庭之间，而 3 万元以上的各组并没有显著差异。基于本书调研数据，推测 3 万元收入是苏南农村居民产生旅游行为意向的重要节点，即收入达到 3 万元，农村居民出游意愿可能显著增强，而 3 万元以下的家庭旅游意愿明显较弱。

表 4-19　家庭收入和旅游消费行为差异

旅游消费行为	均值差异							检验方法
	3 万元以下	3 万～5 万	5 万～7 万	7 万～9 万	9 万～11 万	11 万元以上	总体	
旅游行为模式	1.88	1.85	1.98	2.31	2.41	2.43	2.11	LSD
旅游目的地	1.96	1.85	2.23	2.76	2.84	2.94	2.35	Tamhane
旅游天数	2.04	1.87	2.03	2.50	2.58	2.93	2.26	LSD
旅游花费	2.50[a]	2.67	2.94	3.44	3.56	3.82	3.10	Tamhane
旅游行为意向	2.16	2.55	2.58	2.59	2.42	2.62	2.51	Tamhane

（二）家庭职业

农村家庭生计分化是农村普遍存在的现象，在发达地区农村更为显著，根据家庭主要收入来源及农户类型划分研究成果（阎建忠等，2010），以家庭主要收入来源为基础，兼顾社会资本（是否担任村干部）将农村居民划分为三类：传统农户、现代农户和管理农户。在家庭主要收入来源调研中，由于纯农户样本仅有 25 户，将纯农户与兼业户的家庭合并为“传统农户”，将收入以打工或上班为主的家庭称为“现代农户”，将收入来源为家庭私营企业、专业养殖以及干部家庭统称为“管理农户”。此外，由于退休户收入来源较为复杂且不明确，以及样本量较少（25

户），所以没有考虑。传统农户、现代农户和管理农户的调研样本分别为 65 户、339 户、202 户，占有效样本的比例分别为 10.7%、55.9%、33.3%。

表 4-20 显示，旅游行为模式与旅游消费水平在家庭职业上均存在显著差异。

表 4-20　家庭职业和旅游消费行为关系的单因素方差分析

旅游消费行为	组均值检验		方差齐性检验	
	F 值	Sig.	Sig.	是否齐性
旅游行为模式	5.562	0.004	0.350	是
旅游目的地	8.039	0.000	0.000	否
旅游天数	11.737	0.000	0.005	否
旅游花费	23.617	0.000	0.008	否
旅游行为意向	2.740	0.063	0.030	否

表 4-21 是 LSD 和 Tamhane 的检验结果，管理农户与传统农户、现代农户在旅游行为模式上存在显著差异，传统农户和现代农户偏向于传统的家庭出游模式，尤其是传统农户更为明显，管理农户偏向于网络模式，或由旅行社组织出游。除了传统农户与现代农户在旅游天数上不显著外，三种职业家庭在旅游花费上存在显著差异。随着新型城镇化进程的加快，农村居民“非农化”程度日渐增强，出游范围增大，旅游天数增多，旅游花费增加。此外，旅游行为意向在 0.1 水平上显著，现代农户与管理农户的行为意向明显强于传统农户。

表 4-21　家庭职业和旅游消费行为差异

旅游消费行为	均值差异				检验方法
	传统农户	现代农户	管理农户	总体	
旅游行为模式	1.83	2.05	2.31	2.11	LSD
旅游目的地	1.83	2.27	2.68	2.36	Tamhane
旅游天数	1.86	2.11	2.57	2.24	Tamhane
旅游花费	2.55	3.00	3.49	3.11	Tamhane
旅游行为意向	2.34	2.56	2.55	2.53	Tamhane

综合以上研究，表 4-22 总结了三种职业农户的特征及其在旅游消费行为上的差异。现代农户已经是农村居民旅游消费者的主体，管理农户往往具有引领和示范作用，传统农户是相对弱势的群体，消费观念也相对保守，因而在旅游消费行为引导和旅游消费市场开发时需要设计相应的政策。

表 4-22　基于家庭职业类型的农村居民旅游消费行为特征

类型	家庭形态	经济水平	地理环境	行为模式	消费水平	旅游评估
传统农户	年龄较大、受教育水平较低、两口之家占多数	收入较低，以传统农业收入为主，耕地较多	传统农村社区，距离县镇较远	传统模式为主	一日短程游为主，花费较低	满意度相对较低，再游意图较强
现代农户	相对年轻，受教育水平不高，3 口以上家庭为主	收入中等，主要来源于打工或上班，耕地较少	整治村为主，距离县镇较近	现代和团队模式为主	以周边城市游为主，花费中等	满意度一般，再游意图很强
管理农户	相对年轻、受教育水平较高，3 口以上家庭为主	收入较高，企业管理者、专业种植户或干部家庭等	现代农村社区为主，距离县镇较近	现代和团队模式为主	远程游较多，花费较多	满意度一般，再游意图很强

（三）耕地

调查样本中，拥有耕地的农村家庭占 46.5%，户均耕地 3.02 亩，人均耕地不足 1 亩。表 4-23 显示，在 0.05 显著水平上，除了旅游行为意向外，旅游行为模式与旅游消费水平在农村家庭有无“耕地”上均存在显著差异。无耕地的家庭偏向网络模式和团队模式，在旅游消费水平上明显高于有耕地的家庭。

表 4-23　耕地和旅游消费行为关系的 t 检验分析

旅游消费行为	均值		均值差异比较		方差齐性检验	
	无耕地	有耕地	t 值	Sig.	F 值	Sig.
旅游行为模式	2.26	1.96	3.315	0.001	6.001	0.015
旅游目的地	2.49	2.20	2.274	0.023	10.248	0.001
旅游天数	2.37	2.14	2.261	0.024	0.033	0.856
旅游花费	3.24	2.95	3.346	0.001	4.348	0.037
旅游行为意向	2.53	2.51	0.422	0.673	0.024	0.877

三、地理环境与旅游消费行为特征差异

先检验旅游消费行为在村落类型、地理区位等传统地理变量上的差异，再构建综合性的家庭“乡村性”指数，以反映乡村城镇化对农村家庭旅游消费的影响。

（一）村落类型

村落类型分成现代村、传统村和整治村 3 种。表 4-24 显示，在 0.05 显著性水平上，旅游行为模式、旅游目的地、旅游天数和旅游花费 4 个变量在村落类型上均有显著差异。

表 4-24　村落类型和旅游消费行为关系的单因素方差分析

旅游消费行为	组均值检验		方差齐性检验	
	F 值	Sig.	Sig.	是否齐性
旅游行为模式	4.537	0.011	0.025	否
旅游目的地	9.284	0.000	0.000	否
旅游天数	4.371	0.013	0.442	是
旅游花费	4.977	0.007	0.107	是
旅游行为意向	0.016	0.984	0.548	是

表 4-25 是两两检验结果，显示传统村和现代村、整治村在旅游行为模式、旅游目的地、旅游天数上有显著差异，而现代村与整治村之间差异并不显著，在旅游花费上，现代村和传统村差异显著，但整治村与它们之间的差异不显著。

现代村和整治村的居民偏向于网络模式和团队模式，旅游目的地范围较大，旅游天数较长，旅游花费也更多，三种类型的村落在旅游意向上并没有显著差异。整治村的农村居民虽然受城镇化的影响较强，但失去了传统土地资本作为生活保障，生活满意度（均值 3.2）略低于现代社区型（均值 3.51）和传统乡村型居民（均值 3.33），这对旅游消费水平产生较大的负面影响。

表 4-25　村落类型和旅游消费行为差异

旅游消费行为	均值差异				检验方法
	现代村	整治村	传统村	总体	
旅游行为模式	2.27	2.21	1.97	2.11	Tamhane
旅游目的地	2.75	2.49	2.08	2.34	Tamhane
旅游天数	2.45	2.34	2.10	2.25	LSD
旅游花费	3.34	3.10	2.99	3.10	LSD

（二）村落区位

地理区位使用各调研村落距县镇的直线距离进行测量，考虑到苏南较高的城镇化水平，同时运用调研样本所在村（社区）政府与所在县/市区、镇/街政府两两之间的距离，具体计算公式如下：

$$D=\sqrt{\left(x_i-x_j\right)^2+\left(y_i-y_j\right)^2}\times 111.111$$

式中，D 表示村落距县/市区政府或镇/街政府的距离；x_i 、y_i 是调研村落的经纬度坐标；x_j、y_j 是县/市区政府或镇/街政府的经纬度坐标。通过计算，调研村落距县/

市区的平均距离为 16.68km，距镇/街的平均距离为 4.91km，运用 *K*-means 均值法，根据距县/市区和镇/街距离，将调研村落划分为两类：近郊村和远郊村（表 4-26），聚类结果的方差均通过 0.01 水平上的显著性检验。

表 4-26 基于 *K*-means 均值法的村落区位分类

乡村分类	农户（比例/%）	距县/市区距离/km			方差显著性检验
		均值	最小值	最大值	
近郊村	376（57.8）	12.10	4.23	17.64	*F* 值=1380.225
远郊村	274（42.2）	25.26	18.77	30.70	Sig.=0.000
乡村分类	农户（比例/%）	距镇/街距离/km			方差显著性检验
		均值	最小值	最大值	
近郊村	474（72.9）	3.51	0.33	5.89	*F* 值=1062.203
远郊村	176（27.1）	8.72	6.31	11.53	Sig.=0.000

表 4-27 显示了在村落区位差异上的 t 检验结果，在 0.05 显著水平上，仅有旅游行为意向在距县/市区距离上存在显著差异，近郊村的旅游意向显著高于远郊村，在距镇/街距离上不存在显著差异。苏南农村地区经济较为发达，离中心城镇较近，且交通便捷，城乡交流密切，乡村城镇化水平较高，这种小尺度的空间距离对相对较大尺度的旅游消费行为影响并不显著。在旅游消费的影响因素调研中，农村居民对农村基础交通对旅游消费影响的认知程度一般，均值为 3.34，传统地理区位因素对苏南农村家庭旅游消费行为影响较弱。

表 4-27 村落区位和旅游消费行为关系的 *t* 检验分析

旅游消费行为	距县/市区距离				距镇/街距离			
	均值		均值差异比较		均值		均值差异比较	
	近郊村	远郊村	*t* 值	Sig.	近郊村	远郊村	*t* 值	Sig.
旅游行为模式	2.03	2.21	−1.916	0.056	2.15	1.99	1.506	0.133
旅游目的地	2.33	2.36	− 0.223	0.824	2.28	2.50	−1.559	0.120
旅游天数	2.22	2.28	− 0.595	0.552	2.27	2.20	0.593	0.554
旅游花费	3.11	3.07	0.421	0.674	3.09	3.12	− 0.372	0.710
旅游行为意向	2.60	2.41	3.184	0.002	2.48	2.61	−1.920	0.055

（三）家庭乡村性

从城乡转型视角，借鉴“乡村性”概念，构建农村家庭“乡村性”指数，据此分析农村城镇化对旅游消费行为的影响。在城镇化进程的快速推进下，苏南农村地区在中国较早地进入城乡转型升级阶段（刘彦随，2007），城乡居民的流动性较强，从事农业生产的纯农民逐渐减少，农村居民的异质化程度在加深，农民的传统属性已经发生深刻变化，多数农村家庭的收入来源和职业趋同于城镇居民。苏南乡村地区难以呈现往日成片的乡土景观，那种“非城即乡”的传统农村地区逐渐减少，目前这种“似城非城、似乡非乡”的农村地区日趋增多。因而，苏南农村居民具有“传统农民”与“城镇居民”的中间性和过渡性特征，城乡之间呈现一个动态的变化过程，可以在城乡一体的视域内考察乡村性程度上的差异（张小林，1999；龙花楼等，2009）。新型城镇化的核心是“人的城镇化”，在城乡一体化背景下，借鉴“乡村性”概念，从人（家庭）而不是从区域的角度界定农村居民“乡村性”的强弱，农村家庭的“乡村性”越强，说明传统农民的特征越明显，而“乡村性”越弱的家庭受城镇化的影响越大，“城镇性”越强，其生产、生活和生态空间更接近于城镇居民。

农村居民的“乡村性”评价是一项涉及经济、社会、文化和地理等方面的复杂系统工程，本书从生产、生活和生态即“三生”空间反映苏南农村家庭的乡村性，运用耕地、职业、居住景观分别表征农村家庭在生产、生活和生态方面的变化，同时结合地理区位等方面进行评价。受调研指标和数据的限制，构建的“乡村性”指数可能难以全面反映城镇化对农村家庭的影响，但从一个侧面说明了苏南农村家庭受到的城镇化冲击。由于各指标的正负取向、数量级及量纲均有差异，先将各指标转换为1～100分的标准分值，分数越高，表示乡村性越强；然后运用熵值法计算各指标的权重，将标准化的百分值乘以确定的权重得到农村居民乡村性指数，指数值越高，说明乡村性越强，城镇性越弱，相反则乡村性越弱，城镇性越强。具体测算指标参见表4-28，计算如下：

（1）指标转换为百分标准分值。转换公式如下（边燕杰和李煜，2000）：

转换后的指标值=（指标值+B）×A。其中，A=99/（指标最大值–指标最小值），B=（1/A）–因子最小值。

（2）指标熵值计算。根据信息熵理论，第 i 个观测值第 j 项指标可表示为

$$e_j = -k\sum_{i=1}^{m} y_{ij}\ln(y_{ij})$$

式中，$k = 1/(\ln m)$，$0 \leqslant e_j \leqslant 1$。

（3）指标权重确定。

$$w_j = (1-e_j)\Big/\sum_{i=1}^{n}(1-e_i)$$

（4）综合评价得分。

$$z_i = \sum w_j \times y_{ij}$$

测度农村家庭乡村性的指标均值、标准差和总指数见表 4-28。乡村性指数平均值为 20.22，显示苏南农村家庭乡村性较弱，城镇性较强，即受到城镇化影响较强。通过将乡村性指数与各指标分值进行相关性分析，乡村性指数与聚落类型、土地资本和职业生计相关性程度较高，而与地理区位相关性相对较弱。

表 4-28　农村居民的家庭乡村性指数

乡村性指标	含义与分类	均值	标准差	相关性
聚落类型	现代农村、整治农村、传统农村	63.90	39.17	0.655***
土地资本	家庭平均耕地面积	13.89	18.95	0.657***
职业生计	家庭主要收入来源	32.43	22.04	0.594***
地理区位	距县/市区距离	51.18	29.49	0.249***
	距镇/街距离	41.60	26.01	0.259***
乡村性指数		20.22	8.43	1

注：均值和标准差是各指标标准化后的数值；***表示在 1%水平上显著。

根据乡村性指数，运用 *K*-means 均值法，将农村家庭分为三类：乡村性较强的家庭、乡村性一般的家庭和乡村性较弱的家庭，户数分别为 176 户、270 户、204 户，所占比例分别为 27.1%、41.5%、31.4%，方差结果通过 0.01 显著水平上的检验。旅游消费行为在家庭乡村性上的方差分析和检验结果如表 4-29 和表 4-30 所示。

表 4-29　家庭乡村性和旅游消费行为关系的单因素方差分析

旅游消费行为	组均值检验		方差齐性检验	
	F 值	Sig.	Sig.	是否齐性
旅游行为模式	8.208	0.000	0.113	是
旅游目的地	9.465	0.000	0.000	否
旅游天数	6.542	0.002	0.011	否
旅游花费	10.344	0.000	0.000	否
旅游行为意向	0.405	0.667	0.485	是

在 0.01 显著水平上，旅游行为模式与旅游消费水平在乡村性上都存在显著差异，在旅游行为意向上不存在显著差异，这与旅游消费行为在村落类型的分析结果较为一致。总体而言，乡村性较强与乡村性较弱的两组家庭具有显著的差异，乡村性越强，旅游行为模式越偏向传统模式，旅游消费水平越低，乡村性一般的家庭旅游消费水平介于两者之间。苏南农村家庭乡村性的强弱有时难以折射农村居民心理乡村性的强弱，部分农村居民虽然居住在类似城镇的现代社区，表面看

似城镇性较强，但由于失去了耕地和传统的生活来源，加剧了生活的不稳定感和消费的不确定性，导致其出游意愿较弱，而部分乡村性较强的农村家庭由于生活稳定，消费的不确定性程度较弱，旅游行为意向和消费水平并没有受到城镇化的负面影响。在城镇化进程的快速推进下，农村居民与传统乡土社会日趋日远，与现代社会日趋日近，但在很长时期内，农村居民在社会文化认同、制度偏向、心理归属、社会保障以及收入来源等方面与城镇居民仍有很大的差异，传统文化的烙印依然清晰，这需要深入分析农村居民社会文化、心理情境与旅游消费行为间的关系。

表 4-30　家庭乡村性和旅游消费行为差异

旅游消费行为	均值差异				检验方法
	乡村性较强	乡村性一般	乡村性较弱	总体	
旅游行为模式	1.90	2.05	2.36	2.11	LSD
旅游目的地	1.95	2.36	2.67	2.34	Tamhane
旅游天数	2.07	2.17	2.51	2.25	Tamhane
旅游花费	2.87	3.04	3.36	3.10	Tamhane

注：由于“旅游行为意向”不显著，故未列出。

四、旅游消费行为特征差异比较

表 4-31 总结并比较了旅游消费行为差异的研究结果，可以划分为三类。

表 4-31　旅游消费行为特征差异比较

指标	旅游行为模式	旅游目的地	旅游天数	旅游花费	旅游行为意向
户主年龄	**	—	—	**	***
受教育程度	***	***	***	***	***
家庭人口	***	**	***	***	**
干部家庭	**	**	**	***	—
家庭收入	***	***	***	***	***
家庭职业	***	***	***	***	*
耕地	***	**	**	***	—
村落类型	**	***	**	***	—
距县/市区距离	*	—	—	—	***
距镇/街距离	—	—	—	—	*
家庭乡村性	***	***	***	***	—

***、**、*分别表示在 1%、5%和 10%水平上显著。

第一类：全部显著。在 0.05 显著水平上，旅游行为模式、旅游消费水平与旅游行为意向在受教育程度、家庭收入和家庭人口三个变量上均存在显著差异，尤其是受教育程度与家庭收入均在 0.01 水平上显著。1）受教育程度越高，旅游行为模式越倾向于网络模式和团队模式，旅游消费水平越高，旅游行为意向越强。通过差异比较显示，受教育程度在高中及以上的家庭与初中及以下的家庭在旅游消费行为各变量上均存在显著差异，初步推测户主是否具有“高中教育”文化程度是农村家庭旅游消费行为发生变迁的重要拐点。2）家庭收入越高，旅游行为模式越倾向于网络模式和团队模式，旅游消费水平越高，旅游行为意向越强。通过比较家庭收入显示，总收入在 7 万元以下的家庭和 7 万元以上的家庭在旅游行为模式和消费水平上均存在显著差异，收入在 3 万元以上和 3 万元以下的家庭在旅游行为意向上存在显著差异。家庭收入与农村居民旅游消费水平具有较强的相关性，同时也显示，农村家庭旅游消费行为在收入水平上存在一个显著的节点，即当收入达到这一节点值后，旅游消费行为发生较大程度的变化。3）旅游消费行为在家庭人口上的显著性差异，主要体现在“两口之家”与其他人口规模的家庭之间，而三口以上的家庭之间差异并不显著，但由于本调研样本“两口之家”偏少，可能导致结果出现误差，其结果仍需要进一步验证。

第二类：部分显著。1）旅游行为模式、旅游消费水平在干部家庭、耕地、村落类型和家庭乡村性上的差异全部显著，而旅游行为意向差异不显著。除了干部家庭外，其余指标都与乡村城镇化水平有关，总体显示乡村出城镇化进程对农村居民旅游消费行为具有积极的影响，不同类型的农村家庭都具有较强的旅游行为意向，但家庭之间的差异性并不显著。干部身份反映了家庭拥有的社会资本，对旅游行为模式与旅游消费水平影响较为显著。总之，拥有干部身份的家庭、没有耕地的家庭以及居住在现代社区和乡村性比较弱的家庭，旅游目的地范围较大，旅游天数较长，旅游花费也较多，更偏向于网络模式和团队模式。2）家庭职业的变化折射了城镇化对乡村社会的影响，其旅游行为模式与消费水平均在 0.05 水平上显著，旅游行为意向在 0.1 水平上显著，发达地区的传统农户日趋减少，收入来源也从传统的农业向工业、服务业转变，农村消费内外环境的变化激发了农村居民的旅游消费意向，也提升了旅游消费水平。3）旅游行为模式、旅游花费和旅游意向在户主年龄上具有显著差异，而旅游目的地和旅游天数的差异不显著。

第三类：基本不显著。在 0.05 显著水平上，除了距县/市距离在旅游行为意向上显著外，其他指标都不显著，在苏南发达地区，村落之间在地理区位上的差异并不大，再加上便捷的交通网络和交通工具，导致在中小尺度地理区域内，地理区位对旅游消费行为的影响相对较弱。

第五节　本 章 小 结

本章选择具有典型意义的苏南农村地区开展实地调研，以农村家庭为调研单位，从旅游行为模式、旅游目的地、旅游天数、旅游花费、旅游行为意向等指标，分析农村居民旅游消费行为特征，并从家庭形态、经济变量和地理环境 3 个方面比较旅游消费行为特征差异。

苏南农村居民旅游消费行为特征表现如下：1）农村居民旅游行为模式可以分为四种类型：传统模式、网络模式、团队模式和综合模式，传统模式仍占据重要地位，但农村家庭已经在不同程度上借助现代网络查询旅游信息和设计旅游线路，并自行组织旅游活动，网络行为模式日趋增多，受传统消费习惯及其对旅游消费认知的限制，团队模式和综合模式仍占据较大比重。2）农村居民旅游目的地以周边地区为主，约 50%的居民集中在本市范围内，省外地区约占 30%，80%的出游市场分布在 250km 范围内，250km 以外的空间仅分割了 20%的出游市场，游客流向特征符合距离衰减规律，出游距离符合指数函数模型。3）旅游消费水平相对较低，消费结构有待完善。苏南农村居民一日游占有较高比例，中远程旅游次数较少，大部分农村居民出游住宿选择普通社会旅馆或中低星级饭店，出游方式以家庭为主，偏爱山水观光、文化景观和城市风光。4）旅游消费行为意愿较强，但一日游与过夜游意愿相差较大。农村居民对旅游消费的满意度不高，旅游价格和旅游产品是不满意的主要原因。

农村居民旅游消费行为特征差异表现如下：1）农村居民旅游消费行为在教育程度和家庭收入上都存在显著差异，且发现家庭文化程度达到高中教育以后，旅游消费行为发生较大变迁；收入在 7 万元以下的家庭和 7 万元以上的家庭在旅游行为模式和旅游消费水平上均存在显著差异，而收入在 3 万元以上和 3 万元以下的家庭在旅游行为意向上存在较大差异；反映了旅游消费行为在文化程度与经济水平上都可能存在一个“拐点”，在“拐点”前后，旅游消费行为存在较大差异。2）乡村城镇化进程对苏南农村居民旅游消费行为产生较显著的冲击。旅游消费水平在耕地、家庭职业和村落类型上存在显著差异，但不同阶层农村家庭的旅游行为意向都比较强，其差异性不大。通过构建的家庭乡村性指数显示，苏南农村家庭的乡村性指数较低，乡村性较弱，城镇化影响较大。旅游行为模式与旅游消费水平在家庭乡村性上存在显著差异，但在旅游行为意向上差异不显著。此外，苏南农村居民旅游消费行为在传统地理区位上差异不显著。3）苏南农村居民旅游消费行为在户主年龄、家庭人口、干部家庭、家庭职业、村落类型等变量上也存在不同程度的差异。

第五章　农村居民旅游消费行为影响机制

消费行为的变迁反映了社会结构的转变及各方面的影响，涉及经济、社会、文化、心理和政策等多方面因素，不同学科从不同视角解读消费行为的影响机制，并取得了较为丰富的研究成果。西方学者对农户行为的理论研究较多，侧重于从经济学和社会学角度进行研究（李小建等，2009），形成了三个主要流派：恰亚诺夫的组织与生产学派、舒尔茨的理性小农学派和黄宗智的历史学派。西方农户和消费理论虽然对中国乡村居民消费研究具有一定借鉴作用，但对于解释中国乡村居民消费问题只有有限实用性。金晓彤和杨晓东（2004）指出制度变迁是中国城镇居民行为变异的根本性原因，西方经典消费行为理论不能充分理解中国转型期居民消费行为的现实。朱信凯和骆晨（2011）提出中国具有独特的城乡二元结构，是一个经济快速发展、社会快速转型的文化大国，决定了研究中国消费者行为的复杂性，尤其是农村居民具有明显区域差异的心理与社会结构，为消费研究增添更多不确定性，也最有可能成为消费经济理论创新的生长点。基于问题导向的中国农村研究逐渐成为影响广泛的"显学"（徐勇，2019），中国农村居民旅游消费行为研究也应立足乡村实践和现实需求，将经济变量与社会心理、文化、地理等变量相融合，紧扣并融入城乡关系转型的时代背景中进行构建与解构，形成中国情境下农村居民旅游行为的理论体系。

本章在借鉴经典消费与行为理论的基础上，构建农村居民旅游消费行为的机制研究框架，并进行实证检验。具体结构安排如下：第一节构建理论框架，提出理论设想；第二节介绍研究变量与适用方法；第三节从旅游行为模式、旅游目的地、旅游天数、旅游花费和旅游行为意向 5 个方面实证检验旅游消费行为的影响因素；第四节剖析并比较家庭收入、受教育程度和乡村性对旅游消费行为作用路径的调节效应，并对影响机制进行归纳与提炼。

第一节　分析框架与理论设想

一、分析框架

计划行为理论（Ajzen，1991）提出态度、主观规范和感知行为控制是影响行为意向或行为的三个平行变量，感知行为控制可以作为实际控制条件的替代性测量，能直接预测行为发生的可能性（段文婷和江光荣，2008）。感知行为控制是个体在执行特定行为时感知难易的程度，主观规范也可以理解为个体感知社会压力或动力对行为控制的难易程度，将主观规范融入感知行为控制进行分析，构建统一的农村居民感知旅游行为控制变量，分析其对旅游消费行为的影响。感知旅游行为控制也可以理解为感知旅游限制，这是农村居民旅游消费行为的原动力。农村居民的感知旅游行为控制因素复杂，且不同个体感知因素存在差异，基于经济学等相关理论进行分析，其感知主要来自于传统消费习惯、未来消费预防、外部消费规范和内在消费不确定性 4 个方面。具体界定如下：

（1）习惯性感知，指农村居民感知传统消费习惯对旅游消费行为的控制，将其对旅游消费行为的影响命名为"棘轮效应"（ratcheting effect）。Duesenberry 将习惯因素纳入消费者行为研究中，消费支出不仅受到现期收入的影响，还受到曾经实现的消费水平与周围人消费水平的影响，即消费存在"棘轮效应"和"示范效应"。棘轮效应指农村居民感知传统文化消费观念对旅游消费行为的影响，而不是指个体的消费习惯。

（2）预防性感知，指农村居民感知未来生活消费支出对旅游消费行为的控制，将其对旅游消费行为的影响命名为"预防效应"（preventive effect）。Deaton（1991）认为在不确定性条件下，居民消费支出的流动性约束程度较高，居民将保留更多的储蓄用于预防性消费，消费也更加谨慎，从而影响当前消费需求与行为。中国长期的城乡二元结构和社会保障制度的不健全导致农村居民的预防性消费较大，包括防病养老、子女教育、人情往来和买房/建房等预防性消费，都可能对旅游消费行为产生影响。

（3）示范性感知，指农村居民感知身边重要个体或群体消费观念或行为对旅游消费行为的控制，将其对旅游消费行为的影响命名为"示范效应"（demonstrative effect）。Duesenberry 指出，周围人的消费观念和消费行为对自身消费行为具有重要的示范性影响。中国传统社会尤其农村社会是以家庭为基础的社会，多数人或权威人物的行为往往是个体认知或行动上的准则（潘煜等，2014）。此外，周围人物对消费本身会产生示范效应，存在互相攀比的效应。

（4）不确定性感知，指农村居民感知收入波动等自身不确定因素对旅游消费行为的控制，将其对旅游消费行为的影响命名为"敏感效应"（sensitive effect）。Flavin 把消费与收入变动之间存在显著正相关性的现象称为消费的过度敏感性，反映消费对收入变动的敏感程度（宋冬林等，2003）。这里除了考虑对收入的敏感外，还考虑身体健康、休闲时间等自身原因对旅游消费行为的影响。

消费活动是一种特殊而重要的认同行为，人们消费什么和不消费什么，不仅是简单的满足生理需要的过程，也是反映人们对某种价值目标的认同行为（王宁，2001）。理性行为理论与计划行为理论没有考虑态度的情感成分，而从总体看，态度的情感成分比认知成分的预测性更好（于丹等，2008）。在旅游消费环境与旅游消费心理内外情境因素的作用下，农村居民在感知旅游行为难易程度的同时，也形成了不同程度的旅游消费认知、涉入与情感，旅游消费认同除了考虑态度的工具性成分外，也考虑了情感性成分。社会转型背景下个人的自我认同和社会认同发生了剧烈的变化，农村居民对旅游消费认同也存在差异，但如果没有认同的转型作为对旅游消费的支持，农村居民旅游消费也缺乏根基。农村居民是否进行旅游消费，如何消费，消费多少，这些都反映出农村居民对执行旅游行为难易程度的认知与旅游消费的认同程度。

基于以上分析，构建嵌入农村居民家庭结构的“感知旅游行为控制、旅游消费认同与旅游消费行为”的机制分析框架（图 5-1）。

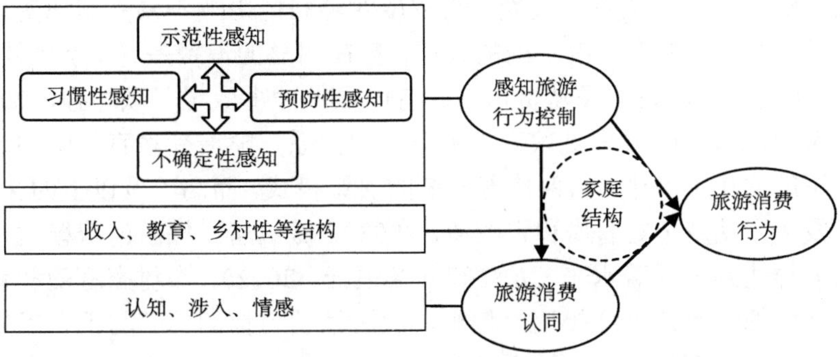

图 5-1　农村居民旅游消费行为机制分析框架

二、理论设想

（一）家庭结构和旅游消费行为

家庭是社会的基本单位，也是收入—消费的基本单位，家庭结构是家庭生活方式、消费行为选择的重要依据。自改革开放以来，农村家庭由原来相对均等的收入水平、单一的收入来源，逐渐分化为从事多种职业（阎建忠等，2010），职业分化折射了传统乡村社会的转型，中国农村居民旅游消费也逐渐形成三大差距：收入差距、阶层差距和城乡差距，收入水平、职业类型与地理区域是衡量旅游消费行为差距的重要依据。收入水平、职业类型和受教育程度也成为国内外学者划分社会阶层的重要标准（朱迪，2013）。基于已有研究成果和乡村城镇化的背景，将职业分化嵌入家庭乡村性，从收入水平、受教育程度和家庭乡村性 3 个方面探讨其对旅游消费行为的影响及其差异。

消费函数理论历经变迁，但收入对消费行为的影响已被广泛证实（朱信凯和骆晨，2011）。旅游消费与收入之间的关系始终是旅游理论研究的热点问题，部分学者也开始关注收入与农村居民旅游消费的关系，研究显示不同形式的经济收入都是影响农村居民旅游消费的重要因素（周文丽和李世平，2010；依绍华和聂新伟，2011；庞世明，2014；Yang et al.，2014；杨勇，2014）。收入与旅游消费具有较强的相关性，不同收入水平对旅游行为模式、旅游消费水平与旅游行为意向的影响存在较大差异。基于此，提出如下命题。

命题 1：家庭收入是农村居民旅游消费行为的经济基础，对旅游消费行为具有积极影响。收入越高的家庭，旅游认同感越强，旅游消费水平越高，旅游行为意向也越强。收入对旅游消费行为的影响可能存在“拐点效应”，即当农民家庭收入达到拐点后，旅游消费行为特征与影响因素具有显著差异。

教育水平一直是社会分层的基本标准之一（朱迪，2013），受教育程度与消费阶层具有显著的相关关系，且受教育程度对消费的影响不易受其他变量干扰，具有相对独立性，受教育程度不同的人群，存在明显的消费差异（李培林和张翼，2000），文化资本对农村居民消费水平具有明显的冲击效果（耿晔强，2012）。农户家庭决策模式与家庭成员受教育年限有一定关系，随着受教育年限的延长，在初中及以下的文化家庭中，仍保持着传统的决策模式，而高中及以上的文化家庭，决策模式发生了演变（史清华和张改清，2003）。城镇居民旅游消费模式在受教育程度上的分异达到了显著水平（龙江智和李恒云，2012），农村家庭受教育程度与旅游消费行为的关系研究成果明显偏少。旅游消费习惯的培养与消费者受教育程度有较大关系，教育程度对旅游消费意愿有较大影响，受教育程度越高的人群更易接受旅游这类新兴事物（邱洁威等，2011b；余凤龙等，2013a）。基于此，提出如下命题。

命题 2：受教育程度对农村居民旅游消费行为具有积极影响。受教育程度越高的家庭旅游认同感越强，旅游消费水平越高，旅游行为意向也越强。此外，受教育程度对旅游消费行为的影响可能存在“拐点效应”，在拐点前后的农村家庭因文化程度的不同，旅游消费行为特征与影响因素存在较大差异。

中国现阶段尤其是发达地区的农村居民消费行为，不同于西方学者描述的相对稳定社会结构下的农户行为，也不同于慢速转型社会下的农户行为（汪雁，2012）。农民的普通生活消费行为已经显著地受到城镇化的影响（周建和杨秀祯，2009），城镇化显著地提高了农村居民的消费水平（姜凌和高文玲，2013）。随着新型城镇化进程的推进，城乡居民旅游交流日益密切，农村居民的旅游理念、旅游意识、旅游需求受城镇居民消费的示范效应影响日渐凸显（余凤龙等，2013a）。随着乡村城镇化水平的提高，农村居民的职业类型发生分化，引发消费行为模式的转型与消费水平的提高。城镇化将是今后一段时期内中国扩大内需的重要潜力和经济持续健康发展的重要动力，城镇化将对处于经济体制转轨期及对宏观环境敏感的中国旅游业和农村居民旅游消费产生深刻影响。基于此，提出如下命题。

命题 3：家庭乡村性程度与旅游消费行为具有显著的关系。家庭乡村性的强弱反映家庭受城镇化的影响，乡村性较弱即城镇化影响较强的农村家庭，旅游消费认同较强，旅游消费水平较高，旅游行为意向也较强，而乡村性较强即城镇化影响较弱的农村家庭与此相反。

（二）旅游消费认同和旅游消费行为

社会认同是个体对自己属于哪些社会群体及其带给自身情感和价值的感知，社会认同能够强烈影响个体的知觉、态度和行为（闫超，2012）。王宁（2001）系统阐述了消费与认同的关系，消费活动是一种特殊而又重要的认同行动，个体消费什么和不消费什么，不仅取决于自身掌握的经济和文化资源，还反映了人们对某种价值目标的认同行动，因而消费者通过某种认同而存在于社会，并与他人发生联系。旅游学界对于旅游与认同的研究主要关注于旅游者对目的地的认同（左冰，2014），旅游认同不仅包含心理学意义的“我是谁？”，还包含了社会学意义的“我该怎么做？我该如何行为？”等（陈才和卢昌崇，2011）。包括旅游消费在内的不同消费行为与消费认同、经济收入、感知控制能力等因素有关，消费者对消费对象做出认知和评价后，会选择与之匹配的消费方式。消费认同的内涵极其丰富，消费与认同的关系也较复杂，本书探讨的旅游消费认同指农村居民通过旅游消费带给自身情感和价值意义的感知，含有认知、涉入和情感三层含义。

命题 4：农村居民旅游消费认同程度对旅游消费行为具有积极影响。旅游消费认同越高，旅游消费水平越高，旅游行为意向越强。

（三）感知旅游行为控制和旅游消费行为

传统消费习惯影响着人们的消费倾向和消费水平，中国传统儒家文化表现为谨慎、节俭消费，一直保持着“崇俭黜奢”的禁欲倾向（叶德珠等，2012），形成凡事强调“实用”、“实际”或“实在”的消费惯习，从而造成对消费的过度抑制。Deaton 和 Seckin 认为，内部习惯形成类似于谨慎，内部习惯形成影响越大，消费者越谨慎，农村居民更易受传统消费文化的影响，习惯显著影响了农村居民的消费行为（艾春荣和汪伟，2008；闫新华和杭斌，2010；姜凌和高文玲，2013）。长期以来农民预期收入较低，家庭负担较重，社会保障机制不健全，在传统儒家文化和节俭实用消费理念的影响下，农村居民收入的增加首先用来满足住房、食品等物质性生活消费，然后是文教娱乐等低层次的文化消费需求，最后才是被农村居民认为是高层次的旅游消费，且旅游消费多是“浅尝辄止”，在旅游行为上追求群体主义取向，行为保守，热衷团体旅游（梁雪松等，2006），在花费上体现了谨慎、不愿意花费较多的收入在旅游消费上，传统消费习惯对旅游消费行为存在“棘轮效应”（赵东喜和刘永涓，2010）。相反，如果农村社会形成较浓厚的旅游消费文化，农村居民养成良好的旅游消费习惯，将积极影响旅游消费行为（周国忠和郎富平，2009）。由此，提出如下命题。

命题 5：农村居民习惯性感知与旅游消费行为具有显著的关系，旅游消费行为存在“棘轮效应”。农村居民感知传统消费习惯与旅游关系越强，将对旅游消费行为产生消极影响，即“棘轮效应”越显著，旅游消费认同较弱，旅游消费水平越低，旅游行为意向也较弱。棘轮效应的作用程度与方向受家庭结构的调节。

Duesenberry 指出消费支出受周围人消费的显著影响，并称之为“示范效应”。中国传统社会表现为关系取向的亲社会结构，每一个消费者不是独立者，其认知或行为以多数人或权威人物的行为为准则，具有从众和服从权威的消费心理特征（潘煜等，2014）。理性行为理论（Fishbein and Ajzen，1975）提出行为意向是个人态度、主观规范两大因素共同作用的结果，亲朋、邻居和权威人士等周围重要群体的旅游消费观念和行为方式将对农村居民自身旅游消费行为产生重要影响。同时，随着城镇化水平的推进，城乡居民旅游交流日益密切，城镇居民对农村居民的旅游消费认同和行为也将产生影响（赵东喜和刘永涓，2010；余凤龙等，2013a），研究显示农民的普通生活消费行为已经显著地受到城镇的影响（周建和杨秀祯，2009）。因此，在这样的环境下，周围群体的行为模式给个体提供了行动的标准，个体如果认为该行为符合公认的标准，就越易认可该规范，并自愿从事类似的消费活动。基于此，提出如下命题。

命题 6：农村居民示范性感知与旅游消费行为具有显著的关系，旅游消费行为存在“示范效应”。周边群体对旅游消费可能有积极的旅游消费示范，增强旅游消费认同，产生正面效应，也可能存在消极的旅游消费约束，弱化旅游消费认同，产生负面效应。示范效应的程度和方向需要结合具体的家庭结构进行分析。

Hall 引入了理性预期，将消费函数研究从确定性条件推进到不确定性条件，经济学关于不确定研究，主要指对未来收入的预期（郃秀军等，2009），收入不确定性对居民消费行为具有显著的负向影响（王克稳等，2013）。农村居民感知收入水平的高低、波动性的强弱引发了消费的不确定性，可能减少当前消费，而对于作为较高层次的旅游消费则更为谨慎。同时，农村居民除了受自身收入不确定性感知以外，还受身体条件、休闲时间与旅游消费行为关系感知程度的影响。Morduch（1994）观察到收入波动并不一定会引起消费波动，持久收入假说（PIH）说明家庭会利用生命周期内的全部资源确保消费在周期内是平滑的，因而如果能够实现消费平滑，其影响收入波动的因素不一定会影响消费水平，在充满不确定性的环境中，家庭最终消费状况取决于外部的情境因素，也取决于风险到来时的自身应付能力。不确定性反映了旅游消费对收入变动的敏感程度（宋冬林等，2003），中国农村居民消费行为对当期收入存在过度敏感性（马树才和刘兆博，2006）。基于此，提出如下命题。

命题 7：农村居民不确定感知与旅游消费行为具有显著的关系，旅游消费行为存在“敏感效应”。不确定感知对旅游消费认同与旅游消费行为具有负面影响，但敏感效应的方向与强弱取决于家庭平滑收入等不确定因素的能力，平滑能力越强，敏感效应越弱。敏感效应的作用程度与方向受农村家庭结构的调节。

收入和消费的不确定因素除了导致当前谨慎消费行为，还表现为农村居民对未来生活消费支出的预防性安排。随着城乡一体化进程的推进以及相应的经济体制改革（如就业、医疗、住房、养老和子女教育等），不确定性也渗透到农村居民的消费场域中。此外，城镇化导致大量农民失去土地，失地的农民失去了赖以生存的生活和收入来源，在传统城乡二元结构的基础上，城镇化反而加剧了部分农村居民消费的不确定，同时在中国特有的户籍政策和城乡二元经济结构的影响下，多数农民游离于社会保障网络之外，合作医疗、养老保险等新型社会保障制度对农村居民的消费影响显著（陈池波和张攀峰，2012），也对农民是否愿意进行旅游消费有着显著影响（邱洁威等，2011b）。生命周期假说指出每个人会根据自己一生全部预期收入安排其消费支出，在不确定性和习惯性的叠加影响下，中国农村居民将基于特有的中国式生命周期来安排消费，呈现波浪式的阶段消费特征，收入的增加可能首先用于预防未来可能发生风险的消费，抑制了农村居民旅游消费需求和消费水平（朱信凯和骆晨，2011），但旅游消费作为一种较高层次的社会消费活动，偶发性、即时性较为突出，预防性消费对旅游消费行为的影响可能呈现不同的规律。基于此，提出如下命题。

命题 8：农村居民预防性感知与旅游消费行为具有显著的关系，旅游消费行为存在“预防效应”。农村居民预防性感知对旅游消费行为影响越强，旅游消费水平越低，旅游行为意向越弱，旅游消费认同也越低。预防效应的作用程度与方向受农村家庭结构的调节。

第二节　研究变量与方法

一、研究变量

（一）因变量

根据第四章的分析，旅游消费行为包括旅游行为模式、旅游消费水平和旅游行为意向三个方面。其中，旅游行为模式分为四种：传统模式、团队模式、网络模式和综合模式。旅游消费水平运用旅游目的地、旅游天数和旅游花费三个变量衡量。旅游行为意向指农村家庭主观判断其未来可能采取旅游行动的倾向，将家庭分为“不想游”、“不明确是否旅游”以及“想旅游”三类。旅游消费行为因变量名称及描述性统计参见第四章。

（二）自变量

1. 客观自变量

旅游消费行为自变量包括客观解释变量与主观解释变量。根据本书的研究视角，旅游消费行为客观解释变量包括家庭收入、受教育程度与家庭乡村性指标，反映经济、文化和乡村城镇化对旅游消费行为的影响。另外，将年龄、家庭人口、家庭职业与所在城市作为控制变量。表 5-1 是旅游消费行为客观自变量与控制变量的名称及描述性统计。

表 5-1　旅游消费行为客观自变量与控制变量名称与描述

变量		变量描述	均值	标准差
自变量	家庭收入	1：3 万元以下；2：3 万～5 万；3：5 万～7 万；4：7 万～9 万；5：9 万元以上	3.22	1.358
	受教育程度	1：小学及以下；2：初中；3：高中；4：大专及以上	2.65	0.967
	乡村性	1：乡村性较强；2：乡村性一般；3：乡村性较弱	2.04	0.764
控制变量	年龄	1：30 岁以下；2：31～40 岁；3：41～50 岁；4：51～60 岁；5：60 岁以上	2.64	1.099
	家庭人口	1：两口；2：三口；3：四口；4：五口及以上	3.03	0.999
	家庭职业	1：传统农户；2：现代农户；3：管理农户	2.23	0.625
	城市	1：苏州；2：无锡；3：常州；4：南京；5：镇江	2.69	1.354

2. 主观自变量

主观自变量包括感知旅游行为控制与旅游消费认同两个变量。根据研究成果和理论设想，感知旅游行为控制由 4 个维度构成，具体指标设计如下：1）习惯性感知：从节俭、实用、谨慎、从众四个方面测量，具体的测量条目为“不论有钱没钱，旅游花费都要节俭”“旅游花费要实在，要实用，不能花冤枉钱”“在家百日好，出门一时难”“去哪里玩，买什么东西，喜欢听取大家的意见”。2）示范性感知：在旅游消费行为场域中，示范性感知主要来自亲朋好友、周边邻居、权威人士和城镇居民等群体的影响，具体测量条目为“亲朋好友对我们旅游消费有较大影响”“周边邻居对我们旅游消费有较大影响”“周边有钱有身份的人对我们旅游消费有较大影响”“城市居民对我们旅游消费有较大影响”。3）不确定性感知：农村居民旅游行为不确定感知来自于收入、身体与时间等自身条件，具体测量条目为“家庭收入水平不高，影响旅游消费”“家庭收入不稳定，影响旅游消费”“自身身体健康状况，影响旅游消费”“休闲时间受到限制，影响旅游消费”。4）预防性感知：具体测量条目为“未来防病养老花费，影响旅游消费”“未来子女教育花费，影响旅游消费”“农村人情往来花费，影响旅游消费”“买房/建房花费，影响旅游消费”。

旅游消费认同反映农村居民对旅游消费的认知、涉入与情感程度，表现出农村居民对旅游消费行为的评价和较稳定的心理倾向，直接影响旅游行为意向，进而影响实际旅游消费行为，同时旅游消费认同也受家庭结构与感知旅游行为控制影响。由此，设计了三个条目进行测量："对旅游知识比较了解""经常留意旅游相关信息""与农村其他休闲消费活动相比，旅游消费是一项有意义的消费活动"。

根据上述对变量的界定，设计调查问卷（参见附录 A.1），并在前期进行反复预测试和专家咨询，确定了调查问卷。

（三）变量信度评估

采用内在信度（internal reliability）指标对主观量表信度进行检验，如果各题项与总体的条目总体相关性（CITC）值小于 0.3，且删除该指标后提高了 Cronbach's α 值，将删除该题项。采用因子分析检验建构效度（construct validity），建构效度常用的判定指标有两个，即 KMO 值和 Bartlett 球形检验卡方值，对共同度小于 0.5 的指标予以删除。表 5-2 显示了检验结果。

表 5-2　旅游消费行为主观自变量的测量题项与信效度检验

变量	Cronbach's α 系数	KMO 检验
习惯性感知	0.773	0.695
示范性感知	0.743	0.677
不确定性感知	0.763	0.500
预防性感知	0.800	0.788
旅游消费认同	0.750	0.672

（1）习惯性感知指标。指标"不论有钱没钱，旅游花费都要节俭"的共同度小于 0.5，且删除后将提高 Cronbach's α 值，在农村居民旅游消费行为中，传统节俭观念的解释力度较弱，其余三个指标量表显示了较高的内在信度，Cronbach's α 系数为 0.773。

（2）示范性感知指标。指标"城市居民对我们旅游消费有较大影响"的共同度小于 0.5，且删除后将提高 Cronbach's α 值，苏南农村地区具有较高的城镇化水平，城乡之间的差异相对较小，相对于其他农村地区，城镇化水平对旅游消费行为的解释力不显著。其余三个指标的量表显示了较高的内在信度，Cronbach's α 系数为 0.743。

（3）不确定性感知指标。指标"自身身体健康状况，影响旅游消费""休闲时间受到限制，影响旅游消费"的共同度都小于 0.5，且删除后将提高 Cronbach's α 值，农村居民身体健康状况、休闲时间对旅游行为的解释力度较弱。其余两个指标主要反映收入的不确定性，说明农村居民的不确定性主要来源于对收入的不确定性。剩余两个指标的量表显示了较高的内在信度，Cronbach's α 系数为 0.763。

（4）预防性感知指标。四个测量指标全部通过检验，具有较高的内在信度，Cronbach's α 系数为 0.800。

（5）旅游消费认同指标，衡量旅游消费认同的三个指标全部通过检验，显示该量表具有较高的内在信度，Cronbach's α 系数为 0.750。

量表还采用专家判断法检验内容效度（content validity）。在形成正式量表之前，对相关领域专家和农村居民进行了深度访谈，从中探寻影响旅游消费行为的各解释变量，归纳出原始量表。此后，对农村居民进行了预调研，通过预调研的结果分析，归纳合理意见，对量表进一步修改和完善。总之，量表内容有一定的广度，且较切合农村居民旅游消费调查目标，内容效度较为理想。

农村居民感知旅游行为控制量表最终剩下 12 个题项，总量表 Bartlett 球形检验值的显著性水平 p 值小于 0.001，KMO 度量为 0.786，Cronbach's α 系数为 0.791。总体而言，用来衡量农村居民感知旅游行为控制量表的内部一致性、可靠性和稳定性比较好，内部信度比较理想。农村居民感知旅游行为控制由习惯性感知、示范性感知、预防性感知和不确定性感知 4 个维度组成。

二、研究方法

本书主要运用多分类 Logit 回归模型和结构方程模型（SEM）实证检验旅游消费行为的影响机制，还涉及信度和效度检验、探索性因子分析、均值分析、单因素方差及最小二乘回归（OLS）等数理统计方法，这些方法主要使用 SPSS 18.0、AMOS 18.0 和 Stata 7.0 处理。

（一）多分类 Logit 回归模型

运用多分类 Logit 回归模型（multinomial logit model）实证检验旅游目的地选择行为的影响因素。随机效用机理即消费者根据效用最大化原则进行决策，是多分类 Logit 回归模型的理论基础。当寻求建模的数据是离散而非连续的，常规回归模型并不适合，多分类 Logit 回归模型被广泛应用。多分类 Logit 回归模型对于变量的假设要求不高，若自变量是连续型变量或计数型变量，且因变量每个取值的概率范围均为 0～1 的情况，都可以使用 Logit 回归方法对因变量的概率取值建立回归模型。假设因变量有 J 个取值水平，可以对其中的 J–1 个水平，各做一个回归方程（王昌海，2014）。因变量取第 i 个水平的 Logit 回归模型为

$$y_i = \ln\left(\frac{p_i}{p_m}\right) = \beta_0 + \sum_{j=1}^{n} \beta_j X_j$$

式中，p_i 为事件 y_i 发生的概率；p_m 为参照事件 y_m 发生的概率，且 $p_1+p_2+\cdots+p_m=1$。

对于建立的每个 Logit 模型都将获得一组回归系数。采用的参数估计方法一般为“极大似然估计法”（maximum likelihood method）。此外，拟合检验、Pearson 卡方统计量常用来检验观测频数与预测频数之间的差异。

多分类 Logit 回归模型在旅游方面的研究也较为成熟，涉及旅游偏好、旅游目的地选择、旅游影响感知等方面，国内旅游研究多应用二元 Logit 模型（葛学峰和武春友，2010），多分类Logit回归模型的应用相对较少（唐佳和李君轶，2015）。根据研究内容，分别将农村居民旅游行为模式、旅游消费水平（旅游目的地、旅游天数和旅游花费）和旅游行为意向设为因变量，将影响农村居民旅游消费行为的因素设为自变量，包括客观自变量与主观自变量。

（二）结构方程模型（SEM）和多群组 SEM

结构方程模型（structural equation model，SEM）被广泛应用于社会学、心理学、地理学等领域的量化研究，在旅游者行为研究领域中，SEM 方法也是一种较为成熟的研究工具（白凯等，2010）。本书构建农村居民感知旅游行为控制、旅游消费认同与旅游消费水平关系的假设模型，运用 SEM 进行验证和数据拟合。

在此基础上，分别以收入、教育和家庭乡村性为调节变量，采用多群组结构方程模型（multiple-group SEM）方法，比较经济水平、文化程度和城镇化程度对感知旅游行为控制、旅游消费认同与旅游消费行为关系的调节作用。多群组结构方程模型在于评估适配于某一样本的模型也适合其他不同的样本，即检验研究提出的假设模型在不同群组间是否相等或参数是否具有不变性。在多群组分析中，需要对各种参数进行限制，以找出最佳的适配路径模型。通过对预设模型（不限制任何参数模型）、协方差相等模型（协方差不变性）、方差相等模型（方差不变性）、路径系数相等模型和模型不变性（模型方差相等、协方差相等、回归系数相等）5 个模型输出结果适配度的比较，选择最佳模型。在此基础上，将进一步运用“参数间差异的临界比值”（critical ratios for differences between parameters）分析因素负荷量的组间效果，若是两个相对而属性相同的参数，临界比值绝对值小于 1.96，则此两个参数间可视为相等。

第三节　农村居民旅游消费行为影响因素

表 5-3 描述了农村居民旅游消费行为自变量与因变量均值以及皮尔森相关系数矩阵。预防性感知和不确定性感知均值都约为 3.7，相对最高，习惯性感知和示范性感知相对较低，均值分别为 3.05、2.94。相关系数显示，收入、教育与感知旅游行为控制、旅游消费认同、旅游消费行为存在较高的相关性，而乡村性相关程度较弱。在感知旅游行为控制各变量中，旅游消费行为与习惯性感知相关性最强，

表 5-3　旅游消费行为自变量与因变量的相关系数矩阵

	IN	ED	VI	X_1	X_2	X_3	X_4	X_5	Y_1	Y_2	Y_3	Y_4	Y_5
M	3.22	2.65	2.04	3.05	2.94	3.65	3.67	3.07	2.11	2.34	2.25	3.10	2.52
SD	1.36	0.97	0.76	0.74	0.75	0.72	0.67	0.69	1.15	1.60	1.27	1.09	0.70
IN	1												
ED	0.283^{***}	1											
VI	0.190^{***}	0.121^{***}	1										
X_1	–0.040	-0.254^{***}	-0.046^{*}	1									
X_2	0.092^{**}	–0.055	0.013	0.320^{***}	1								
X_3	0.030^{*}	-0.058^{*}	–0.018	0.114^{***}	0.134^{***}	1							
X_4	–0.044	-0.156^{***}	–0.012	0.280^{***}	0.238^{***}	0.367^{***}	1						
X_5	0.283^{***}	0.190^{***}	0.046^{*}	–0.048	0.173^{***}	0.171^{***}	0.068^{*}	1					
Y_1	0.195^{***}	0.250^{***}	0.154^{***}	-0.164^{***}	-0.042^{*}	–0.031	–0.021	0.163^{***}	1				
Y_2	0.251^{***}	0.235^{***}	0.171^{***}	-0.195^{***}	-0.077^{*}	-0.045^{*}	-0.056^{*}	0.165^{***}	0.341^{***}	1			
Y_3	0.253^{***}	0.245^{***}	0.133^{***}	-0.140^{***}	–0.006	-0.046^{*}	–0.024	0.213^{***}	0.410^{***}	0.724^{***}	1		
Y_4	0.405^{***}	0.284^{***}	0.173^{***}	-0.212^{***}	–0.039	-0.109^{***}	-0.084^{**}	0.239^{***}	0.408^{***}	0.645^{***}	0.726^{***}	1	
Y_5	0.084^{**}	0.205^{***}	0.002	-0.272^{***}	-0.061^{*}	–0.033	–0.006	0.073^{*}	0.190^{***}	0.260^{***}	0.207^{***}	0.238^{***}	1

注：M 表示均值；SD 表示标准差；IN、ED、VI 分别表示收入、教育、家庭乡村性；X_1、X_2、X_3、X_4、X_5 分别表示习惯性感知、示范性感知、不确定性感知、预防性感知和旅游消费认同；Y_1、Y_2、Y_3、Y_4、Y_5 分别表示旅游行为模式、旅游目的地、旅游天数、旅游花费和旅游行为意向；***、**、*分别表示在 1%、5%和 10%水平上显著。

而其他变量的相关性较弱。旅游消费认同与旅游消费行为、感知旅游行为控制的相关性都较强。

表 5-4 是运用 OLS 回归对农村居民旅游消费行为影响因素进行初步检验的结果。旅游消费行为各变量回归方程都通过了显著性水平检验，但对因变量的解释力度存在差异，旅游花费的解释力度最高，达 26.5%，旅游目的地和旅游天数的解释力度较为相似，分别为 14.3%、14.9%，旅游行为模式和旅游行为意向的解释力度相对较弱，分别为 11.5%、10.8%。

初步回归结果显示，受教育程度对旅游消费行为 5 个因变量都有显著影响，家庭收入除了对旅游行为意向影响不显著外，对其他变量都有显著影响。乡村性对旅游消费行为影响较弱，仅对旅游行为模式有显著影响。在感知旅游行为控制各变量中，习惯性感知对旅消费行为存在负面效应，而预防性感知、示范性感知和不确定性感知对旅游消费行为影响的强度与方向存在差异，初步反映了农村居民旅游消费行为存在不同程度和方向的棘轮效应、预防效应、示范效应和敏感效应。旅游消费认同对旅游行为模式和旅游消费水平具有显著影响，但对旅游行为意向影响不显著。这为进一步运用多分类 Logit 回归模型进行检验提供了参考。

下面将运用多分类 Logit 回归方法，探讨不同变量对旅游行为模式、旅游消费水平和旅游行为意向的影响。在回归分析中，以“初中学历家庭”为教育变量对照组，以“5 万～7 万收入的家庭”为家庭收入变量对照组，以“乡村性较强的家庭”为家庭乡村性变量对照组。根据研究选用的模型，选择 SPSS 18.0 软件和 Stata 7.0 进行多分类 Logit 回归分析。

一、旅游行为模式影响因素

农村居民旅游行为模式分为 4 种：传统模式、团队模式、网络模式和综合模式，多分类 Logit 回归分析将以传统模式为对照组。

（一）模型拟合检验

首先，对数据进行模型拟合检验，即对模型所有自变量偏回归系数是否全为 0 进行似然比检验（唐佳和李君轶，2015）。拟合结果显示，模型中未引入自变量时，–2 倍的对数似然值为 1375.637，引入自变量后减少至 1255.281，二者之差等于 120.356，卡方检验结果在 0.01 水平上显著，表明至少有一个自变量偏回归系数不为零，可以拒绝所有自变量系数均为零的零假设，最终模型显著成立。其次，检验所有自变量在最终模型中各自效应的似然比，检验的显著性水平越小，说明模型的拟合度越好。表 5-5 是检验结果，预防性感知、旅游消费认同和受教育程度 3 个变量显著性水平较高，不能剔除。

表 5-4　旅游消费行为影响的 OLS 回归结果

自变量	旅游行为模式		旅游目的地		旅游天数		旅游花费		旅游行为意向	
	系数	t 值	系数	t 值	系数	t 值	系数	t 值	系数	t 值
受教育程度	**0.174*****	3.366	**0.148*****	2.880	**0.175*****	3.462	**0.116****	2.461	**0.136****	2.540
家庭收入	**0.084***	1.761	**0.123****	2.523	**0.136*****	2.889	**0.263*****	6.000	–0.007	–0.144
乡村性	**0.102****	2.256	0.072	1.581	0.062	1.398	0.051	1.240	–0.015	–0.311
预防性感知	**0.046***	1.712	0.030	0.662	0.037	0.835	–0.002	–0.053	**0.073***	1.746
示范性感知	–0.020	–0.458	**–0.078***	–1.729	0.009	0.205	–0.031	–0.772	–0.019	–0.411
不确定性感知	**–0.055***	–1.746	–0.063*	–1.735	–0.063	–1.477	**–0.118*****	–2.952	–0.039	–0.863
习惯性感知	**–0.092***	–2.012	**–0.139*****	–3.037	**–0.115****	–2.558	**–0.126*****	–3.007	**–0.215*****	–4.499
旅游消费认同	**0.090****	2.043	**0.147*****	3.308	**0.168*****	3.887	**0.176*****	4.363	–0.004	–0.087
户主年龄	–0.019	–0.392	0.066	1.383	**0.103****	2.215	0.053	1.232	–0.081	–1.640
家庭人口	–0.011	–0.269	0.007	0.165	–0.003	–0.081	–0.001	–0.021	0.010	0.230
家庭职业	0.010	0.198	–0.007	–0.138	0.035	0.750	**0.093****	2.124	0.016	0.318
城市	–0.013	–0.299	–0.051	–1.175	0.018	0.424	–0.035	–0.882	**0.087***	1.920
R^2	—	0.115	—	0.143	—	0.149	—	0.265	—	0.108
调整 R^2	—	0.095	—	0.123	—	0.130	—	0.248	—	0.086
显著性水平	—	0.000	—	0.000	—	0.000	—	0.000	—	0.000

注：系数全部为标准化回归系数；***、**、*分别表示在 1%、5%和 10%水平上显著；加粗数据表示系数具有显著性。

表 5-5　旅游行为模式模型的似然比回归检验

影响因素	模型拟合标准	似然比检验		
	–2 倍对数似然值	卡方值	自由度	Sig.
截距	1255.281	0.000	0	0.000
预防性感知	1262.721	7.439	3	0.059
旅游消费认同	1261.887	6.605	3	0.086
受教育程度	1281.133	25.851	9	0.002

（二）参数估计结果

表 5-6 是模型参数的最终估计结果。估计结果可以与传统模式相比较，不同因素的显著水平及其对不同行为模式的作用程度和方向存在差异。模型估计结果仅列出了显著水平在 0.1 以上的变量（下同）。

表 5-6　旅游行为模式模型的参数估计结果（对照组：传统模式）

行为模式	影响因素	*B*	Sig.	Exp（*B*）
团队模式	收入“9 万元以上”（对照组：5 万～7 万）	0.974	0.025	2.648
	预防性感知	0.691	0.012	1.996
网络模式	高中学历（对照组：初中学历）	0.937	0.002	2.553
	大专及以上学历（对照组：初中学历）	1.588	0.000	4.893
	收入“7 万～9 万”（对照组：5 万～7 万）	0.920	0.016	2.509
	收入“9 万元以上”（对照组：5 万～7 万）	0.893	0.014	2.442
	乡村性一般（对照组：乡村性较强）	0.572	0.065	1.772
	乡村性较弱（对照组：乡村性较强）	0.634	0.067	1.886
	不确定性感知	–0.332	0.07	0.718
	习惯性感知	–0.341	0.052	0.711
	旅游消费认同	0.454	0.03	1.575
综合模式	高中学历（对照组：初中学历）	0.879	0.028	2.408
	收入“9 万元以上”（对照组：5 万～7 万）	0.744	0.06	2.104
	乡村性较弱（对照组：乡村性较强）	0.917	0.019	2.501

1. 家庭结构估计结果

首先，家庭收入对农村居民旅游行为模式有显著影响。对照传统模式，收入在 9 万元以上的家庭选择团队模式、网络模式和综合模式的概率是收入在 5 万～7 万元家庭的 2 倍以上（Exp（*B*）值分别为 2.648、2.442、2.104，Sig.＜0.05），收入在 7 万～9 万元的家庭选择网络模式的概率是传统模式的 2.5 倍（Exp（*B*）=2.509，Sig.=0.016）。结果表明，家庭收入达到 7 万元后，选择网络模式的可能性显著提高，收入达到 9 万元后，选择团队模式出游的可能性显著提高，收入在 7 万元以下的家庭在旅游行为模式选择上无显著差异。收入水平较高的家庭，更可能运用现代网络查询旅游信息，设计旅游行程，或直接通过旅行社组织行程。

其次，受教育程度对旅游行为模式有显著影响。受教育程度在高中及以上的家庭选择网络模式出游的概率显著高于学历在初中及以下的家庭。对照于传统模式，高中、大专教育程度的家庭选择网络模式的概率分别约是初中家庭的 2.6 倍、4.9 倍（Exp（*B*）值分别为 2.553、4.893，Sig.＜0.01）。高中学历的家庭选择综合模式的概率约是初中学历家庭的 2.4 倍（Exp（*B*）=2.408，Sig.=0.028）。结果表明，初中及以下学历的家庭在旅游行为模式选择上无显著差异，偏向于传统模式，而受教育程度达到高中及以上的家庭，旅游行为模式发生了变化，偏向于网络模式。史清华和张改清（2003）通过对浙江农户的研究，也显示出高中教育程度是家庭决策模式的重要拐点。

最后，家庭乡村性对旅游行为模式也有显著影响。相对于传统模式，乡村性较弱，即受城镇化影响较大的家庭，选择网络模式和综合模式的概率显著大于乡村性较强的家庭（Sig.分别为 0.067、0.019），乡村性一般的家庭选择网络模式的概率也大于乡村性较强的家庭（Sig.=0.065）。这说明乡村性较弱的家庭，受到城镇化影响较强，倾向于选择网络模式或综合模式，而传统农村家庭更偏向于选择传统模式。

2. 感知旅游行为控制和旅游消费认同变量估计结果

感知旅游行为控制对旅游行为模式有显著影响，存在显著的预防效应、棘轮效应和敏感效应。预防性感知对选择传统模式与团队模式有显著影响，即预防效应越显著的农村居民，偏向于选择团队模式，“未雨绸缪”的农村居民在消费支出上一般较为理性，消费预算的计划性较强，这可以化解未来预防性支出对当前旅游消费的挤出效应，更愿意选择旅游计划较为明确的团队模式出游。农村居民不确定性感知和习惯性感知对选择网络模式和传统模式有显著影响，感知影响越强的农村居民，选择网络模式的概率越低于传统模式，显示了农村居民受传统文化习惯和收入不确定性的限制，旅游消费意愿较弱，主动出游的积极性不高，倾向于被动的传统模式出游。旅游消费认同对选择传统模式与网络模式有显著影响，消费认同感知越强的农村家庭，选择网络模式的概率显著高于传统模式家庭。

3. 综合分析

传统模式较为被动，网络模式较为主动，团队模式介于两者之间，而综合模式兼有网络模式与团队模式的特点，导致传统模式与网络模式的影响因素差异较大，农村居民对这两种模式的选择受多重变量的显著影响，而其他模式之间的影响变量相对较少。比较传统模式与团队模式，收入在 9 万元以上和预防性感知越强的农村家庭选择团队模式的概率越大。比较传统模式与综合模式，收入在 9 万元以上、高中文化和城镇化影响较大的农村家庭选择综合模式的概率较高。

比较传统模式与网络模式，其选择受家庭文化、收入、乡村性、感知旅游行为控制和旅游消费认同等多重因素的影响，由参数估计结果可知，其影响程度排序为：大专及以上文化＞高中文化＞收入 7 万～9 万元＞收入 9 万～11 万元＞乡村性较弱＞乡村性一般＞旅游消费认同＞不确定性感知＞习惯性感知。三个客观解释变量中，教育文化影响程度最强，经济水平和乡村性次之，总体反映了高中及以上文化程度、收入在 7 万元及以上和受城镇化影响较强的农村家庭，选择网络模式的可能性更高。此外，不确定性感知和习惯性感知越强的家庭，越倾向选择传统模式；相反，旅游消费认同越强的家庭，更偏向网络模式。

二、旅游目的地影响因素

农村居民旅游目的地范围分为 5 类：本市旅游（简称“市内游”）、本市外苏南内旅游（简称“苏南游”）、在苏南外江苏省内旅游（简称“省内游”）、在浙江、上海内旅游（简称“浙沪游”）和在江浙沪以外的全国其他区域旅游（简称“全国游”），以市内游为参照组。

（一）模型拟合检验

模型拟合检验结果显示，引入自变量后，–2 倍对数似然值从 1431.199 下降到 1279.896，且卡方检验结果在 0.01 水平上显著，模型显著成立。表 5-7 是似然比回归检验结果，习惯性感知、不确定性感知、旅游消费认同与所在城市 4 个变量检验的显著性水平小于 0.05，故不能否定零假设，即它们产生的效应对系数的影响是显著的，不能剔除，其他变量被剔除。

表 5-7　旅游目的地模型的似然比回归检验

影响因素	模型拟合标准	似然比检验		
	–2 倍对数似然值	卡方值	自由度	Sig.
截距	1279.896	0.000	0	0.000
习惯性感知	1295.795	15.899	4	0.003
不确定性感知	1290.925	11.029	4	0.026
旅游消费认同	1296.699	16.803	4	0.002
城市	1291.037	11.141	4	0.025

（二）参数估计结果

表 5-8 是模型参数的最终估计结果，估计结果可以与农村居民市内游相比较。

表 5-8　旅游目的地模型的参数估计结果（对照组：市内游）

旅游目的地	影响因素	*B*	Sig.	Exp（*B*）
苏南游	收入“9 万元以上”（对照组：5 万～7 万）	0.939	0.021	2.558
	旅游消费认同	0.571	0.017	1.770
省内游	小学学历（对照组：初中学历）	–2.212	0.051	0.109
	家庭职业	–1.173	0.025	0.309
浙沪游	习惯性感知	–0.373	0.071	0.689
	旅游消费认同	0.516	0.04	1.675
	城市	–0.219	0.054	0.803
全国游	高中学历（对照组：初中学历）	0.702	0.041	2.019
	大专及以上学历（对照组：初中学历）	0.928	0.02	2.528
	收入“9 万元以上”（对照组：5 万～7 万）	0.837	0.027	2.310
	乡村性较弱（对照组：乡村性较强）	0.846	0.03	2.331
	不确定性感知	–0.363	0.067	0.695
	习惯性感知	–0.494	0.011	0.610
	旅游消费认同	0.708	0.003	2.029

1. 家庭结构估计结果

首先，收入、教育和乡村性对旅游目的地选择有一定的影响，但主要体现在市内游与全国游之间的选择。首先，相对于市内游，收入在 9 万元以上的家庭选择苏南游和全国游的概率是收入在 5 万～7 万元家庭的 2 倍以上（Exp（*B*）值分别为 2.558、2.310，Sig.分别为 0.021、0.027）。家庭收入对选择市内游与浙沪游或省内游之间的影响并不明显，影响主要体现在选择市内游还是市外游、短程游还是远程游之间，暂且不考虑其他影响因素，这种影响表现在农村居民是否能“走出家门（离开本市），前往市外旅游”，以及是否能“走出家门（离开本市），前往全国旅游”。此外，长三角区域具有较完善的交通网络体系，相对于其他欠发达农村地区，出行更便捷且舒适度较高，这可能弱化收入对长三角区域内旅游消费的影响。

其次，受教育程度对农村居民选择市内游还是全国游有显著影响，高中以上文化家庭参与全国游的可能性显著高于市内游的家庭，表现在高中、大专及以上文化程度的家庭前往全国旅游的概率是初中文化程度家庭的 2～2.5 倍（Exp（*B*）值分别为 2.019、2.528，Sig.分别为 0.041、0.02），初中及以下文化家庭在旅游空间范围上无显著差异。

最后，家庭乡村性对旅游目的地选择的影响也表现在全国游和市内游之间，乡村性较弱即城镇化影响较强的家庭，选择全国游的概率约是乡村性较强家庭的 2.3 倍（Exp（*B*）=2.331，Sig.=0.03）。

2. 感知旅游行为控制和旅游消费认同变量估计结果

农村居民对旅游目的地选择存在显著的棘轮效应和敏感效应，主要体现在农村居民选择省外还是省内的旅游目的地。习惯性感知和不确定性感知越强的农村家庭，选择市内游的概率显著高于浙沪游和全国游。旅游消费认同对旅游目的地选择有显著积极影响，旅游消费认同感越强的农村居民，选择在苏南游、浙沪游和全国游的家庭是市内游家庭的近 2 倍。然而，省内游的家庭样本较少（31 户），其结果的可信度还需要进一步验证。

3. 综合分析

比较市内游与苏南游，主要受家庭收入和旅游消费认同影响，苏南农村居民在本区域内旅游相对便捷，成本相对较低，在一定程度上导致苏南游主要受旅游消费认同影响，即对旅游消费认同较强的农村居民，更愿意走出家门前往本市以外区域旅游，同时这也与收入水平有一定关系，不过苏南农村家庭总体收入水平较高，表现为收入在 9 万元以上的家庭出游概率更为显著。比较市内游与浙沪游，习惯性感知与旅游消费认同影响显著，而收入、教育等客观变量影响不显著，同样江浙沪区域内交通便捷，文化相近，浙沪游与苏南游在旅游花费上相差较小，收入、教育等客观因素影响不显著，旅游消费认同与传统消费习惯等主观变量影响效应明显。比较市内游与全国游，相对于浙沪游，全国游出游距离较远，花费较高，除了受消费不确定性、传统习惯和旅游消费认同影响外，还显著受到受教育程度和家庭收入影响，尤其是受教育程度影响效应更强。总体而言，高中及以上文化、收入在 9 万元以上或城镇化影响较强的家庭选择前往全国游的可能性较大，敏感效应和棘轮效应越显著的家庭，全国游的可能性越小，而旅游消费认同感越强的家庭前往全国游的概率越高。

表 5-9 将苏南农村居民出游距离与各解释变量进行 OLS 回归检验，其中旅游目的地与旅游出发地的距离测算参见第四章关于旅游目的地距离的计算。

表 5-9　旅游目的地距离影响的 OLS 回归结果

旅游目的地距离（对数）	系数	Sig.
受教育程度	0.174**	0.014
家庭收入	0.170***	0.001
习惯性感知	–0.193**	0.022
旅游消费认同	0.300***	0.002
家庭职业	–0.231*	0.056
常数	3.802***	0.000

注：R^2=0.107（p=0.000）；调整 R^2=0.086；***、**、*分别表示在 1%、5%和 10%水平上显著。

回归结果显示，苏南农村居民出游距离与受教育程度、家庭收入、习惯性感知、旅游消费认同、家庭职业显著相关，其中受教育程度、家庭收入和旅游消费认同是正面效应，而习惯性感知和家庭职业是负面效应，显示出文化程度和收入水平越高、旅游消费认同越强的农村家庭，旅游距离越远，而棘轮效应越显著的家庭，旅游目的地空间范围越小。这与多分类 Logit 回归分析结果基本一致。

三、旅游天数影响因素

农村居民旅游天数分为 4 种：一日游、两日游、三日游和多日游，以一日游为参照组。

（一）模型拟合检验

模型拟合检验结果显示，引入自变量后，–2 倍对数似然值从 1358.666 减至 1198.991，卡方检验结果在 0.01 水平上显著，模型显著成立。表 5-10 是似然比回归检验结果，习惯性感知、旅游消费认同、家庭收入、乡村性和户主年龄 5 个变量检验的显著性水平小于 0.1，故不能否定零假设，其产生的效应对系数的影响是显著的，不能剔除，其他变量被剔除。

表 5-10 旅游天数模型的似然比回归检验

影响因素	模型拟合标准	似然比检验		
	–2 倍对数似然值	卡方值	自由度	Sig.
截距	1198.991	0.000	0	0.000
习惯性感知	1213.793	14.802	3	0.002
旅游消费认同	1215.847	16.856	3	0.001
家庭收入	1220.440	21.449	12	0.044
乡村性	1210.889	11.898	6	0.064
户主年龄	1210.330	11.339	3	0.010

（二）参数估计结果

表 5-11 是模型参数的最终估计结果，估计结果可以与一日游相比较。

表 5-11 旅游天数模型的参数估计结果（对照组：一日游）

旅游天数	影响因素	*B*	Sig.	Exp（*B*）
二日游	收入“7 万～9 万”（对照组：5 万～7 万）	1.190	0.029	3.287
	收入“9 万元以上”（对照组：5 万～7 万）	1.153	0.033	3.167
	乡村性一般（对照组：乡村性较强）	1.113	0.019	3.043
	预防性感知	0.807	0.012	2.241
	示范性感知	–0.577	0.022	0.562
	习惯性感知	–0.827	0.002	0.437
	旅游消费认同	0.692	0.038	1.998
	户主年龄	–0.358	0.086	0.699
	家庭职业	–0.836	0.046	0.433
三日游	收入“7 万～9 万”（对照组：5 万～7 万）	0.880	0.032	2.410
	收入“9 万元以上”（对照组：5 万～7 万）	0.995	0.01	2.705
	乡村性一般（对照组：乡村性较强）	0.573	0.077	1.773
	习惯性感知	–0.504	0.006	0.604
	旅游消费认同	0.605	0.007	1.830
多日游	高中学历（对照组：初中学历）	0.788	0.009	2.200
	大专及以上学历（对照组：初中学历）	0.915	0.011	2.496
	收入“7 万～9 万”（对照组：5 万～7 万）	0.922	0.019	2.514
	收入“9 万元以上”（对照组：5 万～7 万）	1.436	0.000	4.203
	乡村性较弱（对照组：乡村性较强）	0.879	0.011	2.409
	预防性感知	0.356	0.094	1.427

续表

旅游天数	影响因素	*B*	Sig.	Exp（*B*）
多日游	习惯性感知	–0.453	0.012	0.636
	旅游消费认同	0.822	0.000	2.275
	户主年龄	0.258	0.054	1.294
	家庭职业	–0.447	0.075	0.640

1. 家庭结构估计结果

首先，家庭收入对农村居民旅游天数有显著影响，收入在 7 万元以上的家庭选择二日及以上游的概率显著高于收入在 7 万元以下的家庭。结合图 5-2 显示，对照一日游，收入在 7 万～9 万元和 9 万元以上的家庭选择二日游的概率是收入在 5 万～7 万元家庭的 3 倍以上（Exp（*B*）值分别为 3.287、3.167，Sig.分别为 0.029、0.033），选择三日游的概率分别约是其 2.4 倍、2.7 倍（Exp（*B*）值分别为 2.410、2.705，Sig.分别为 0.032、0.01），选择多日游的概率分别约是其 2.5 倍和 4.2 倍（Exp（*B*）值分别为 2.514、4.203，Sig.分别为 0.019、0.000）。收入在 3 万元以下和 3 万～5 万元的家庭在旅游天数选择上的概率差异并不显著，进一步以收入在“7 万～9 万”的家庭为对照组进行多分类 Logit 回归分析，结果也显示两者差异不显著，说明家庭收入达到 7 万元后，收入对苏南农村居民出游天数的影响显著增强。

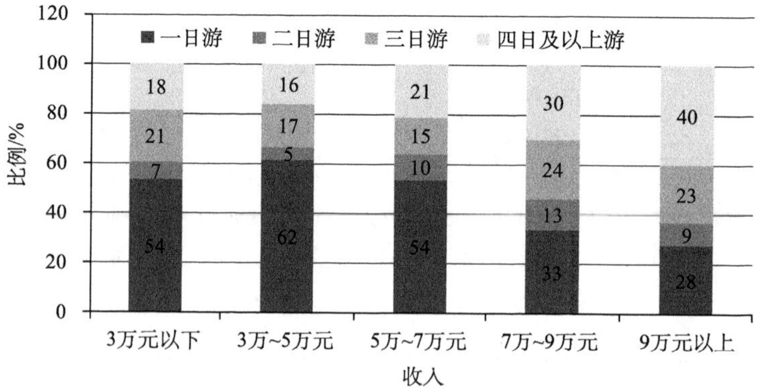

图 5-2　不同家庭收入的旅游天数比较

其次，相对于一日游，受教育程度对农村家庭多日游的选择有显著影响，表现在高中及以上文化的家庭选择多日游的概率明显大于初中文化家庭，是其 2 倍以上（Exp（*B*）值分别为 2.200、2.496，Sig.分别为 0.009、0.011）。初中及以下文化家庭之间、高中及以上文化家庭之间在旅游天数选择上没有显著差异。

最后，乡村性对农村居民旅游天数选择有显著影响。相对于一日游，在 0.05 显著水平上，乡村性较弱或一般的家庭，即受城镇化影响相对较强的家庭选择二日及以上游的概率显著高于乡村性较强的家庭，约是 2～3 倍。

2. 感知旅游行为控制和旅游消费认同变量估计结果

预防性感知、示范性感知、习惯性感知和旅游消费认同对农村居民旅游天数有较显著影响，但其作用强度和方向有所差异。相对而言，习惯性感知更为显著，说明感知传统习惯对旅游消费行为影响越强的农村居民，选择二日及以上游的概率越小。预防性感知和示范性感知对选择一日游还是二日游有显著影响，预防性感知越强的农村居民，选择二日游的概率越大，同样预防效应在一日游与多日游选择上也存在，而示范性感知越强的农村居民，选择一日游的概率越大。旅游消费认同对旅游天数也有显著影响，旅游消费认同感越强的家庭，选择二日游、三日游和多日游的概率是一日游的 2 倍左右。

3. 综合分析

对照一日游和二日游，相对于其他组，感知旅游行为控制对选择二日游的影响效应更强，根据参数估计结果，影响程度依次为：收入 7 万～9 万＞收入 9 万元以上＞乡村性一般＞习惯性感知＞预防性感知＞旅游消费认同＞示范性感知，其中习惯性感知和示范性感知是消极影响，其他是积极影响。比较一日游与三日游，主要受习惯性感知、旅游消费认同与家庭收入影响。比较一日游与多日游，除了受习惯性感知、旅游消费认同和家庭收入影响外，受教育程度和家庭乡村性也存在显著影响，此外，农村居民感知旅游行为控制和旅游消费认同对二日游选择也有显著影响。比较一日游与多日游，如果出游时间较长，家庭文化程度和收入水平影响效应更强，多日游一般距离较远，在外天数较多，花费较高，受到经济、文化、心理等因素的多重影响。

四、旅游花费影响因素

农村居民旅游花费分为 5 类：200 元以下、200～500 元、501～1000 元、1001～3000 元和 3000 元以上，鉴于旅游花费在“200 元以下”的家庭样本量（33 户）较少，从科学性和可比较性考虑，以旅游花费在“200～500 元”的家庭作为参照组。

（一）模型拟合检验

模型拟合检验显示，–2 倍对数似然值从 1615.278 下降到 1296.963，卡方检验结果在 0.01 水平上显著，说明可以拒绝所有自变量系数均为零的零假设，最终模型显著成立，模型拟合效果较好。表 5-12 显示，不确定性感知、习惯性感知、旅游消费认同、受教育程度、家庭收入和乡村性 6 个变量检验的显著性水平小于 0.05，故不能否定零假设，其余变量对旅游花费模型影响不显著，被剔除。

表 5-12　旅游花费模型的似然比回归检验

影响因素	模型拟合标准	似然比检验		
	–2 倍对数似然值	卡方值	自由度	Sig.
截距	1296.963	0.000	0	0.000
不确定性感知	1310.071	13.107	4	0.011
习惯性感知	1324.686	27.723	4	0.000
旅游消费认同	1321.914	24.951	4	0.000
受教育程度	1327.741	30.778	12	0.002
家庭收入	1383.997	87.034	16	0.000
乡村性	1315.981	19.018	8	0.015

（二）参数估计结果

表 5-13 是模型参数的最终估计结果，估计结果可以与旅游花费在 200～500 元的家庭相比较。

表 5-13　旅游花费模型的参数估计结果（对照组：200～500 元）

旅游花费	影响因素	*B*	Sig.	Exp（*B*）
200 元以下	收入“3 万元以下”（对照组：5 万～7 万）	1.808	0.005	6.095
	不确定性感知	0.905	0.036	2.471
	习惯性感知	1.185	0.004	3.272
501～1000 元	高中学历（对照组：初中学历）	1.313	0.000	3.716
	收入“9 万元以上”（对照组：5 万～7 万）	1.765	0.000	5.844
	乡村性一般（对照组：乡村性较强）	0.663	0.047	1.940
	乡村性较弱（对照组：乡村性较强）	1.116	0.005	3.052
	示范性感知	–0.512	0.007	0.599
	旅游消费认同	0.683	0.003	1.979
1001～3000 元	高中学历（对照组：初中学历）	1.087	0.006	2.966
	收入“7 万～9 万”（对照组：5 万～7 万）	1.401	0.005	4.061
	收入“9 万元以上”（对照组：5 万～7 万）	2.953	0.000	19.164
	习惯性感知	–0.646	0.004	0.524
	旅游消费认同	0.886	0.001	2.425
	户主年龄	0.302	0.07	1.353

续表

旅游花费	影响因素	B	Sig.	Exp（B）
3000 元以上	高中学历（对照组：初中学历）	1.282	0.006	3.603
	收入“3 万～5 万”（对照组：5 万～7 万）	–0.982	0.076	0.375
	收入“9 万元以上”（对照组：5 万～7 万）	1.882	0.001	6.563
	不确定性感知	–0.447	0.075	0.639
	旅游消费认同	1.193	0.000	3.297

1. 家庭结构估计结果

首先，家庭收入对旅游花费有显著影响。相对于旅游花费在 200～500 元的家庭，收入不到 3 万元的家庭旅游花费在 200 元以下的概率显著高于收入在 5 万～7 万元的家庭，约是其 6 倍（Exp（B）=6.095，Sig.=0.005）。收入在 9 万元以上的家庭旅游花费在 501～1000 元的概率是收入在 5 万～7 万元家庭的 6 倍左右（Exp（B）=5.844，Sig.=0.000）。旅游花费在 1000 元以上的家庭受收入的影响更为显著，收入在 7 万～9 万元和 9 万元以上的家庭旅游花费在 1001～3000 元的概率分别约是 5 万～7 万元家庭的 4 倍、19 倍（Exp（B）值分别为 4.061、19.164，Sig.分别为 0.005、0.000），高收入家庭（9 万元以上）旅游花费在 3000 元以上的可能性是收入在 5 万～7 万元家庭的 7 倍左右（Exp（B）=6.563，Sig.=0.001）。这说明收入对旅游花费有显著影响，但在不同的旅游花费层次，影响效应存在差异。同样，Yang 等（2014）的研究也显示个人绝对收入是影响农村居民旅游消费的主要因素，但收入的影响效应存在区域差异。

其次，受教育程度对旅游花费影响也较显著，尤其表现在初中学历和高中学历家庭的差异上，而初中以下教育程度对旅游花费影响并不显著。对照旅游花费在 200～500 元的家庭，高中学历的家庭旅游花费在 500 元以上的概率是初中学历家庭的 2～3 倍。虽然大专以上文化程度家庭在旅游花费上高于初中学历家庭，但其概率并不显著高于初中学历家庭，其影响效应可能内化于其他变量中。耿晔强（2012）研究显示了高中以上文化程度对农村居民消费水平具有明显的冲击效果。

最后，家庭乡村性对旅游花费有显著影响，对照花费在 200～500 元的家庭，乡村性较弱和一般的家庭，旅游花费在 501～1000 元的可能性是乡村性较强家庭的 2～3 倍，反映了城镇化水平较高的乡村家庭，旅游花费水平较高，但旅游花费在 1000 元以上的家庭，乡村性影响并不显著。

2. 感知旅游行为控制和旅游消费认同变量估计结果

相对于旅游花费在 200～500 元的家庭，不确定性感知、习惯性感知、示范性感知和旅游消费认同存在不同程度和方向的影响。习惯性感知对旅游消费影响越强的家庭，即棘轮效应越显著，旅游花费越少，尤其是旅游花费在 200 元以下的概率约是 200～500 元家庭的 3 倍（Exp（*B*）=3.272，Sig.=0.004），而旅游花费在 1001～3000 元的概率降低了一半左右（Exp（*B*）=0.524，Sig.=0.004）。示范性感知对旅游花费在 501～1000 元的家庭有显著影响，感知越强的农村居民，旅游花费在 501～1000 元的可能性越低，说明这个层次的家庭更易受外部群体影响。旅游消费认同除了对旅游花费在 200 元以下的家庭影响不显著外，对其他组都有显著影响，认同感越强的农村家庭，旅游花费水平越高，相对于花费在 200～500 元的家庭，旅游花费在 500 元以上的概率提升了 2～3 倍。

3. 综合分析

总体而言，家庭收入对旅游花费影响最为显著，在不同层次旅游花费水平上，乡村性、受教育程度、习惯性感知、示范性感知和旅游消费认同等变量具有不同程度和方向的影响。

对照旅游花费在 200～500 元和 200 元以下的家庭，旅游花费在 200 元以下的家庭主要受习惯性感知、不确定性感知和家庭收入的影响，其收入影响主要体现在低收入家庭群体（3 万元以下），传统习惯和家庭收入是农村居民旅游消费的双重制约因素。比较旅游花费在 200～500 元和 501～1000 元的家庭，受家庭收入、受教育程度、乡村性、示范性感知和旅游消费认同等多方面的影响，如果形容旅游花费在 200～500 元是旅游起步层次，花费在 501～1000 元的家庭是发展层次，相对于起步层次的农村家庭，发展层次的居民受教育程度影响更大，示范性感知和乡村性影响也较强，高收入家庭（9 万元以上）对发展层次的旅游花费有显著影响。比较旅游花费在 200～500 元和 1001～3000 元的家庭，示范性感知和乡村性影响不显著，但棘轮效应较为显著，这个层次的居民受传统消费习惯影响较大，其他影响因素与 501～1000 元家庭有类似之处。相比较而言，旅游花费在 3000 元以上的家庭受家庭收入、受教育程度和旅游消费认同影响，较高的旅游花费是较高收入、较高受教育程度和较强旅游消费认同的叠加影响结果。

五、旅游行为意向影响因素

农村居民旅游行为意向分为三类：“不想游”的家庭、“不明确是否旅游”的家庭（简称“不明确”）以及“想旅游”的家庭，以“不想游”家庭作为参照组。

（一）模型拟合检验

模型拟合检验显示，–2 倍对数似然值从 890.181 下降到 793.120，卡方检验结果在 0.01 水平上显著，说明可以拒绝所有自变量系数均为零的零假设，最终模型显著成立，模型拟合效果较好。表 5-14 显示，预防性感知、习惯性感知、受教育程度和城市 4 个变量通过了显著性水平检验，故不能否定零假设，不能剔除，其余变量对模型影响不显著，被剔除。

表 5-14 旅游行为意向模型的似然比回归检验

影响因素	模型拟合标准	似然比检验		
	–2 倍对数似然值	卡方值	自由度	Sig.
截距	793.120	0.000	0	0.000
预防性感知	801.994	4.874	2	0.087
习惯性感知	819.056	21.936	2	0.000
受教育程度	818.336	21.216	6	0.002
城市	802.372	5.252	2	0.072

（二）参数估计结果

表 5-15 是旅游行为意向模型参数的最终估计结果，估计结果可以与表示“不想游”的家庭进行比较。

表 5-15 旅游行为意向模型的参数估计结果（对照组：不想游）

旅游行为意向	影响因素	*B*	Sig.	Exp（*B*）
不明确	高中学历（对照组：初中学历）	0.925	0.047	2.523
	预防性感知	0.613	0.043	1.847
	不确定性感知	–0.563	0.047	0.569
	习惯性感知	–0.590	0.037	0.554
想旅游	高中学历（对照组：初中学历）	1.092	0.014	2.979
	大专及以上学历（对照组：初中学历）	1.542	0.005	4.675
	预防性感知	0.614	0.026	1.847
	不确定性感知	–0.458	0.086	0.633
	习惯性感知	–1.064	0.000	0.345

1. 家庭结构估计结果

与旅游行为其他变量相比，受教育程度对农村居民旅游行为意向影响显著。对照“不想游”的家庭，高中文化程度家庭对“不明确”旅游的可能性是初中文化家庭的 2.5 倍左右（Exp（*B*）=2.523，Sig.=0.047），高中、大专及以上文化程度家庭表示“想旅游”的概率分别约是初中文化家庭的 3 倍、4.7 倍（Exp（*B*）值分别为 2.979、4.675，Sig.分别为 0.014、0.005）。邱洁威等（2011b）的研究也显示，教育程度越高，旅游消费意愿越高，与不会上网的农村居民相比，会上网的农村居民旅游消费意愿的概率将提高约 2 倍。进一步以高中学历为参照组，进行多分类 Logit 回归分析，显示旅游行为意向在高中及以上文化程度家庭之间的概率差异不显著。家庭乡村性对旅游行为意向影响也不显著，在快速城镇化过程中，许多农村家庭居住的社区与城镇居民差异不大，但在收入来源、社会保障等方面并没有实现真正的城镇化，其社会文化认同、心理归属等方面还趋同于传统文化特质，导致城镇化程度较高的农村家庭在旅游行为意向和消费水平上却低于乡村性较强的农村家庭。总之，农村居民旅游行为意向主要受教育程度影响，收入影响效应并不显著，家庭文化程度达到高中学历以后旅游行为意向显著增强。

2. 感知旅游行为控制和旅游消费认同变量估计结果

感知旅游行为控制对旅游行为意向有显著影响，存在显著的预防效应、敏感效应和棘轮效应。相对于“不想游”的家庭，预防性感知具有积极的影响，而习惯性感知和不确定性感知是消极影响。总体而言，预防性感知越强的家庭，旅游消费倾向越强，而不确定性感知和习惯性感知越强的家庭，旅游消费倾向越弱。习惯性感知越强的农村家庭，表示不想出游的可能性越显著提高，尤其与想旅游的家庭相比，影响更为显著（Sig.=0.000）。旅游消费认同对旅游行为意向不显著，这主要是由于目前农村居民对旅游消费认同感不强，其均值仅为 3.07，较弱的旅游消费认同感导致其对旅游行为意向影响不显著。

3. 综合分析

与不想游的家庭比较，家庭教育和感知旅游行为控制是影响农村居民旅游行为意向的主要因素，而传统的经济变量影响不显著。习惯性感知和不确定性感知对旅游行为意向有较强的制约作用，而预防性感知有正面效应。

六、旅游消费行为影响因素比较

综合上述研究结果，表 5-16 总结并比较了受教育程度、家庭收入、乡村性、感知旅游行为控制与旅游消费认同对旅游消费行为的影响。

表 5-16　农村居民旅游消费行为影响因素的总结与比较

旅游消费行为	家庭收入（对照组：5万～7万）	受教育程度（对照组：初中）	乡村性（对照组：乡村性较强）	感知旅游行为控制	旅游消费认同
旅游行为模式（对照组：传统模式）					
团队模式	9万以上**	—	—	预防效应**	—
网络模式	7万以上**	高中及以上***	一般和较弱*	敏感效应*、棘轮效应*	**
综合模式	9万以上*	高中**	较弱**		—
旅游目的地（对照组：市内游）					
市外苏南内游	9万以上**	—	—	—	**
浙江、上海游	—	—	—	棘轮效应*	**
全国游	9万以上**	高中及以上**	较弱**	敏感效应*、棘轮效应**	***
旅游天数（对照组：一日游）					
二日游	7万以上**	—	一般**	预防效应**、示范效应**、棘轮效应***	**
三日游	7万以上**	—	一般*	棘轮效应***	***
多日游	7万以上**	高中及以上**	较弱**	预防效应*、棘轮效应**	***
旅游花费（对照组：200～500元）					
200元以下	3万以下***	—	—	敏感效应**、棘轮效应***	
501～1000元	9万以上***	高中***	一般和较弱**	示范效应***	***
1001～3000元	7万以上***	高中***	—	棘轮效应***	***
3000元以上	3万～5万*、9万以上***	高中***	—	敏感效应*	***
旅游行为意向（对照组：不想游）					
不明确	—	高中**	—	预防效应***、敏感效应**、棘轮效应**	—
想旅游	—	高中及以上**	—	预防效应**、棘轮效应***、敏感效应*	—

注：***、**、*分别表示在1%、5%和10%水平上显著；变量下划线表示该变量是负面效应；旅游目的地选择“省内游”的样本较少（31户），且影响变量仅有1个，表中没有列出。

（一）家庭收入

家庭收入对旅游行为模式有显著影响。家庭收入达到7万元，倾向选择网络模式出游；家庭收入达到9万元，倾向选择团队模式出游。

家庭收入对旅游消费水平有显著影响。在旅游空间选择上，家庭收入达到9万元，选择在苏南游和全国游的可能性更高；在旅游天数上，家庭收入达到7万元，选择二日及以上游的概率显著提高；在旅游花费上，收入在3万元以下的家庭，旅游花费在 200 元以下的概率显著提高，家庭收入达到 7 万元尤其是 9 万元后，家庭收入对旅游花费的影响更为显著。表 5-17 是对旅游花费与旅游收入回归的结果，也进一步验证了家庭收入对旅游消费水平具有较强的解释力。

表 5-17　家庭收入、受教育水平与旅游花费、旅游行为意向的 OLS 回归

回归方程	检验参数
EXP=0.326INC+2.052	R^2=0.164；调整 R^2=0.163；Sig.=0.000
EXP=0.319EDU+2.253	R^2=0.081；调整 R^2=0.079；Sig.=0.000
INT=0.044INC+2.374	R^2=0.007；调整 R^2=0.005；Sig.=0.044
INT=0.149EDU +2.215	R^2=0.042；调整 R^2=0.040；Sig.=0.000

注：EXP、INT 分别表示旅游花费、旅游行为意向；INC、EDU 分别表示家庭收入、受教育水平。

运用多分类 Logit 回归，仅比较家庭收入、受教育程度与家庭乡村性 3 个变量对旅游行为意向的影响，表 5-18 是回归结果。家庭收入达到 3 万元以后，表示想旅游的概率显著提高，而家庭收入达到 7 万元以后，想旅游的概率并没有显著提升，也进一步验证了旅游消费行为特征的分析结果。

表 5-18　旅游行为意向模型的家庭收入、受教育水平和乡村性参数估计结果

旅游行为意向	影响因素	*B*	Sig.	Exp（*B*）
不明确	初中学历（对照组：小学学历）	1.292	0.007	3.642
	高中学历（对照组：小学学历）	1.924	0.000	6.846
	大专及以上学历（对照组：小学学历）	1.528	0.011	4.607
	收入“7 万～9 万”（对照组：3 万元以下）	0.943	0.039	2.567
想旅游	高中学历（对照组：小学学历）	1.622	0.000	5.062
	大专及以上学历（对照组：小学学历）	1.975	0.000	7.204
	收入“3 万～5 万”（对照组：3 万元以下）	0.913	0.016	2.493
	收入“5 万～7 万”（对照组：3 万元以下）	0.931	0.026	2.538

注：在进行多分类 Logit 回归之前，进行了模型拟合检验，并通过了检验。

总之，家庭收入是农村居民旅游消费行为的经济基础，对消费行为有显著影响。基于调研数据，家庭收入达到 3 万元后，收入对旅游行为意向的解释力显著增强，但达到 7 万元以后，收入效应不再显著；家庭收入达到 7 万元后，收入对旅游消费水平的解释力显著增强，旅游行为模式倾向网络模式；达到 9 万元后，旅游行为模式倾向团队模式。这也验证了命题 1 的设想，家庭收入对旅游消费行为有积极影响，同时家庭收入影响存在一个收入“拐点”，达到拐点后，旅游行为意向、消费水平与行为模式产生显著变化。

（二）受教育程度

家庭文化程度对旅游行为模式有显著影响。高中及以上文化程度家庭选择网络模式或综合模式出游的可能性显著提高，初中及以下文化程度家庭倾向选择传统模式。

家庭文化程度对旅游消费水平有显著影响。家庭教育达到高中学历后，选择全国游、多日游和旅游花费在500元以上的概率显著提高，但文化程度对旅游消费水平的影响效应弱于家庭收入。表5-17也验证了文化程度对旅游花费的影响效应较弱。

家庭文化程度对旅游行为意向影响显著。高中学历的家庭倾向旅游的概率显著高于初中及以下家庭。表5-18显示了受教育水平对旅游行为意向有较高的解释力。

总之，文化程度对旅游消费行为具有显著的影响，且影响相对独立，表现在家庭教育程度达到高中后，旅游行为意向、模式与消费水平都存在显著差异。这也验证了命题2的设想，即教育对旅游消费行为具有独立显著的影响，显示了“高中教育”是影响农村居民旅游消费行为的重要节点。

（三）家庭乡村性

家庭乡村性对旅游行为模式有显著影响。乡村性较弱即城镇化影响较强的农村家庭选择网络模式或综合模式的可能性高于乡村性较强的家庭。

家庭乡村性对旅游消费水平有显著影响。乡村性较弱或乡村性一般的家庭选择全国游、二日及以上游以及旅游花费在“501～1000 元”的概率显著高于乡村性较强的家庭。

家庭乡村性对旅游行为意向影响不显著。苏南农村内部差异相对较小，对旅游消费行为的影响可能较弱，但在更大的地理尺度下，乡村地理环境与城镇化水平的区域差异较大，这对农村居民旅游行为是否存在影响还需要进一步检验。此外，乡村性影响可能内化于经济水平、文化教育等因素中。

总之，城镇化进程强烈冲击着农村居民旅游消费行为，乡村性越弱即城镇化影响越强的农村家庭旅游消费水平越高，旅游行为模式也趋向网络模式，但对旅游行为意向影响不显著。这也部分验证了命题3的设想，即农村居民的乡村性与旅游消费水平、行为方式有显著的关系，但与旅游行为意向相关性较弱。相比较家庭收入和受教育程度，乡村性对旅游消费行为影响的强度和广度较弱。

（四）旅游消费认同

农村居民旅游消费认同显著影响旅游行为模式与旅游消费水平，但对旅游行为意向影响不显著。农村居民对旅游消费认同感越强，越倾向选择网络模式出游，旅游天数越长，旅游空间范围越大，旅游花费水平也越高，但总体而言，苏南农村居民对旅游消费认同感处于中等水平，也导致其对旅游行为意向影响较弱。这部分验证了命题 4 的假设，但旅游消费认同与旅游消费水平之间的关系是否受家庭结构与感知旅游行为控制的调节还需要进一步验证。

（五）感知旅游行为控制

农村居民感知旅游行为控制对旅游消费行为具有显著的影响，存在不同作用强度与方向的棘轮效应、示范效应、敏感效应和预防效应。

（1）农村居民旅游消费行为存在显著的棘轮效应。农村居民习惯性感知的强度越强，越倾向选择传统模式出游，省内游的概率显著高于省外游，一日游的概率要高于二日及以上游的概率，家庭旅游花费在 200 元以下的可能性更高，旅游行为意向较弱。这初步验证了命题 5 的设想，即农村居民旅游消费行为存在“棘轮效应”，但对旅游消费认同的影响以及家庭结构的调节效应还有待验证。

（2）农村居民旅游消费行为存在较弱的示范效应。农村居民示范性感知对旅游消费行为影响较弱，仅体现在示范效应越强，选择二日游的概率越低于一日游，旅游花费在 501～1000 元的概率越低于 200 元以下。在计划行为理论的实证研究中，也显示主观规范与行为意向的关系较弱（王建明，2010），反映了外部社会对个体旅游行为的影响较为复杂。命题 6 的设想得到初步验证，即农村居民旅游消费行为存在“示范效应”，但效应较弱，其对旅游消费认同的影响以及是否受家庭结构的调节还有待验证。

（3）农村居民旅游消费行为存在较显著的敏感效应。农村居民不确定性感知对旅游消费行为具有消极影响，即敏感效应越强的农村居民，旅游行为意向越弱，传统模式出游的概率越大，前往全国旅游和旅游花费在 3000 元以上的可能性较小。这也初步验证了命题 7 的设想，即农村居民旅游消费行为存在“敏感效应”，其对旅游消费认同的影响以及是否受农村家庭结构的调节还有待验证。

（4）农村居民旅游行为模式与意向存在较显著的预防效应，但对旅游消费水平影响较弱。农村居民预防性感知对旅游行为模式与意向影响较为显著，即预防效应越强，越倾向选择传统模式出游，旅游行为意向越弱。在旅游消费水平上，预防效应对旅游天数的选择有一定的影响，但对旅游目的地选择和旅游花费影响不显著。命题 8 的设想得到初步验证，即农村居民旅游消费行为存在“预防效应”，但对旅游消费认同的影响以及是否受家庭结构调节还有待验证。

第四节　农村居民旅游消费行为作用机制

上述研究剖析了农村居民旅游消费行为的影响因素，但感知旅游行为控制是否对旅游消费认同具有影响？感知旅游行为控制、旅游消费认同与旅游行为之间存在怎样的路径关系？经济、文化和乡村性等家庭结构对路径关系是否具有调节效应？不同情境下其作用程度与方向是否发生变化？本节将运用 SEM 及多群组 SEM 方法，剖析并比较农村居民感知旅游行为控制、旅游消费认同与旅游消费行为之间的关系在经济、文化和乡村性上的差异。

一、模型构建

基于分析框架与理论设想，运用 AMOS 软件构建农村居民旅游消费行为结构关系假设模型（图 5-3）。该模型是由 6 个潜变量和 18 个观察变量构成的因果关系结构方程模型，其中感知旅游行为控制包括习惯性感知、示范性感知、预防性感知与不确定性感知 4 个变量，1 个旅游消费认同变量，1 个旅游消费水平变量。根据各变量信效度检验结果（表 5-2），感知旅游行为控制包括 12 个观察变量，旅游消费认同包括 3 个观察变量，旅游消费水平包括旅游目的地、旅游天数和旅游花费 3 个观察变量，共 18 个观察变量。此外，本节仅检验感知旅游行为控制、旅游消费认同与旅游消费水平的关系，而不考虑其对旅游行为模式和旅游行为意向的影响。

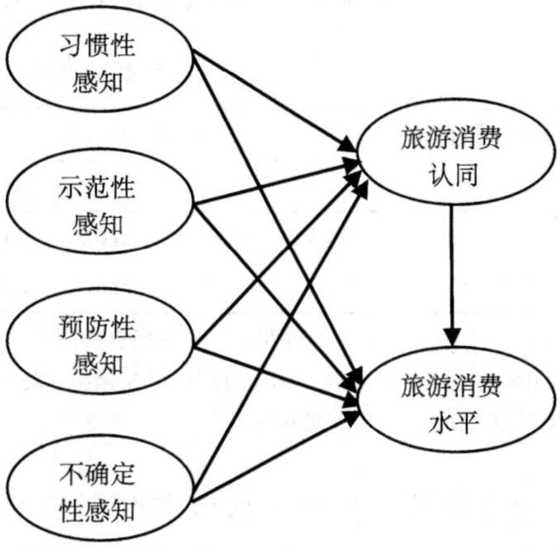

图 5-3　农村居民旅游消费行为结构关系假设模型

二、旅游消费行为作用路径

（一）验证性因子分析

根据SPSS分析显示，总量表Bartlett球形检验值的显著性水平p值小于0.001，KMO 值为 0.771，Cronbach's α 系数为 0.701。表 5-19 显示，模型 6 个基本维度的 Cronbach's α 系数为 0.74～0.86，均大于 0.5 的标准，表明假设模型的内部一致性、可靠性和稳定性比较好。信度检验通常考察潜变量的组合信度（CR）和平均提取方差（AVE）。一般认为，若组合信度和平均提取方差分别大于 0.7 和 0.5，则表示测量信度达到理想水平。表 5-19 显示，组合信度系数在 0.74～0.88。除了示范效应平均提取方差为 0.49，略低于 0.5 以外，其余变量的平均提取方差均在 0.5 以上，表示假设模型具有较好的拟合能力。

表 5-19　概念模型的信度与效度检验

潜变量	习惯性感知	不确定性感知	示范性感知	预防性感知	旅游消费认同	旅游消费水平
Cronbach's α	0.77	0.76	0.74	0.80	0.75	0.86
CR	0.77	0.75	0.74	0.80	0.76	0.88
AVE	0.53	0.60	0.49	0.51	0.52	0.70

采用极大似然估计法对模型进行拟合度检验。表 5-20 显示，整体模型各项拟合指标达到标准值，表明模型拟合程度很高。

表 5-20　假设模型的适配度分析

整体模型拟合度	绝对适配度指标					增值适配度指标			简要拟合度	
	χ^2/df	GFI	RMSEA	AGFI	RMR	NFI	IFI	CFI	PNFI	PGFI
参考值标准	1～3	≥0.90	≤0.08	≥0.90	≤0.05	≥0.90	≥0.90	≥0.90	≤1	≤1
拟合结果	2.301	0.952	0.046	0.931	0.041	0.929	0.959	0.958	0.729	0.668

注：χ^2/df 指卡方拟合优度指数，GFI 指良性适配指数，RMSEA 指近似残差均方根，AGFI 指调整后良性适配指数，RMR 指残差均方根；NFI 指规则适配指数，IFI 指增值适配指数，CFI 指比较适配指数；PNFI 指修正的规则适配指数，PGFI 指简约适配度指数。

效度检验包括聚合效度和区别效度检验。聚合效度衡量同一潜变量的观测指标是否聚合或有关联性，通过检验观测指标的标准因子载荷的 t 值在一定水平上是否显著。运用 AMOS 18.0 对测量模型进行验证性因子分析表明，测量指标的标准因子载荷均在 0.650～0.894，且检验 t 值都在 0.001 水平上显著，结构模型具有良好的聚合效度。区别效度检验潜变量之间是否存在显著差异，当潜变量的 AVE 平方根大于该潜变量与其他变量的相关系数时，表明量表的区分效度良好。经计算，AVE 的平方根均大于潜变量之间的相关系数，表明变量的潜在结构有较好的区分效度，结构模型信度和效度都通过检验。

（二）结构模型检验

在验证性因子分析的基础上，运用 AMOS 18.0 软件，采用极大似然估计法对模型进行估计，得到假设模型的拟合指标和路径系数值。图 5-4 描述了各变量间的因果关系。

表 5-21 列出了各变量系数的标准化估计值。表 5-22 列出了各变量的标准化影响效应系数，包括总效应、直接效应和间接效应。基于效应系数比较，对农村居民旅游消费水平影响最大的变量是旅游消费认同（0.309）。在影响旅游消费水平的 4 个感知旅游行为控制变量中，棘轮效应最强（–0.283），其他三个变量影响较弱。在影响旅游消费认同的 4 个感知旅游行为控制变量中，示范效应最强（0.29），其次是棘轮效应（–0.201）和敏感效应（0.172），预防效应较弱。

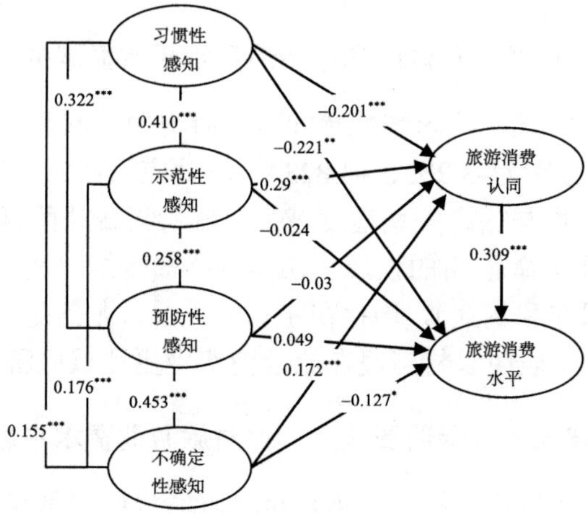

图 5-4　旅游消费行为模型路径检验结果

***、**、*分别表示在 1%、5%和 10%水平上显著

表 5-21　假设模型的标准化路径系数

影响路径	标准化路径系数	*t* 值	影响路径	标准化路径系数	*t* 值
预防性感知→旅游消费认同	－0.03	－0.477	习惯性感知→旅游消费水平	－0.221	－3.823
示范性感知→旅游消费认同	0.29	4.543	不确定性感知→旅游消费水平	－0.127	－2.21
不确定性感知→旅游消费认同	0.172	2.759	示范性感知→旅游消费水平	－0.024	－0.411
习惯性感知→旅游消费认同	－0.201	－3.262	预防性感知→旅游消费水平	0.049	0.858
			旅游消费认同→旅游消费水平	0.309	5.73

表 5-22　假设模型潜变量之间的总效应、直接效应和间接效应

影响路径	总效应	直接效应	间接效应
习惯性感知→旅游消费水平	－0.283	－0.221	－0.062
不确定性感知→旅游消费水平	－0.074	－0.127	0.053
示范性感知→旅游消费水平	0.066	－0.024	0.09
预防性感知→旅游消费水平	0.04	0.049	－0.009
旅游消费认同→旅游消费水平	0.309	—	—
习惯性感知→旅游消费认同	－0.201	—	—
不确定性感知→旅游消费认同	0.172	—	—
示范性感知→旅游消费认同	0.29	—	—
预防性感知→旅游消费认同	－0.03	—	—

1. 习惯性感知对旅游消费认同和旅游消费水平有显著的负面影响

表 5-21 和表 5-22 显示，习惯性感知对旅游消费认同和旅游消费水平具有显著的负面效应（t 值分别为–3.262、–3.823），总效应系数分别为–0.201、–0.283。农村居民感知传统习惯与旅游关系程度越强，旅游消费认同越弱，旅游消费水平越低，这进一步验证了命题 5 的设想。在实测感知传统习惯与旅游消费关系的 3 个变量中（实用、保守和从众），均存在正相关关系，尤其是“实用”变量的路径系数值最高（0.797），表明农村居民在旅游消费中更注重旅游消费的实用价值。

2. 示范性感知增强了旅游消费认同，但对旅游消费水平影响不明显

表 5-21 和表 5-22 显示，示范性感知对旅游消费认同具有显著的正面效应（t 值为 4.543），但对旅游消费水平影响不显著，其总效应系数为 0.066。农村居民周边重要群体对自身旅游消费观念和消费水平可能产生积极或消极的影响，三个观察变量（亲朋、邻居、权威人士）的路径系数分别为 0.649、0.764、0.682，反映农村居民的旅游消费观念更易受周边邻居的影响。根据问卷调研结果，近 80% 的应答者回答“周边居民出去旅游的比较多”，苏南农村地区已形成一定的旅游消费规模，对本人旅游消费观念和旅游消费认同产生积极的影响。然而，旅游消费水平受示范性感知影响较弱，可能是由于实测变量不能很好地反映感知的社会规范与旅游消费水平的关系程度。这进一步明确了命题 6 的设想，示范性感知对旅游消费认同有积极影响，但对消费水平影响不显著。

3. 不确定性感知对旅游消费水平有负面效应，而对旅游消费认同有正面效应

不确定性感知对旅游消费水平有显著的负面效应（t 值为–2.21），但对旅游消费认同有积极影响（t 值为 2.759）。不确定性感知的两个基础实测变量“收入不高”和“收入不固定”的路径系数分别为 0.764、0.779，说明农村居民对收入较低和收入不稳定与旅游关系的感知程度较强，对旅游消费水平产生了消极的影响。然而，农村居民对敏感效应的理性认知反而有助于产生积极的消费认同。敏感效应的总系数为–0.074，说明总体上敏感效应以负面影响为主。这也明确了命题 7 的设想，不确定性感知对旅游消费水平与旅游消费认同具有不同方向的影响。

4. 预防性感知对旅游消费认同和旅游消费水平影响均不显著

与多元回归分析结果一致，预防性感知对旅游消费水平影响不显著，且对旅游消费认同也不存在显著影响。预防性感知的 4 个测量指标分别为防病养老、子女教育、人情往来和买房/建房，其路径系数分别为 0.758、0.791、0.634、0.651，防病养老和子女教育具有更好的解释力。预防性感知不显著可能有两个原因：一方面，旅游消费与普通耐用品消费存在不同之处，很少被列入农村居民的正式消费计划，受到预防性消费支出的冲击较小；另一方面，农村居民旅游消费具有与城镇居民旅游消费不同的特点，短程游较多，不少家庭旅游消费受子女或村（社区）、企业资助，这种相对被动式的旅游消费与预防性感知的相关程度较弱。农村居民出游决策相对比较独立（周国忠和郎富平，2009），具有与农村居民日常生活消费不同的特点，如果能对未来消费支出有科学的认知和合理的安排，可能弱化预防性消费支出的负面影响，甚至产生积极影响。

5. 感知旅游行为控制变量之间存在显著的相互影响

感知旅游行为控制的 4 个变量之间都有显著的交互影响，尤其是习惯性感知与示范性感知、预防性感知之间，以及预防性感知和不确定性感知之间的相互影响程度强于其他控制变量之间。农村居民不确定性感知与预防性感知有显著关系，理论分析指出收入和消费的不确定除了导致当前谨慎消费行为外，还表现为农村居民对未来生活消费支出的预防性安排，结构模型也验证了这点。此外，农村居民习惯性感知与示范性感知、预防性感知也有显著关系，习惯性感知越强的农村居民，示范性感知和预防性感知也较强。

总之，习惯性感知、不确定性感知、示范性感知和预防性感知对旅游消费认同和旅游消费水平起着不同程度和方向的影响，相对而言，预防性感知的影响效应相对较弱。

三、影响路径的家庭结构差异

以家庭收入、受教育程度和乡村性 3 个家庭结构特征为分析变量，采用多群组 SEM 方法，检验假设模型在不同群组间是否相等或参数是否具有不变性。

（一）家庭收入

根据家庭收入与旅游消费行为关系的研究结论，收入在 7 万元以上和 7 万元以下的家庭在旅游消费特征上存在较显著差异，据此将农村家庭分为两组：7 万元及以上的家庭为高收入组（样本量为 245），7 万元以下的家庭为低收入组（样本量为 356）。在多群组模型适配度指标中，模型的 RMSEA 值均小于 0.05，都小于 0.08 的适配临界值，CFI 值、GFI 值均大于 0.90 的标准值，说明模型的适配度整体比较良好，可以被接受，并最终选择未限制模型作为多群组分析模型。表 5-23 是多群组分析结果（荣泰生，2009）。

在假设未限制模型为真的情况下（assuming model unconstrained），测量模型路径系数（measurement weights）$D\chi^2=22.439$，$Ddf=10$，$p=0.013<0.05$；结构模型路径系数（structural weights）$D\chi^2=40.478$，$Ddf=19$，$p=0.003<0.05$，说明感知

旅游行为控制、旅游消费认同与旅游消费行为的路径关系在不同家庭收入群体中存在差异。表 5-23 显示了高收入家庭与低收入家庭的作用路径系数，家庭收入对于感知旅游行为控制、旅游消费认同与旅游消费水平之间的特定路径关系存在调节效应[①]。其相同之处：习惯性感知对不同收入家庭组的旅游消费水平都有显著负面效应；示范性感知对旅游消费水平影响不显著，但对旅游消费认同有显著影响；预防性感知对消费认同没有显著影响，旅游消费认同对旅游消费水平有显著正面影响，这些结论与全模型分析结果一致。通过对 9 个相对应因素负荷量差异的临界比检验，在显著性参数中，绝对值均小于 1.96，表示高低收入两组结构模型中相对应的因素负荷量可视为相等。

表 5-23　基于家庭收入的多群组结构模型估计结果

影响路径	高收入（7 万元及以上）		低收入（7 万元以下）	
	标准化路径系数	t 值	标准化路径系数	t 值
习惯性感知→旅游消费水平	–0.245**	–2.003	–0.252***	–3.251
不确定性感知→旅游消费水平	–0.028	–0.306	–0.19**	–2.377
示范性感知→旅游消费水平	0.074	0.746	–0.066	–0.848
预防性感知→旅游消费水平	–0.031	–0.363	0.18**	2.199
旅游消费认同→旅游消费水平	0.328***	3.267	0.234***	3.347
预防性感知→旅游消费认同	–0.028	–0.285	0.002	0.025
示范性感知→旅游消费认同	0.379***	3.32	0.21**	2.579
不确定性感知→旅游消费认同	0.205*	1.927	0.095	1.149
习惯性感知→旅游消费认同	–0.517***	–3.701	–0.057	–0.722

***、**、*分别表示在 1%、5%和 10%水平上显著。

高收入家庭与低收入家庭在作用路径上的差异主要表现在：1）全模型分析显示，习惯性感知对旅游消费认同有显著负面影响。进一步分析表明（表 5-23），其负面效应体现在高收入家庭组（t 值为–3.701），而低收入家庭组影响不显著。高收入家庭具有较高的旅游消费意愿，对传统消费观念与旅游关系的感知程度也较强，而低收入家庭旅游意愿较低，两者关系感知相对较弱，导致棘轮效应在高低收入群体中存在不同程度的影响。2）全模型分析显示，不确定性感知对旅游消费水平有负面效应，而对旅游消费认同有正面效应。表 5-23 显示，不确定性感知对高收入家庭旅游消费认同有积极影响（t 值为 1.927），但对低收入家庭影响不显著，然而，其对低收入家庭旅游消费水平有负面影响（t 值为–2.377），但对高

① 这里说的调节效应存在，仅表现家庭收入影响假设模型相关变量之间的特定路径关系，并非指收入影响变量之间的所有路径关系。下文对受教育程度、乡村性变量的调节效应分析也是如此。

收入家庭影响并不显著。高收入家庭对家庭收入与旅游消费关系有较为理性的认知，有利于合理安排旅游消费，对低收入家庭旅游消费水平有显著的负面效应，这符合一般的经济规律。3）预防效应不显著，但深入分析发现预防性感知对低收入家庭旅游消费水平有显著正面影响（t 值为 2.199）。高收入家庭对未来预防开支与旅游消费关系的感知并不强烈，旅游消费很少被高收入家庭作为重要消费计划予以考虑，而低收入家庭社会保障体系相对欠缺，致使他们要合理统筹安排未来的消费行为，尤其是旅游消费可能是一个相对较高的消费活动，预防性感知越强的农村家庭，旅游消费更为慎重。

农村居民感知旅游行为控制在不同收入群体的异同点体现在：高收入家庭组感知旅游行为控制各维度之间均存在显著的相互影响，其中不确定性感知与预防性感知、习惯性感知与示范性感知之间影响更强，其相关系数都大于 0.4；低收入家庭的不确定性感知与习惯性感知、示范性感知之间没有显著的影响，而不确定性感知与预防性感知、习惯性感知与示范性感知之间具有较强的相互影响。

（二）受教育程度

根据分析结果，家庭文化程度达到高中学历后，旅游消费行为特征及其影响因素有显著变化，据此将农村家庭分为两组：高中及以上文化程度的家庭，为高学历组（样本量为 321）；初中及以下文化程度的家庭，为低学历组（样本量为 287）。多群组模型适配度指标中，RMSEA 值介于 0.034～0.039，CFI 值、GFI 值介于 0.928～0.955，表示基准模型适配度较佳，可以被接受，选择未限制模型作为多群组分析模型。表 5-24 是多群组分析结果。

表 5-24　基于受教育程度的多群组结构模型估计结果

影响路径	高学历（高中及以上）		低学历（初中及以下）	
	标准化路径系数	t 值	标准化路径系数	t 值
习惯性感知→旅游消费水平	−0.054	−0.502	−0.296***	−3.387
不确定性感知→旅游消费水平	−0.011	−0.133	−0.274***	−2.954
示范性感知→旅游消费水平	−0.185**	−1.978	0.099	1.22
预防性感知→旅游消费水平	0.052	0.703	0.173*	1.745
旅游消费认同→旅游消费水平	0.481***	4.996	0.213***	2.864
预防性感知→旅游消费认同	−0.081	−0.95	−0.035	−0.331
示范性感知→旅游消费认同	0.374***	3.66	0.225***	2.602
不确定性感知→旅游消费认同	0.118	1.237	0.236**	2.445
习惯性感知→旅游消费认同	−0.32**	−2.541	−0.114	−1.247

***、**、*分别表示在 1%、5%和 10%水平上显著。

在假设未限制模型为真的情况下，测量模型路径系数 $D\chi^2=6.852$，$Ddf=10$，$p=0.739$；结构模型路径系数 $D\chi^2=20.840$，$Ddf=9$，$p=0.013$，说明家庭群体的文化程度不同，感知旅游行为控制、旅游消费认同与旅游消费行为之间的结构路径关系存在差异。

表 5-24 显示了不同受教育程度的作用路径系数，相同之处在于：示范性感知对旅游消费认同有显著正面影响，预防性感知对旅游消费认同和旅游消费水平影响基本不显著，旅游消费认同对旅游消费水平有显著的正面影响，这些结论与全模型分析一致。通过对两者路径系数强弱进行检验，显示不确定性感知和示范性感知对旅游消费水平、旅游消费认同对旅游消费水平三组路径系数的参数差异决断值分别为 1.962、–2.297、2.648，绝对值大于 1.96，前两组路径系数的显著性水平存在显著差异，高学历家庭旅游消费认同对旅游消费水平的影响效应显著强于低学历家庭。

表 5-24 显示，受教育程度对模型变量之间的特定路径关系存在调节效应，高低学历家庭在作用强度与方向的差异主要体现在：1）文化水平较低的农村家庭旅游行为更易受感知行为控制调节，较高学历家庭所受的影响相对较弱。2）习惯性感知对低学历家庭旅游消费水平有显著负面效应（t 值为–3.387），对旅游消费认同影响不显著，相反，对高学历家庭旅游消费认同有显著负面效应（t 值为–2.541），而对旅游消费水平影响不显著。通常情况下，低学历家庭日常消费较少考虑旅游消费，在出游群体中，被动式旅游消费占有较大比重，而高学历家庭主动式旅游行为较多，导致在旅游消费认同上，高学历家庭对传统消费习惯与旅游消费关系的感知更为强烈，低学历家庭表现较弱。相反，在旅游消费情境下，学历较低的家庭面对实地旅游消费时，传统实用、谨慎和从众的消费习惯影响旅游消费，棘轮效应表现显著，造成了相对较低的旅游消费水平，而高学历家庭易受现代消费观影响，受传统价值观的约束较弱，对旅游消费水平影响反而不显著。3）不确定性感知对低学历家庭的旅游消费认同有显著正面影响（t 值为 2.445），对旅游消费水平有显著负面影响（t 值为–2.954），这与全模型结果一致，但对高学历家庭都没有显著影响。表 5-25 显示，低学历家庭客观收入水平（均值 1.95）显著低于高学历家庭（均值 2.61），同时低学历家庭对收入较低的感知程度（均值 3.30）也显著强于高学历家庭（均值 3.04），对家庭收入更为敏感，这是低学历家庭旅游消费水平较低的经济原因。在低收入家庭中，如果不确定性感知越强，消费也较为理性，对旅游消费也有积极的认知。4）示范性感知对高学历家庭旅游消费水平有负面效应，高学历家庭在进行实际旅游消费时，考虑到周边群体示范性的影响，旅游消费水平反而下降。

表 5-25　受教育程度和家庭收入关系的 *t* 检验分析

旅游消费行为	均值		均值差异比较		方差齐性检验	
	低学历家庭	高学历家庭	*t* 值	Sig.	*F* 值	Sig.
客观收入	1.95	2.61	–7.022	0.000	4.945	0.027
主观收入	3.30	3.04	4.174	0.000	22.860	0.000

注：客观收入测度指标为①3 万以下；②3 万～5 万；③5 万～7 万；④7 万～9 万；⑤9 万元以上。主观收入测度指标为与其他家庭比较，感觉您家收入怎么样？①高；②高一点；③差不多；④低一点；⑤低。

（三）乡村性

根据本节测算的家庭乡村性指数，运用 *K*-means 将家庭乡村性分为两组：“乡村性较强”的农村家庭（样本量为 283）和“乡村性较弱”的农村家庭（样本量为 332），聚类结果的方差性检验均在 0.001 水平上显著。在模型适配度指标中，模型的 RMSEA 值介于 0.034～0.035，CFI 值、GFI 值在 0.919～0.951 之间，模型适配度较佳，可以被接受。通过模型适配指标比较，同样选择预设模型作为多群组分析模型，多群组分析结果见表 5-26。在假设未限制模型为真的情况下，测量模型路径系数 $D\chi^2=14.993$，$Ddf=10$，$p=0.132$；结构模型路径系数 $D\chi^2=8.029$，$Ddf=9$，$p=0.531$，说明苏南农村家庭的乡村性对旅游消费行为的结构路径影响不显著。

表 5-26　基于家庭乡村性的多群组结构模型估计结果

影响路径	乡村性较强		乡村性较弱	
	标准化路径系数	*t* 值	标准化路径系数	*t* 值
习惯性感知→旅游消费水平	–0.268***	–3.006	–0.17**	–2.143
不确定性感知→旅游消费水平	–0.133	–1.627	–0.125	–1.502
示范性感知→旅游消费水平	0.022	0.26	–0.057	–0.706
预防性感知→旅游消费水平	0.022	0.264	0.082	1.024
旅游消费认同→旅游消费水平	0.277***	3.745	0.34***	4.301
预防性感知→旅游消费认同	–0.026	–0.29	–0.05	–0.572
示范性感知→旅游消费认同	0.197**	2.175	0.368***	4.353
不确定性感知→旅游消费认同	0.168*	1.955	0.184**	2.057
习惯性感知→旅游消费认同	–0.032	–0.346	–0.336***	–4.077

***、**、*分别表示在 1%、5%和 10%水平上显著。

表 5-26 显示了家庭乡村性对结构模型不同变量之间关系的调节效应。相对于经济和文化变量，家庭乡村性对旅游消费影响较弱，不同乡村性的旅游消费行为

作用程度和方向的差异性较小。相同之处在于：旅游消费认同对不同乡村性家庭的旅游消费水平都有显著正面影响；示范性感知对旅游消费认同都有显著正面效应，对旅游消费水平影响不显著；预防性感知对旅游消费认同和旅游消费水平都没有显著影响；不确定性感知对旅游消费水平没有显著影响，但对旅游消费认同有较显著的影响。除了全模型分析中不确定性感知对旅游消费水平有负面效应外，其他结论与全模型结果一致。通过“参数间差异的临界比值”检验，显示绝对值均小于 1.96，表示不同乡村性家庭的结构模型中相对应的因素负荷量可视为相等。

不同乡村性的家庭在作用强度与方向上的差异主要体现在棘轮效应上。乡村性较弱的农村家庭习惯性感知对旅游消费认同有显著负面效应（t 值为–4.077），而乡村性较强的家庭影响不显著，但不同乡村性家庭都存在棘轮效应。传统农村家庭，受城镇化的影响相对较弱，对传统消费观念与旅游关系的感知程度不强，对旅游消费认同没有明显影响，但在进行实际旅游消费时，受传统消费观影响较强。乡村性较弱的家庭，受城镇化冲击较强，家庭职业、居住社区、消费观念更趋同于城镇居民，习惯性感知与旅游消费关系的认知度较强，反而造成对旅游消费认同产生负面影响。

（四）作用效应阐释

图 5-5 对农村居民感知旅游行为控制、旅游消费认同和旅游消费水平 6 个变量的作用强度和方向进行了可视化描述，直观比较不同的作用路径。

家庭收入和受教育程度对作用路径具有显著的调节效应，乡村性的调节效应较弱，没有列出。苏南农村地区城镇化水平相对较高，不同家庭的乡村性差异相对较小，可能导致乡村性的调节效应较弱，但在研究更大地理尺度的农村居民旅游消费行为时，其调节效应还需要进一步验证。

（1）“木桶效应”原理。感知旅游行为控制对旅游消费认同与旅游消费水平具有显著的影响，但不同维度的影响作用存在差异，不是取决于感知行为控制结构中最强的维度（预防性感知和不确定性感知，均值分别为 3.67、3.65），而是取决于控制结构中最弱的维度（习惯性感知和示范性感知，均值分别为 3.05、2.94）。“短板”因素（习惯性感知和示范性感知）对不同群体家庭的旅游消费水平与消费认同都有显著的影响，而“长板因素”（预防性感知和不确定性感知）的影响并不特别显著。可见，感知旅游行为控制结构中的“长板因素”并不能有效决定和预测旅游消费认同和旅游消费水平，与之相对，“短板因素”对旅游消费行为有更显著的作用，这也印证了“木桶效应”（buckets effect）或“短板理论”（cannikin law）在感知旅游行为控制与旅游消费行为关系结构中也存在。同时研究也发现，全模型结果显示示范效应相对较弱，而在不同农村居民群体内部之间示范效应较显著，说明个体示范性感知主要来自同质群体。从农村居民旅游市场开发角度而言，政策制定者应该侧重考虑感知旅游行为控制结构中的“短板”，即示范效应和棘轮效应。

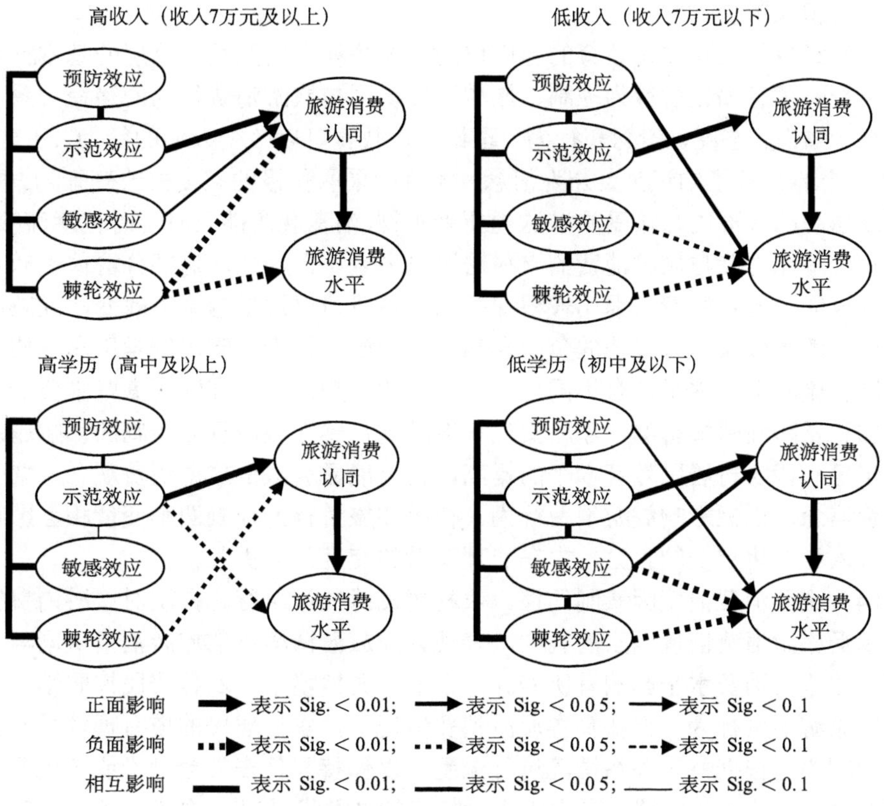

图 5-5　旅游消费行为作用路径比较的可视化描述

（2）“自我认知—旅游行为认知”的不一致。在中国传统文化的长期渲染下，农村居民对旅游行为的认知与形成的自我概念存在差异，造成旅游行为与自我身份的不匹配，旅游消费带来的身份匹配感较差，旅游消费认同感较弱，加剧了感知旅游行为控制的负面效应。虽然苏南农村居民城镇化水平较高，受到现代消费观念的冲击也较明显，但在很长一段时间内，其在社会文化认同、心理归属等方面很大程度上仍保持着传统农村居民的消费理性，同时，面子观已深深嵌入中国人的心中。调研发现农村居民认为旅游消费并不能体现面子，在一定程度上导致农村居民对旅游消费的身份匹配观认可度较低。此外，针对农村居民的旅游产品和服务缺乏，农村居民的旅游满足感较低，使旅游消费被不少农民看起来是一种“花钱买罪受”的消费行为，固化了本来就较低的旅游消费认同感。因而，旅游消费认同在感知旅游行为控制与旅游消费水平之间的中介效应较弱，习惯性感知和不确定性感知有负面影响，预防性感知影响较弱。值得注意的是，农村居民现代性观念日趋增强，对旅游消费的身份匹配观也逐渐认可，体现在示范性感知具有较显著的积极影响。

（3）经济收入和文化教育的基础作用。经济和文化是社会分层的基本标准，也显著影响了感知旅游行为控制、旅游消费认同与旅游消费行为的路径关系。在知信行（知识、态度、信念和行为）理论中，教育可以改变人们的行为（王建明，2010），个体具备了知识，上升为信念，才可能采取积极的态度去改变行为。受教育程度越高的人群更易接受旅游这类新兴事物，消费观念能及时与时代潮流接轨，目前有经济能力参与旅游消费的农村居民以中老年人为主，这部分群体受教育程度普遍较低，传统消费习惯比较根深蒂固，消费习惯短期内难以改变，反映了棘轮效应、敏感效应具有显著的负面影响。感知旅游行为控制对低学历家庭旅游消费认同和旅游消费水平都有不同程度和方向的影响，而较高学历家庭主要受习惯性感知和预防性感知影响，家庭文化程度越高，感知旅游行为控制的影响越弱。随着年轻一代农村居民教育水平的提高，将可能显著改变旅游消费观念，增强旅游消费信念，积极影响旅游消费行为。在感知旅游行为控制四个变量相互影响方面，收入和文化越低的家庭，内在心理变量的交互效应更强。

（4）旅游消费情境因素制约性。农村居民感知旅游行为控制对旅游消费行为的影响受旅游消费情境因素的制约，表现为非旅游情境下的旅游消费认同与真实情境下的旅游消费水平影响有所差异。在非旅游情境下，农村居民按照惯有的理性认知旅游消费行为，但在真实旅游消费情境下，农村居民的惯有理性受到消费情境的制约，根据特定关系情境进行调整，以保持与外在社会身份或角色而不是内在的个人自我一致，这也是中国人所特有的“隐我-显我”结构（徐冰，2005），显我是“做给人看”，而真实的“隐我”可能拒绝或不认同消费对象。在“隐我-显我”结构作用下，导致“所想”与“所做”可能有所差异，农村居民旅游消费认同与实际旅游消费行为在不同情境下的表现不一致，感知旅游行为控制的影响程度和方向受情境因素调节。此外，旅游消费行为的即时性特点，更容易受短期、周边情境影响，而长远的消费计划对旅游消费行为影响相对有限，表现为预防效应相对较弱。

四、旅游消费行为影响机制

新时代农村居民旅游消费行为受经济、文化、心理和乡村城镇化等多种因素不同程度和方向的影响（图 5-6）。

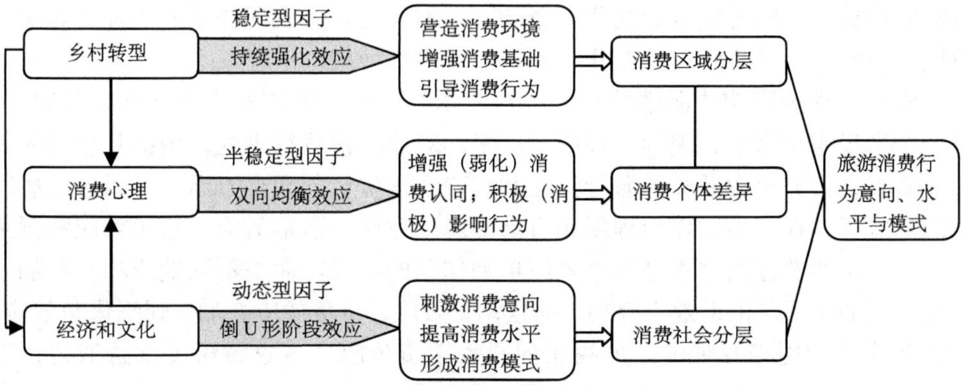

图 5-6　农村居民旅游消费行为的影响机制分析

乡村城镇化进程对农村居民旅游消费行为发挥着“持续强化效应”，属于相对稳定的因子。中国乡村社会正发生全方位的转型，乡村城镇化水平持续提升，这是一个动态的过程，也是一个稳定的趋势。乡村转型引导农村居民消费习惯与模式向城镇居民过渡与升级，有效刺激农村居民旅游消费需求，提升旅游消费水平，对农村居民旅游消费行为起着直接效应，同时乡村转型加快了农村经济发展，推动了农村居民收入和消费水平的提升，引发了消费心理和观念的变化，对农村居民旅游消费行为也起着间接效应。随着新型城镇化的快速推进及相关惠农政策的陆续出台，乡村转型对旅游消费行为的影响效应将持续增强，对于城乡一体化进程的趋势而言，乡村转型对农村居民旅游消费行为具有持续强化效应。中国农村地区在地理、经济、文化等方面存在着较大的异质性，乡村转型速度和水平也存在很大差异，乡村转型的影响效应也存在区域差异。此外，苏南农村内部的城镇化水平相对均质，家庭乡村性对旅游消费行为的直接影响相对较弱，其效应可能内化于经济水平、文化教育等因素中。

经济和文化水平对旅游消费行为起着基础和直接作用，但在不同的经济和文化阶段，其影响强度有所差异，形成“倒 U 形阶段效应”。经济和文化是划分农村居民旅游者类型的基本标准，对农村居民旅游消费行为影响存在拐点效应，属于动态型因子。经济收入是旅游消费的经济基础，在收入达到一定水平后，农村居民会产生旅游行为意向，随着收入水平的增加，旅游消费水平也随之提高，但收入与旅游消费并不完全成正比例变化，在收入达到更高阶段后，收入对旅游消费水平的作用程度将逐渐减弱。同样，文化程度对旅游消费行为也存在类似的阶段性效应，随着文化程度的提高，旅游行为意向逐渐增强，旅游消费水平随之提高，但达到较高文化程度后，其对旅游行为意向和消费水平的作用也开始弱化。在城乡转型背景下，农村居民经济和文化水平受社会转型的影响，传导着乡村转型的间接效应。同时经济和文化也影响旅游消费心理，表现在不同的经济和文化阶段，消费心理发生阶段性变化，也产生阶段性效应。

消费心理是影响旅游消费行为的内在本质因素，发挥着“双向均衡效应”，是一个半稳定型因子。因为心理因素众多，对旅游消费行为的作用机制也较为复杂，研究将其界定为感知旅游行为控制与旅游消费认同两个方面，显示农村居民旅游消费行为存在不同作用程度和方向的棘轮效应、示范效应、敏感效应和预防效应。旅游消费行为并不是某个效应单独作用的结果，而是不同效应相互叠加并综合作用的结果，正正效应叠加，则强化正效应，负负效应叠加，则强化负效应，正负效应叠加则相互抵消，如果正效应大于负效应，对农村居民旅游消费行为起着促进作用，反之则起着制约作用，这就是“双向均衡效应”。同时，不同个体或家庭因收入、教育及地理环境等因素的差异，不同效应的作用程度与方向都存在个体差异。随着乡村城镇化和城乡一体化进程的推进，倡导的西方消费价值理念对农村居民旅游消费的影响力可能逐渐增强，消费心理的正面效应将可能占据优势地位，负面效应将相对弱化，旅游消费行为可能变成农村居民的一种生活和消费新常态，心理因素的正负效应变化将趋于平缓，效应强度也不断削弱。

总之，新时代农村居民旅游消费行为是经济、文化、心理与乡村转型等多种因素及其多重效应综合作用的结果。经济和文化水平是基础因素，发挥“倒 U 形阶段效应”，直接刺激旅游行为意向，提升旅游消费水平，形成旅游消费模式，是旅游消费分层的基本标准；消费心理是根本因素，发挥“双向均衡效应”，增强或弱化旅游消费认同，对旅游消费行为产生积极或消极的双向影响，造成消费者的个体差异；乡村转型是宏观因素，发挥“持续强化效应”，营造农村旅游消费环境，增强消费的经济和文化基础，引导消费行为转型，使旅游消费的区域分层。乡村转型推动农村居民经济和文化水平的提升，共同建构消费心理和观念，并最终重构农村旅游消费环境，不同因素及其产生的不同效应相互制约与相互影响，影响着农村居民旅游行为意向、消费水平和行为模式。

第五节　本 章 小 结

本章在经典消费行为理论的基础上，构建嵌入农村家庭结构的“感知旅游行为控制、旅游消费认同与旅游消费行为”的机制分析框架，随之提出相应的理论设想与研究操作化途径。感知旅游行为控制包括 4 个维度：习惯性感知、预防性感知、示范性感知和不确定性感知。在此基础上，运用多分类 Logit 回归模型、SEM 和多群组 SEM 等方法实证检验旅游消费行为的影响机制。

农村家庭经济收入、文化程度与家庭乡村性对旅游消费行为有着显著影响。1）家庭收入是旅游消费的经济基础，同时存在“拐点效应”。家庭收入达到3万元后，旅游行为意向显著增强；收入达到7万元后，旅游行为意向的收入效应不再显著，但旅游消费水平显著提高，旅游行为模式趋向网络模式和团队模式。2）文化程度对旅游消费行为具有显著且相对独立的影响，表现在“高中教育”是影响旅游消费行为的重要拐点。在家庭文化程度达到高中学历后，旅游行为意向、模式与消费水平都产生显著变化。3）城镇化进程强烈冲击着农村居民旅游消费行为，乡村性越弱，即受城镇化影响越强的农村家庭旅游消费水平越高，旅游行为方式也越趋向现代模式，但对旅游行为意向影响不显著。

农村居民感知旅游行为控制与旅游消费认同是影响旅游消费行为的内在心理因素。农村居民旅游消费行为存在棘轮效应、示范效应、敏感效应和预防效应，但不同效应的影响强度与方向存在差异。总体而言，农村居民习惯性感知对旅游消费认同和旅游消费水平有显著的负面影响，即存在负面的棘轮效应；不确定性感知对旅游消费行为具有负面效应，而对旅游消费认同有正面效应，即旅游消费行为存在较显著的敏感效应；农村居民旅游行为模式与行为意向存在较显著的预防效应，但旅游消费认同和旅游消费水平的预防效应不显著；示范性感知增强了旅游消费认同，但对旅游消费水平影响不明显，对旅游行为意向与行为模式的影响较为显著。旅游消费认同显著影响旅游行为模式与旅游消费水平，但苏南农村居民旅游消费认同感不强，对旅游行为意向的影响也不显著。

经济收入、文化水平和乡村性程度对感知旅游行为控制、旅游消费认同与旅游消费行为之间的路径关系具有调节效应，收入和文化调节效应较显著，而乡村性的调节效应较弱。感知旅游行为控制的影响不是取决于控制结构中最强的维度，而是取决于最弱的维度，印证了“木桶效应”在感知旅游行为控制与旅游消费行为关系中也显著存在。农村居民对旅游消费认知与自我身份认知的不匹配性，造成旅游消费认同感较低，旅游行为意向较弱，对三者结构关系产生不同程度的负面影响。相对而言，收入水平和受教育程度较高的家庭，感知旅游行为控制对旅游消费行为的影响弱于收入和文化程度较低的家庭。感知旅游行为控制对旅游消费行为的影响受内外情境因素的制约，表现为不同旅游情境下旅游消费认同与旅游消费水平有所差异。

总之，乡村城镇化进程对农村居民旅游消费行为发挥着“持续强化效应”，农村居民经济和文化水平发挥着“倒U形阶段效应”，消费心理发挥着“双向均衡效应”，新时代农村居民旅游消费行为是乡村转型及其背景下的经济、文化、心理等多种因素和多重效应相互作用的结果。

苏南农村具有较高的城镇化水平，区域内经济、文化和地理环境相对均质，家庭乡村性对旅游消费行为的直接影响相对较弱，但同时也要注意在快速城镇化的背景下，许多村庄实现了乡村空间的转型，在经济收入、乡村社区甚至管理体制等方面都具有较强的城镇特性，但这种形式的转型难以割裂农村居民的传统习惯、价值取向与文化传统的联系，部分貌似城镇化水平较高的现代农村可能并没有完全转向新型社区，有新型之名，而无新型之实（黄锐和文军，2012），乡村城镇化的质量较低。在研究农村居民旅游消费行为时，不仅要关注文化、教育和地理环境等因素，也需要关注农村居民旅游消费行为的价值观动因。

第六章　农村居民旅游消费行为价值取向

农村居民为什么要旅游？他们通过旅游期望获得什么结果？其最终的价值追求是什么？价值观反映人们在社会生活中对各种事物、现象、活动等的认知、理解和解释，也折射了社会的文化价值特征（翟学伟，1999）。文化人类学家Kluckhohn认为，价值观是有关什么是“值得的”看法，值得与不值得意味着人们对各种事物现象所做的决策或所寻的行动方向，这就是价值取向。传统的结构主义视角下提出的休闲时间、收入等是影响旅游行为的基础性变量，决定了旅游行为意向和旅游消费水平，但这又难以解释旅游者的价值追求，而影响旅游消费行为的内在原因是消费动机，尤其是价值观动机。农村居民通过旅游行为追求特定的结果和最终目的，反之，价值取向也引导和规范着农村居民对旅游决策与行为方式的判断与选择，甚至期望借助旅游消费重构个体在社会坐标体系中的位置。旅游行为与价值追求相互影响，在不同的旅游涉入阶段，相互作用程度有所差异。

消费行为不仅是基于经济学的理性算计，更受到传统文化环境的约束。中国正在经历深刻的价值观变革，长期形成的文化价值体系可能在传统与现代、城市与农村的文化冲突中逐渐演化并重构转型期特有的价值观体系。旅游者的价值取向是形成旅游动机、态度和偏好的决定因素，然而已有研究较多地探讨旅游消费的经济因素，却较少开展农村居民价值取向与旅游消费行为关系的研究。从价值观视角，围绕农村居民价值观与旅游消费行为关系这个核心问题，构建理论框架，探究农村居民旅游消费行为的价值取向，并实证检验价值取向与旅游消费行为的关系，进而阐述新时代农村居民旅游消费行为价值观结构与特点。

本章结构安排如下：第一节阐述价值观与旅游消费行为关系的研究思路与方法；第二节设计旅游情境下农村居民消费价值观与旅游感知价值量表，并进行提纯与测试；第三节实证检验农村居民消费价值观与旅游感知价值结构，并拟合价值取向与旅游消费行为的关系；第四节探讨农村居民旅游消费行为价值取向的结构与特点。

第一节　研究思路与方法

一、研究思路

人们由价值观形成偏好，又因为持久的价值观偏好导致了意图和行为的产生

（Schwartz，1994）。“手段—目的”链理论为研究价值观与旅游消费行为关系提供一个理论框架和范式。McIntosh 和 Thyne（2005）指出其最大优点在于能通过一个层次性的框架将研究中涉及的各种概念相连接，可以从旅游者表达的价值结果角度理解旅游行为，有助于识别旅游消费目标以及这些目标如何影响其行为（曲颖和贾鸿雁，2013）。基于对 Gutman（1982）“手段—目的”链理论和 Woodruff 顾客价值层次模型的理解，设计农村居民旅游消费行为与价值观关系的研究思路（图 6-1）。

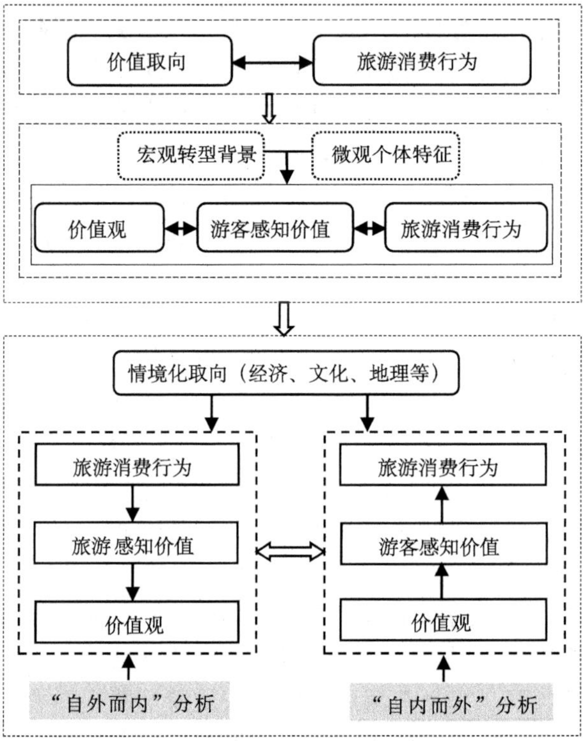

图 6-1　价值观与旅游消费行为关系的研究思路

第一，旅游消费行为与价值取向之间的关系。价值观对消费行为的影响基本得到认同，但实证研究显示价值观对消费行为的预测力与解释力较弱，且经常存在两者不一致的问题，学者主要将其归纳为如下原因：1）价值观与消费行为是两种不同层面的状态，价值观是消费者内心最深处的终极状态，是稳定的、不易变化的，且难以捕捉到，而消费行为是面向具体消费情境而呈现的消费状态，是多样而易变的。2）消费行为是高情境化的变量，价值观是较为稳定的内心状态，在面对不同消费情境时，其价值取向受情境的调节，不同文化、时空情境下价值观与消费行为都可能表现不一致。因而，在分析价值观与旅游消费行为之间的关系时，必须融入中间变量并结合具体情境进行分析。

第二，以旅游感知价值作为中间变量，形成价值观、感知价值与旅游消费行为关系的研究路径。Woodruff（1997）将顾客价值分为三个层次，从下向上分别为属性价值、结果价值和目标价值，其中结果价值是连接上下两个层次的中间层次，类似“手段—目的”链理论的“消费结果”，联结产品属性与终极价值观。结果价值或消费结果是消费者对结果感知的价值，如同一个“接线管”，将终极价值观与消费行为连接起来，传递价值观对旅游消费行为的引导与约束效应，同时帮助顾客达到内心深处渴望的终极状态或价值观。因而，旅游者的价值取向可以从两个层次理解：感知价值取向和终极价值取向。价值观、感知价值与消费行为这3个层级可以经由消费者自身的认知结构联系在一起。

第三，价值观与旅游消费行为关系研究具有高情境化取向，将其嵌入中国传统文化和社会转型的宏观背景以及个体结构的微观特征中。在中国传统文化和社会快速转型的双重影响下，农村居民传统价值观与现代价值观产生碰撞、冲突并融合，这是研究的宏观背景，也是概念构建与测量、变量关系形成与机制阐释不能忽略的外部情境。同时，不同经济水平、文化程度和地理环境下的个体旅游消费行为存在较大差异，也是个体价值观的特点所在。

价值观与旅游消费行为之间关系的研究，存在“由内而外”和“由外而内”两种路径。首先借鉴“自外而内”的研究思路，基于“手段—目的”链理论和阶梯访谈法等质性方法，结合文献资料，归纳与提炼影响农村居民旅游消费行为的价值取向条目，设计价值观量表；其次是基于价值观量表，拟合价值取向与旅游消费行为的关系，探讨农村居民旅游消费行为价值取向的结构与特点。

二、研究方法

大多数消费研究较注重消费者市场调研，运用定量方法，剖析消费者的特征、机制与模式，相对忽略了对消费行为价值取向的阐释。部分研究逐渐重视将定量和定性方法相结合，探讨消费者背后的价值取向（郑红娥，2006）。

（一）“手段—目的”链理论和阶梯访谈法

“手段—目的”链理论为价值观与旅游消费行为关系研究提供了一个较好的研究框架与范式（McIntosh and Thyne，2005）。Gutman（1982）提出一种实现“手段—目的”链理论的方法——阶梯访谈法。McIntosh 和 Thyne（2005）、Watkins 和 Gnoth（2011）认为阶梯访谈法是实现这个理论框架的主流研究方法。阶梯访谈法是一种质性研究方法，可以更好地理解旅游者的消费行为。阶梯访谈法分为软梯法和硬梯法两种。Grunert 和 Grunert（1995）建议当受访者的认知结构较为复杂时，由于高参与和丰富的经验，软式访谈较为适宜。鉴于以下原因，本章使用软梯访谈法：其一，旅游情境下农村居民消费价值观与旅游感知价值研究较少，缺乏较为统一的理论成果可供参考；其二，受农村居民教育水平以及对旅游消费认知的限制，需要访谈者逐渐引导；其三，本章运用阶梯访谈法的目的是初步探询农村居民旅游消费行为的价值取向，为量表的构建提供基础资料，而不是直接用该方法建构与剖析旅游者的认知层次结构（Watkins and Gnoth，2011）。

访谈样本规模。硬梯法样本可能从 40 人到 270 人不等（McIntosh and Prentice，1999），而 Lincoln 等建议如果选择得当，20 人就足以达到对数据的要求，软梯法普遍采用了较小或中等的样本规模，Thyne 和 Lawson 认为 12 人到 16 人的小规模样本可以满足需求（Watkins and Gnoth，2011）。Crotts 和 Rekom（1999）研究显示，当样本超过 40 人的时候，就几乎提取不出任何新内容了。因此，从规范性和经济性的双重角度考虑，选取 20 人这一规模适中的样本。

访谈员选取。访谈目的是期望建立旅游者行为特征、感知价值与价值观之间的“阶梯”，以了解农村居民旅游消费行为的价值取向。基于访谈员需要同时了解理论知识与调研对象，访谈员选取来自于苏南农村的旅游专业大学生，以利用其旅游专业知识和熟悉调查对象的“双重身份”开展访谈。在正式访谈前需经过两轮培训：首先，对“手段—目的”链理论和软式访谈法的相关理论知识进行培训，在培训期间模仿对象开始访谈，指出其中的问题并加以纠正；其次，每位培训员利用假期回家后，对父母进行一次试访谈，在回校后，就访谈的问题进行交流，再予以修改。经过上述培训后，以两人为一组，正式开展访谈，其中一人为主，另外一人负责记录和补充。每次持续两个小时左右。半结构式的阶梯访谈能较清晰地阐述研究问题，应答者也能被鼓励在理论框架背景下去回答问题，被认为是较适合的访谈类型，因此，事先制定访谈规则，设定简单的访谈提纲，并根据访谈情况灵活调整和追加问题。

访谈程序与资料收集。Watkins 和 Gnoth（2011）从旅游目的地选择、旅游活动类型与旅游方式三个行为特征出发，访谈在新西兰的日本旅游者。本研究访谈将从“为什么旅游”、“采用什么方式旅游”、“喜欢看什么风景”或“参与什么旅游活动”和“到什么地方旅游”四个基本旅游行为特征开始，引出旅游者所重视的产品属性，接着反复询问“为什么该属性对你很重要”，直到无法进行为止，以引出农村居民的旅游感知价值与终极价值取向。访谈的基本顺序如下：1）“请问您出去旅游过吗？”接着问“为什么想出去旅游？”2）“请问您到过什么地方旅游？”接着问“为什么到这个地方旅游？”请谈谈喜欢的理由（如景区特点、价格或其他原因）。3）根据回答的“为什么”（特定理由），继续追问“为什么这个理由对您来说如此重要？”4）针对旅游消费过程，询问“旅游中一般花费多少钱（或玩几天），旅游费用（或旅游天数）主要考虑什么因素？”访谈以上述问题为基础，当然，并不是每个访谈内容都能提供以上完整的访谈程序，如被访谈人是子女或由社区组织旅游的，可能难以问出“为什么出去旅游？”等信息，针对这类旅游者，主要询问旅游天数、旅游花费等信息，并询问“还想再旅游吗？”并追问为什么“想”或“不想”的原因。总之，根据受访者个人特征及实际状况灵活调整问项，以期掌握更多信息，直到消费者无法提供更多信息，终止访谈。

（二）定量方法

结合相关研究文献和访谈结果，设计量表，据此编制问卷，通过问卷调查，收集数据资料，利用调研数据，采用 SPSS 18.0 和 AMOS 18.0 软件进行分析。具体而言，包括描述性统计、探索性因子、卡方检验、单因素方差、SEM 和多元回归等方法。依据问卷调研的有效样本数据，采用探索性因子分析和 SEM 开发并检验价值观和旅游感知价值量表，采用描述性统计分析农村居民旅游消费行为的总体状况，采用单因素方差分析价值观与农村居民旅游消费行为的差异。此外，还运用多元回归拟合价值观、感知价值与旅游消费行为的关系。SEM 结合路径（path）分析，用于探讨变量间的因果关系以验证理论（Reisinger and Turner，1999；白凯等，2010），有助于研究者了解和推断变量的相互影响关系，尤其是那些隐藏的不易觉察的潜变量（Lindberg and Johnson，1997）。

第二节　农村居民旅游消费行为价值取向量表设计

一、资料整理与分析

（一）访谈资料整理分析

为了尽量使访谈样本具有代表性，在定性访谈研究中，选择不同区域、不同乡村类型和不同旅游方式的农村居民旅游者进行访谈。第一次是试访谈，时间是 2014 年 1～2 月，目的是通过访谈发现问题，修改访谈提纲及注意事项；第二次是正式访谈，时间是 2014 年 7～8 月。访谈村落选择传统的苏南三市（苏州、无锡和常州），具体访谈者的基本资料见表 6-1。旅游方式包括旅行社组织的团队游与家庭自行组织的散客游，样本村落类型分为现代村落与传统村落。总体而言，访谈样本在市域分布、村落类型以及人口学特征、乡村类型等都有所分布，调查的可靠性和代表性能够得到一定的保证。

表 6-1　访谈样本基本资料

编号	性别	年龄	教育	职业	收入	家庭人口	旅行方式	土地	地点	村落类型
1	男	61	初中	退休	7万～9万元	5	团队	无	无锡	现代
2	男	40	高中	手工业	5万～7万元	3	散客	无	苏州	传统
3	男	39	初中	打工	5万～7万元	3	散客	有	常州	现代
4	女	53	小学	手工业	7万～9万元	5	散客	有	常州	传统
5	男	42	大专	打工	7万～9万元	5	团队	有	苏州	传统
6	女	31	大专	打工	7万～9万元	5	团队	有	常州	传统
7	女	23	本科	打工	5万～7万元	3	散客	无	苏州	现代
8	男	22	高中	打工	5万～7万元	3	散客	有	常州	现代
9	女	39	大专	打工	9万元以上	5	团队	无	常州	现代
10	男	43	高中	手工业	9万元以上	5	团队	有	无锡	现代
11	女	29	大专	手工业	7万～9万元	6	散客	有	无锡	传统
12	女	33	高中	打工	7万～9万元	5	团队	有	苏州	传统
13	男	55	高中	打工	9万元以上	6	团队	无	苏州	现代
14	男	53	高中	打工	9万元以上	6	散客	无	苏州	现代
15	男	30	高中	兼业户	3万元以下	4	散客	有	常州	传统
16	男	42	高中	专业户	7万～9万元	7	散客	有	苏州	传统
17	男	31	高中	打工	3万元以下	5	团队	无	常州	传统
18	男	55	初中	手工业	9万元以上	5	团队	无	苏州	现代
19	男	38	初中	手工业	5万～7万元	4	团队	有	苏州	传统
20	女	28	高中	专业户	3万～5万元	6	散客	无	苏州	现代

以两个具体的访谈示例，阐述价值观与旅游消费行为关系的构建过程。图 6-2 显示了无锡一对 60 岁老年夫妇的访谈结果。该夫妇是子女资助旅游的，并通过旅行社组织前往杭州旅游。他们主要听取周边邻居意见，且考虑身体和经济原因，才将杭州作为旅游目的地。他们不能确定是否再次旅游，缘于出门旅游花费较高，年纪大不太方便，但仍期望如果有机会还是想出去转转，看看祖国的山水，增长见识。

图 6-3 是苏州一户家庭自驾到安徽黄山旅游的访谈结果。选择自驾游是因为相对自由方便，旅游安排相对灵活，且家庭之间交流更加方便，有助于增进家庭感情。选择黄山旅游的原因是知名度高，文化底蕴深厚，这也是参考了子女的意见，有助于开拓子女视野、增长知识，并且有机会还想再次旅游。

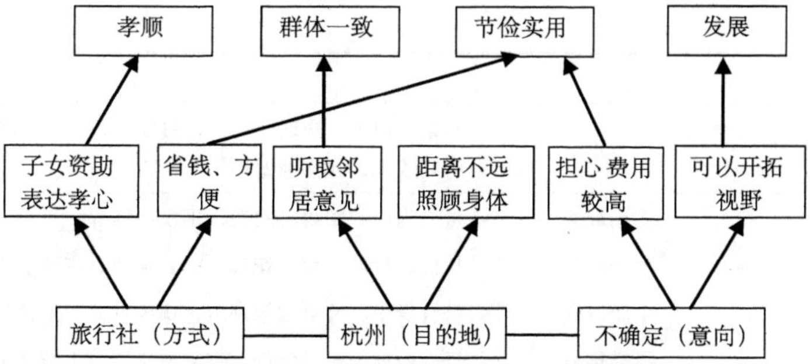

图 6-2　价值观与旅游消费行为关系链示例（一）

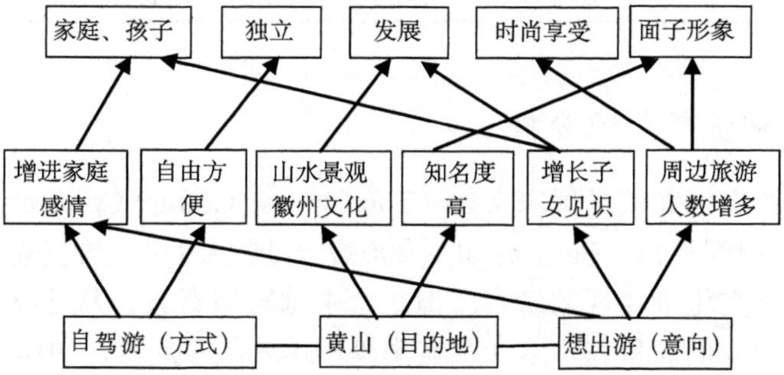

图 6-3　价值观与旅游消费行为关系链示例（二）

表 6-2 显示了梳理和提炼软梯访谈内容的关键词。根据 Zeithaml（1988）及其他学者的研究成果，可以将其归纳为景观或功能价值（微观具体价值和宏观抽象价值）、情感价值、社会价值和成本价值。旅游情境下的消费价值取向涉及经济实用、地位形象、面子、从众、家庭情感等传统价值取向，兼有享受时尚、独立发展等现代价值取向。感知价值源自旅游者对购买旅游产品或服务的认知评价（Chen and Tsai，2007；白凯等，2010），这些关键词可以作为旅游消费行为价值取向量表条目的重要来源资料。

表 6-2　访谈资料结果汇总

价值层次	类型	关键词
结果层（感知价值）	功能价值（微观具体）	山水景观、城市风光、文化古迹、民俗风情、游乐活动、美食餐饮、生态环境、大型商场、主题公园等
	功能价值（宏观抽象）	快乐、幸福、新奇、舒服、享受、休闲、放松等
	情感价值	生活体验、增长知识、开阔视野、子女孝心、家庭幸福、结交朋友、同事（邻居）感情等
	社会价值	展现形象、感受羡慕、有面子、社会地位、成就自豪、符合身份、听取意见等

续表

价值层次	类型	关键词
结果层（感知价值）	成本价值	价格（门票、交通、住宿、餐饮等）、节俭实用、金钱成本、时间成本、体力成本等
目的层（价值观）	实用理性	量入为出、实用、实在、现实生活等
	面子形象	地位、身份、舍得花钱、提升形象、有面子等
	中庸取向	符合身份、符合道德规范、谦虚低调、消费从众等
	家庭情感	子女发展、孝顺父母、家庭幸福、家人商量等
	舒服享受	有钱幸福、享受生活、能挣会花、时尚生活等
	独立发展	生活方式、生活独立、发展完善、家庭平等、努力奋斗等

（二）文献资料整理分析

学者从传统文化尤其是儒家文化（The Chinese Culture Connection，1987；张梦霞，2010）、中庸视角（Farh et al.，2007）开展中国传统价值观的研究，开发了一些度量中国文化价值观的量表，但结合中国转型背景，从传统和现代价值观两个视角开发的价值观量表不多（金盛华等，2009；潘煜等，2014）。表 6-3 总结并比较了部分中国人价值观的研究成果。

表 6-3　中国人价值观量表研究的部分成果

学者	名称	调查对象	价值观结构
The Chinese Cultrue Connection（1987）、Bond（1988）	中国文化价值观量表（CVS）	港、台及新加坡等亚洲华裔国家在校大学生	4 维：整合、儒家工作动力、仁慈、道德责任
金盛华等（2009）	中国人价值观问卷（CVQ）	工人、农民、专业技术人员、大学生和中学生五类人群	8 维：品格自律、才能务实、公共利益、人伦情感、名望成就、家庭本位、守法从众、金钱权力
张梦霞（2010）	儒、道和佛三个中国传统文化价值观量表	北京、上海、广州手机用户	儒家价值观（3 维）：行为与地位符合、家庭声誉、倾听他人；道家价值观（2 维）：崇尚自然、和谐自然；佛家价值观（3 维）：公正平等、奢侈无用、相信缘分
潘煜等（2014）	中国消费者价值观（CCVAL）	上海和北京的手机用户	3 个二阶因子：处世哲学、自我意识和人际关系；8 维：实用理性、中庸之道、面子形象、独立自主、奋斗进取、差序关系、人情往来和权威从众

中国传统价值观对中国人的价值取向和行为规划产生了深远的影响。儒家思想倡导的礼仪规范是中国人的行为准则和道德评判标准，已经潜移默化地根植于中国人的伦理观念和价值系统之中。在新加坡（Chang et al.，2003）与中国（Zhang et al.，2003）等地所做的研究也发现，随着现代化的发展，个人传统性对生活和行为方式的影响力在逐渐减弱，现代性影响力逐渐增强，且在经济和消费等领域，现代性占据了主导。闫超（2012）研究显示，以物质主义和自我实现为表征的现代消费观对农民工炫耀性消费行为有直接显著的影响。

目前价值观与旅游消费行为研究主要基于西方价值观量表或城市居民消费行为研究，而关于农村居民消费价值观与旅游消费行为关系的研究尚未查询到相关文献。新时代农村居民可能对传统消费观的认同逐渐减弱，而对现代消费主义观念的认同逐步增强，旅游消费行为可能表现为经济实用、独立平等、物质享受等现代价值取向，也可能蕴含着面子、地位、情感等传统消费价值取向，体现了传统观与现代观的冲突与交织。旅游感知价值量表的研究成果较为丰富，其维度主要包括成本价值、社会价值、情感价值和功能价值（Zeithaml，1988；Sheth et al.，1991；Sweeney and Soutar，2001，Petrick，2004；Williams and Soutar，2009）。

二、量表设计与测试

（一）量表条目的整理与归纳

在中国消费者价值观（金盛华等，2009；潘煜等，2014）等量表的基础上，参考相关学者的成果（The Chinese Culture Connection，1987；Bond，1988；郑红娥，2006；张梦霞，2010），结合访谈结果，农村居民消费价值观量表从实用理性、面子形象、中庸取向、家庭情感、舒服享受和独立发展等方面进行设计。在访谈结果的基础上，农村居民旅游感知价值量表从功能价值（具体价值）、功能价值（抽象价值）、社会价值、情感价值与成本价值等方面进行设计，并修改了两个量表的表述以适合开展农村居民旅游消费行为调研。据此，初步构建了农村居民消费价值观和旅游感知价值量表，共获得了 32 条消费价值观初始条目和 34 条旅游感知价值初始条目（附录 B.1 和附录 B.2）。

农村居民旅游消费行为价值观量表条目反映了价值取向的多维性，体现了传统文化情境和社会转型背景。总之，通过访谈资料与文献资料的整理与分析，建立了较全面的农村居民消费价值观与旅游感知价值条目库，供进一步测试与检验使用。

（二）量表提纯与测试

为了检验量表设计的合理性，首先利用初始问卷进行小规模预调研，目的在于评估初始问卷的质量，提纯和修订初始题项，提高调查问卷的信度和效度，获得用于正式调研的农村居民消费价值观与旅游感知价值量表。

在苏州、常州、无锡各选择 2 个乡村进行问卷测试，每个乡村发放问卷 30 份，共发放 180 份问卷。抽样时主要考虑年龄、教育、收入、职业和乡村类型等人口统计特征。根据第四章提出的筛选原则，筛选后保留有效问卷 125 份，有效问卷回收率为 69.4%。参考潘煜等（2014）对中国消费者价值观量表提纯的程序，农村居民消费价值观与旅游感知价值量表提纯与测试如下：

首先，对问卷进行信度检验。利用信度系数（Cronbach's α）判断量表整体可靠性。数据分析结果显示，消费价值观量表的 Cronbach's α 值为 0.752（>0.70），旅游感知价值量表的 Cronbach's α 值为 0.785，表明消费价值观与旅游感知价值量表的总体信度较高，量表整体可以接受。进一步考察量表校正的条目总体相关性（CITC），若该题项的 CITC 系数低于 0.5，将被删除。从 CITC 最小值题项开始，逐一删除并重新检验新量表的 Cronbach's α 值和余下各条目的 CITC 系数。消费价值观量表在删除 4 个题项之后，量表的 Cronbach's α 值由 0.752 上升到 0.815，剩余题项 CITC 值大于 0.5。旅游感知价值量表在删除 7 个题项之后，Cronbach's α 值由 0.785 上升到 0.823，剩余题项 CITC 值大于 0.5。相应地，农村居民消费价值观与旅游感知价值量表的题项分别减至 28 题和 27 题。

其次，运用主成分分析法和方差极大正交旋转法对各变量结构进行探索性因子分析。根据以下原则保留题项：1）特征根大于 1；2）共同度大于 0.5；3）因素载荷值不小于 0.4，且相差超过 0.2。经过多轮因子分析，消费价值观和旅游感知价值量表分别删除 4 个和 7 个题项后，得到具备较好区分性的因子结构。由此，修订后的农村居民消费价值观与旅游感知价值量表分别包含 24 个题项和 20 个题项。

最后，根据专家意见和被调查者的反馈结果，修正了部分题项的语言表述，提高题项表述的清晰性和准确性，改善量表的内容效度，以更适合农村居民旅游消费调查情境。最终，通过预调研提高了初始量表的质量，获得了包含 24 个题项的消费价值观量表和 20 个题项的旅游感知价值量表，在此基础上，编制调研问卷（附录 A.2）。

第三节　农村居民旅游消费行为价值取向量表检验

一、数据来源与量表检验

（一）样本调研与数据来源

正式调研对象仍是苏南农村家庭，共发放问卷 500 份，回收问卷 455 份，根据预调研时无效问卷删除的原则，删除无效问卷 40 份，最终收集有效问卷 405 份，有效问卷回收率为 81%。调研区域是苏州、无锡和常州三市的 18 个村落，调研时间是 2014 年 7～8 月。表 6-4 是调研样本农户的基本特征，与上一轮相比，样本结构特征较为类似。

表 6-4　调研样本家庭的基本特征（第二轮）

项目	分类	样本	比例/%	项目	分类	样本	比例/%
性别	男性	224	58	耕地	有	165	42.6
	女性	162	42		否	222	57.4
年龄	30 岁以下	69	20.1	受教育程度	小学及以下	47	12.1
	31～40 岁	85	24.7		初中	119	30.5
	41～50 岁	143	41.6		高中（中专技校）	94	24.1
	51～60 岁	61	17.7		大专	67	17.2
	60 岁以上	26	7.6		本科及以上	63	16.2
家庭人口	2 人	37	9.9	乡村类型	现代村	104	27.3
	3 人	110	29.3		整治村	130	34.1
	4 人	81	21.6		传统村	147	38.6
	5 人及以上	147	39.2				
家庭总收入	3 万元以下	32	8.8	收入来源	兼业户（纯农户）	36	10.0
	3 万～5 万元	66	18.1		上班（打工）户	215	59.9
	5 万～7 万元	81	22.3		管理户	104	29.0
	7 万～9 万元	86	23.6		退休在家	36	10.0
	9 万元以上	119	32.7				

注：总样本数量 405 份，但各题项存在缺失值，所以每个题项的总和不等于 405 份。

如果样本量够大的话，探索性因子和验证性因子的分析数据可以在同一样本进行（Tabachnick and Fidell，2001）。因子分析对样本规模有一定要求，不同学者提出了不同标准，但样本量应是测量条款数量的 3～5 倍，且样本量至少为 200 个以上，才能确保因子分析得到可靠的结果（张文彤，2004；王庆娟和张金成，2012）。本节将有效问卷随机折半，先利用其中的 202 份问卷数据进行探索性因子分析（EFA），以探测农村居民旅游消费行为价值取向的内在结构；再用另外 203 份问卷数据进行验证性因子分析（CFA），检验由探索性因子分析获得的构想模型对实际数据的拟合程度。消费价值观测量条款为 24 个，旅游感知价值测量条款为 20 个，满足样本数量和题项数量的比率大于 5∶1 的基本要求。

（二）探索性因子分析

首先对数据进行 Bartlett 球形检验和 KMO 度量，目的是提炼最有代表性的度量因子，保证最终量表的可行性和有效性。表 6-5 显示，消费价值观量表的 Bartlett 球形检验值为 2344.386，显著性水平 p 值小于 0.001，KMO 度量为 0.814（>0.70）；旅游感知价值量表的 Bartlett 球形检验值为 2891.744，p 值小于 0.001，KMO 度量为 0.899。表明消费价值观与旅游感知价值因子分析的结果能很好地解释变量之间的关系，可能存在共享潜在因子，可以进行探索性因子分析。

表 6-5　KMO 和 Bartlett 球形检验

量表	KMO	Bartlett 球形检验		
		Approx. Chi-Square	*df*	Sig.
消费价值观	0.814	2344.386	276	0.000
旅游感知价值	0.899	2891.744	190	0.000

1. 旅游消费价值观量表探索性因子分析

根据问卷预测试时规定的信度检验准则，删除了 13 个原始项目，提取 4 个特征根大于 1 的因子，最终剩余 11 个题项较好地分布于各个因子之中，这 4 个因子构建的度量结构解释了 70.841%的方差（表 6-6），且因子条目分布合理，每个条目在相应因子上的负荷较高。

表 6-6　旅游消费价值观因素载荷表

题目	共同度	因子载荷			
		因子 1：独立发展	因子 2：物质享受	因子 3：面子形象	因子 4：家庭情感
V5 注重形象	0.736			0.838	
V6 身份地位	0.807			0.845	
V7 面子关系	0.560			0.622	
V15 家庭幸福	0.789				0.829
V16 望子成龙	0.836				0.900
V17 享受生活	0.655		0.774		
V18 追求时尚	0.718		0.826		
V20 物质幸福	0.602		0.723		
V21 独立生活	0.736	0.823			

续表

题目	共同度	因子载荷			
		因子 1：独立发展	因子 2：物质享受	因子 3：面子形象	因子 4：家庭情感
V22 个人发展	0.702	0.817			
V23 社会平等	0.652	0.763			
特征根		3.464	1.970	1.222	1.137
方差解释量（累计解释 70.841%）		31.487	17.910	11.110	10.334

从信度系数、条目与总体相关检验、删除该条目后信度系数的变化三个方面对 4 个因子进行了条目分析和信度分析。表 6-7 的结果显示，消费价值观 4 个维度的信度系数在 0.725～0.779，全部大于 0.7，各个因子内部一致性信度较好。结合变量相关系数分析（CITC）来评价量表的收敛度，删除该项目后的信度系数都没有增加。上述检验显示旅游消费价值观量表的内部一致性、可靠性和稳定性比较理想，表明旅游情境下农村居民消费价值观问卷的结构探索可以接受。

表 6-7　旅游消费价值观的条目和信度分析

题目	CITC	删除后信度系数	题目	CITC	删除后信度系数
因子 1：独立发展（Cronbach's α=0.765）			因子 3：面子形象（Cronbach's α=0.725）		
V21 独立生活	0.610	0.678	V5 注重形象	0.497	0.707
V22 个人发展	0.617	0.671	V6 身份地位	0.697	0.440
V23 社会平等	0.579	0.706	V7 面子关系	0.510	0.723
因子 2：物质享受（Cronbach's α=0.733）			因子 4：家庭情感（Cronbach's α=0.779）		
V17 享受生活	0.536	0.672	V15 家庭幸福	0.638	—
V18 追求时尚	0.601	0.594	V16 望子成龙	0.638	—
V20 物质幸福	0.536	0.673			

因子 1 包含 3 个题项，表达独立生活、个人发展和社会平等的价值观念，命名为“独立发展”；因子 2 包含 3 个题项，涉及对生活、时尚与金钱的看法，命名为“物质享受”；因子 3 包含 3 个题项，其内容是对形象、地位和面子等中国传统观念的态度，命名为“面子形象”；因子 4 包含 2 个题项，内容涉及对家庭幸福、子女教育的看法与态度，命名为“家庭情感”。因而，旅游情境下农村居民消费价值观结构由独立发展、物质享受、面子形象和家庭情感 4 个维度构成。赵保国和刘勇（2013）提炼了农村居民消费价值目标的 4 个维度：勤俭节约、面子地位、新潮时尚和情感需求，这与本书提炼的旅游情境下农村居民消费价值观具有一致

性，物质享受、面子形象、家庭情感 3 个维度较为类似，而勤俭节约维度在本量表中没有体现，被独立发展维度替代，这也体现了农村居民旅游消费价值观的独特结构。

2. 旅游感知价值量表探索性因子分析

根据以上原则，删除 6 个原始项目，提取 4 个特征根大于 1 的因子，这 4 个因子构建的度量结构解释了 71.667%的方差（表 6-8），最终剩余 14 个题项，4 个因子条目分布合理，且每个条目在相应因子上的负荷较高。

表 6-8　旅游感知价值因素载荷表

题目	共同度	因子载荷			
		因子 1：成本价值	因子 2：情感价值	因子 3：社会价值	因子 4：景观价值
P1 山水景观	0.708				0.773
P2 城市风光	0.751				0.830
P3 文化民俗	0.772				0.811
P7 生活体验	0.619		0.710		
P8 子女发展	0.763		0.837		
P9 家庭感情	0.744		0.831		
P10 孝顺父母	0.594		0.698		
P13 提升形象	0.723			0.810	
P14 感受羡慕	0.819			0.886	
P16 面子身份	0.769			0.835	
P17 经济成本	0.623	0.728			
P18 精力成本	0.716	0.809			
P19 时间成本	0.791	0.837			
P20 总体成本	0.640	0.731			
特征根		5.462	2.053	1.342	1.177
方差解释量（累计解释 71.667%）		39.013	14.661	9.588	8.405

表 6-9 显示，旅游感知价值问卷各维度的内部一致性系数在 0.816～0.847，CITC 值显示各维度内项目得分与总分之间也具有较高的相关性；此外，当删除各维度内的某个题目后，并未使该维度的信度系数得以提升。检验显示旅游感知价值量表的内部一致性、可靠性和稳定性比较理想，表明农村居民旅游感知价值问卷的结构探索可以接受。

表 6-9　旅游感知价值的条目和信度分析

题目	CITC	删除后信度系数	题目	CITC	删除后信度系数
因子 1：成本价值（Cronbach's α=0.847）			因子 2：情感价值（Cronbach's α=0.829）		
P17 经济成本	0.638	0.830	P7 生活体验	0.602	0.809
P18 精力成本	0.695	0.801	P8 子女发展	0.736	0.751
P19 时间成本	0.773	0.766	P9 家庭感情	0.701	0.764
P20 总体成本	0.648	0.822	P10 孝顺父母	0.596	0.814
因子 3：社会价值（Cronbach's α=0.846）			因子 4：景观价值（Cronbach's α=0.816）		
P13 提升形象	0.669	0.829	P1 山水景观	0.651	0.763
P14 感受羡慕	0.767	0.732	P2 城市风光	0.655	0.767
P16 面子身份	0.713	0.787	P3 文化民俗	0.708	0.714

因子 1 包括 4 个项目，主要反映农村居民对旅游消费所得与所失感知的比较，内容涉及金钱、精力、时间等，命名为“成本价值”；因子 2 有 4 个项目，内容包括旅游消费所感知的生活体验、子女发展、家庭情感和孝顺父母等价值，命名为“情感价值”；因子 3 包括 3 个项目，反映旅游消费能提升外在形象，感受羡慕，有身份和面子，命名为“社会价值”；因子 4 包括 3 个项目，反映旅游消费中感知到的山水景观、城市风光和文化民俗等具体价值，命名为“景观价值”。因而，农村居民旅游感知价值结构由成本价值、情感价值、社会价值和景观价值 4 个维度构成，这 4 个维度也是被学者认同度较高的旅游感知价值维度。

（三）验证性因子分析

运用 SEM 进行验证性因子分析，检验旅游消费价值观与旅游感知价值量表结构效度。

1. 旅游消费价值观量表验证性因子分析

以探索性因子分析得出的四因素模型为原始模型，即 M1：一阶四因子模型，假设家庭情感、物质享受、独立发展和面子形象为 4 个一阶因子（图 6-4）。在此基础上，设定 2 个备择模型，M2：一阶单因子模型，假设 11 个题项拥有共同潜变量——旅游情境下的农村居民消费价值观；M3：一阶双因子模型，假设物质享受和面子形象 6 个题项拥有共同的潜变量——传统性价值观，家庭情感和独立发展 5 个题项拥有共同的潜变量——现代性价值观，以检验旅游情境下农村居民是否有相对独立的传统价值观与现代价值观。

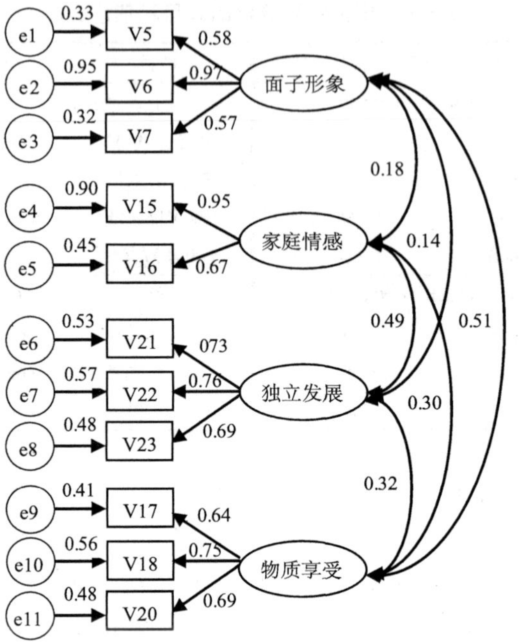

图 6-4　旅游消费价值观结构模型路径系数

表 6-10 显示了各模型的拟合优度指标，对比各个模型，在一阶验证性因子各模型中，M1 的各拟合指标均达到良好水平，且各项指标明显优于 M2、M3。图 6-4 显示，M1 模型中各题项的标准化负荷量在 0.57～0.97，且 t 值在 0.001 水平上显著。而 M2 和 M3 大部分拟合指标没有达到要求，显示旅游情境下没有统一的消费价值观和相对独立的传统/现代价值观。总之，旅游情境下农村居民旅游消费价值观具有良好的结构效度。

表 6-10　旅游消费价值观模型的拟合优度指标

整体模型拟合度	绝对适配度指标					增值适配度指标			简要拟合度	
	χ^2/df	GFI	RMSEA	AGFI	RMR	NFI	IFI	CFI	PNFI	PGFI
参考值标准	1～3	≥0.90	≤0.08	≥0.90	≤0.05	≥0.90	≥0.90	≥0.90	≤1	≤1
M1：一阶四因子	2.378	0.949	0.068	0.911	0.037	0.912	0.947	0.946	0.63	0.546
M2：一阶单因子	12.473	0.714	0.198	0.571	0.080	0.463	0.484	0.478	0.371	0.476
M3：一阶双因子	7.455	0.828	0.148	0.736	0.064	0.686	0.717	0.713	0.537	0.539

2. 旅游感知价值量表验证性因子分析

以探索性因子分析得出的一阶四因子模型为原始模型，假设情感价值、社会价值、景观价值和成本价值为四个一阶因子（设定的备择模型各项拟合指标没有达到要求，故没有列出）。表 6-11 显示了农村居民旅游感知价值模型的拟合结果，模型的各拟合指标均达到良好水平。

表 6-11　旅游感知价值模型的拟合优度指标

整体模型拟合度	绝对适配度指标					增值适配度指标			简要拟合度	
	χ^2/df	GFI	RMSEA	AGFI	RMR	NFI	IFI	CFI	PNFI	PGFI
M1：一阶四因子	1.979	0.939	0.058	0.909	0.030	0.930	0.964	0.964	0.726	0.635

图 6-5 显示了模型中各题项标准化负荷量在 0.68～0.87，且 t 值在 0.001 水平上显著。总之，农村居民旅游感知价值量表具有良好的结构效度。

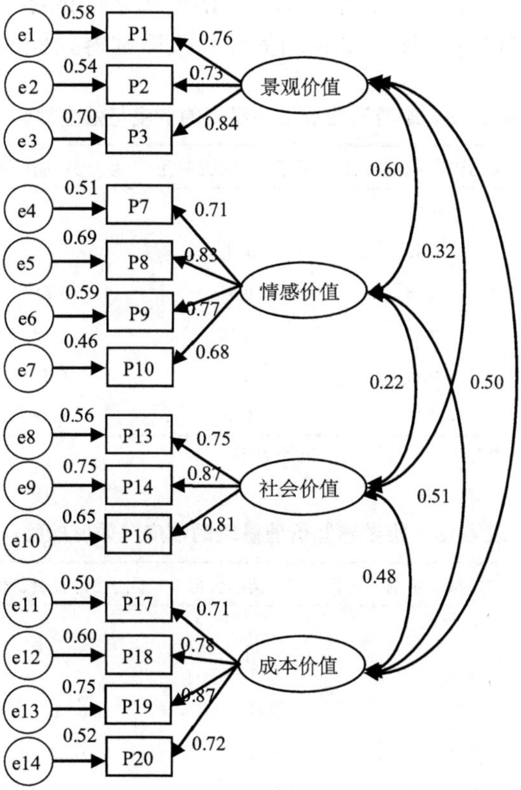

图 6-5　旅游感知价值结构模型路径系数

（四）信度和效度分析

对量表信度的评估主要包括两个层面：量表整体信度和潜变量信度。对量表整体信度的检验采用 Cronbach's α 值。对潜变量信度的检验分别采用潜变量 Cronbach's α 值和组合信度 CR（composite reliability）两个指标。农村居民旅游消费价值观和旅游感知价值的整体 Cronbach's α 值分别为 0.777、0.871，各维度内部一致性信度系数都大于 0.7，表明旅游消费价值观与旅游感知价值量表整体可靠。表 6-12 和表 6-13 显示，农村居民旅游消费价值观组合信度 CR 值在 0.74～0.80，旅游感知价值 CR 值在 0.82～0.85，均超过可接受标准，量表通过信度检验。

旅游消费价值观的 AVE 值除物质享受维度略低于 0.5 以外，其他变量均大于 0.5，旅游感知价值量表的 AVE 值均在 0.56～0.66，显示出两个量表具有良好的收敛效度。此外，潜变量 AVE 的平方根均大于潜变量之间的相关系数，表明该量表的潜在结构有较好的区分效度，量表的信度和效度都得到保证。

表 6-12　旅游消费价值观量表的信度与效度检验

	因子 1：独立发展	因子 2：物质享受	因子 3：面子形象	因子 4：家庭情感
因子 1：独立发展	0.73*			
因子 2：物质享受	0.32	0.70*		
因子 3：面子形象	0.14	0.51	0.73*	
因子 4：家庭情感	0.49	0.30	0.18	0.82*
CR 值	0.77	0.74	0.77	0.80
AVE 值	0.53	0.48	0.54	0.68

*表示变量相关系数矩阵中对角线上的值是 AVE 平方根。

表 6-13　旅游感知价值量表的信度与效度检验

	因子 1：成本价值	因子 2：情感价值	因子 3：社会价值	因子 4：景观价值
因子 1：成本价值	0.77*			
因子 2：情感价值	0.51	0.75*		
因子 3：社会价值	0.48	0.22	0.81*	
因子 4：景观价值	0.50	0.60	0.32	0.61*
CR 值	0.85	0.84	0.85	0.82
AVE 值	0.59	0.56	0.66	0.61

*表示变量相关系数矩阵中对角线上的值是 AVE 平方根。

二、价值取向与旅游消费行为关系拟合

首先对农村居民旅游感知价值与旅游行为意向进行验证与关联路径分析，再对消费价值观、旅游感知价值与旅游消费行为关系进行拟合。

（一）旅游认知、感知价值与旅游行为意向

大量研究显示，感知价值是旅游者满意度的前置变量，并直接导致旅游消费行为意向，而感知价值来源于旅游者对旅游消费产品的认知和评价。白凯等(2010)以西安入境旅游者为实例，研究得到旅游者认知、感知价值与旅游者行为意向呈正相关关系，支持了体验观点中的“认知—感动—行为”的研究范例，可以较好地判断旅游者感知价值的来源路径，预测旅游者行为意向。本章经过探索性和验证性因子分析，得到农村居民旅游感知价值由 4 个维度构成：成本价值、情感价值、社会价值和景观价值。感知价值是对旅游消费产品属性认知评价的结果，形成不同的农村居民感知价值取向，进而产生旅游行为意向。农村居民对旅游行为认知、感知价值与行为意向关系的研究，可以判断引发农村居民旅游感知价值与旅游行为意向的基础变量。

以旅游者感知属性即认知对象为基础实测变量，旅游者感知价值为一阶潜变量，旅游者行为意向为二阶潜变量。SEM 对一阶潜变量生成的二阶潜变量限制为单一维度构成，因而将旅游消费行为意向的测度设定为单一维度，并和农村居民旅游感知价值的 4 个维度进行关联路径分析。运用 AMOS 18.0 进行假设模型验证及关联性路径分析，参数估计使用最大似然法。农村居民旅游感知价值的二阶验证模型结果较为理想（表 6-14），说明农村居民旅游感知价值各维度可以汇聚到一个更高阶的因子，即假定的旅游消费行为意图因子上，统领农村居民旅游感知价值的各维度。

表 6-14　二阶验证性模型的拟合优度指标

模型拟合度	绝对适配度指标					增值适配度指标			简要拟合度指标	
	χ^2/df	GFI	RMSEA	AGFI	RMR	NFI	IFI	CFI	PNFI	PGFI
消费价值观	3.087	0.926	0.084	0.878	0.044	0.879	0.915	0.914	0.639	0.561
旅游感知价值	2.199	0.929	0.064	0.898	0.040	0.920	0.955	0.954	0.738	0.646

表 6-15 显示了结构方程的基础实测变量和测试潜变量之间的关系均通过 t 检验，拟合模型在 0.01 水平上显著，说明各变量之间具有较好的收敛效度。复平方

相关系数即 R^2 为检验信度的标准，取值为 $R^2>0.3$（白凯等，2010）。结构模型相关系数表明，一阶模型假设变量的 R^2 值均在 0.3 以上。二阶模型中，社会价值的 $R^2=0.222<0.3$，显示农村居民对社会价值的感知程度较弱。图 6-6 显示了相关路径系数。

表 6-15　基础变量和一阶、二阶潜变量的结构方程拟合效果

基础实测变量 旅游认知评价	一阶潜变量 旅游感知价值	基础实测量变量→一阶潜变量		一阶潜变量→二阶潜变量	
		R^2	路径系数	R^2	路径系数
P1 山水景观	景观价值	0.573	0.757	0.543	0.737
P2 城市风光		0.551	0.742		
P3 文化民俗		0.691	0.831		
P7 生活体验	情感价值	0.501	0.708	0.514	0.717
P8 子女发展		0.680	0.825		
P9 家庭感情		0.595	0.771		
P10 孝顺父母		0.469	0.685		
P13 提升形象	社会价值	0.559	0.748	0.222	0.471
P14 感受羡慕		0.766	0.875		
P16 面子身份		0.640	0.800		
P17 经济成本	成本价值	0.427	0.653	0.545	0.738
P18 精力成本		0.603	0.776		
P19 时间成本		0.751	0.867		
P20 总体成本		0.566	0.717		

（1）景观价值。模型检验结果显示，山水景观、城市风光和文化民俗是农村居民对景观价值感知的主要来源，路径系数分别为 0.757、0.742、0.831，都是高度正相关关系，反映了农村居民偏好这三类旅游产品。路径系数值显示，农村居民对文化民俗景观的认知价值更强，苏南乡村城镇化程度较高，相对于传统农民喜欢的都市风光和山水景观，其旅游消费倾向更趋向文化型景观。

（2）情感价值。农村居民对生活体验、子女发展、家庭感情和孝顺父母的认知评价与旅游情感价值取向密切相关，其路径系数分别为 0.708、0.825、0.771、0.685。在这 4 个基础实测指标中，系数显示农村居民旅游情感价值取向具有“重小轻老”倾向，“孝顺父母”的路径系数相对较低，而“子女发展”的系数最高，显示农村居民对旅游消费与子女发展关系的价值认知程度强于与孝顺父母的关系，而对生活体验和家庭感情的认知评价相对居中。

（3）社会价值。提升形象、感受羡慕和面子身份 3 个基础实测变量的路径系数分别为 0.748、0.875、0.800，农村居民感知旅游的社会价值与这三个基础变量高度正相关，传统面子观对旅游社会价值的认知评价有显著影响，面子身份对旅游社会价值感知具有较高的解释力度，但这 3 个实测变量的均值仅为 2.96，反映了农村居民对旅游社会价值的认可度并不高。

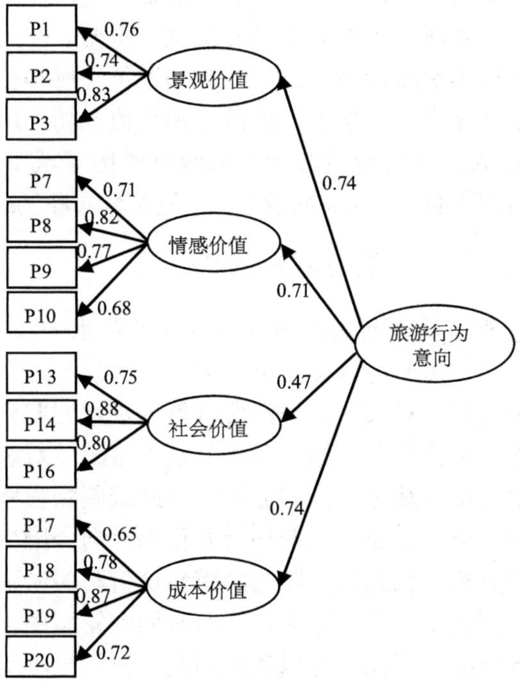

图 6-6　旅游者认知、感知价值与行为意向路径检验

（4）成本价值。经济成本、精力成本、时间成本和总体成本的认知评价路径系数分别为 0.653、0.776、0.867 和 0.717，且因子分析显示，成本价值解释力度最强，能解释 39%的方差变异量。中国传统节俭、实用的消费观对农村居民旅游消费有较大影响，在 4 个成本价值认知评价中，农村居民对经济成本认知评价最低，而对时间成本认知度最高，精力成本和总体成本位居两者之间，相对于农村居民收入，旅游消费相对较高，所得利益较低，而时间对农村居民较为充裕，所失较低，比较而言，经济成本认知评价较低，而时间成本认知评价较高。

（5）感知价值与旅游行为意向。从一阶潜变量和二阶潜变量结构方程拟合结果看，假设的构成关系和维度之间均存在明显的正相关关系，除了社会价值的复相关系数和路径系数相对较低外，其他检测指标都通过检验。景观价值和成本价值的认知程度基本一致，相关路径系数达 0.74。其次是情感价值，其与旅游行为意向的路径系数为 0.71。景观价值、成本价值和情感价值的路径系数都大于 0.7，为高度正相关关系，显示了这三个价值对农村居民旅游行为意向起主导作用。社会价值感知和旅游行为意向的相关路径系数为 0.47，在传统面子观念的影响下，农村居民对旅游行为的认知与中国传统面子观不相匹配，较多农村居民认为旅游消费并不是一件有面子的行为，对旅游行为意向起到了一定的约束作用。加强农村居民对旅游消费价值的认知，尤其是将旅游消费价值取向融入中国传统社会文化价值观体系中，这对农村居民旅游市场开发尤其重要。

研究显示，农村居民对旅游消费行为的认知评价、感知价值与旅游行为意向呈正相关关系，旅游认知水平的增加，旅游感知价值也随之增加，旅游行为意向也越强烈。农村居民旅游消费价值观的二阶验证性因子模型拟合效果不甚理想（表 6-14），说明旅游情境下的农村居民旅游消费价值观难以聚合成统一的价值观概念。

（二）价值观、感知价值与旅游消费行为

采用多元回归分析方法判断旅游消费行为（消费水平和行为意向）、所期望的消费结果（旅游感知价值）与终极状态（消费价值观）之间的联系。第一步，以旅游感知价值为因变量，对农村居民消费价值观进行回归分析，以此来判断不同旅游感知价值的终极价值取向。第二步，分别以旅游花费和旅游行为意向为因变量，对农村居民消费价值观进行回归分析，以此来判断哪些终极目标会影响旅游消费行为；第三步，分别以旅游花费和旅游行为意向为因变量，对农村居民旅游感知价值进行回归分析，以此来判断旅游感知价值与旅游消费行为关系。每项回归分析中，还考虑到多重共线性影响，在所有回归模型中，没有自变量的膨胀因子超过 5.0 的临界标准，因此，可以认为回归分析结果不受多重共线性干扰，回归系数可以正确反映自变量和因变量的关系。回归结果如表 6-16 所示。

表 6-16　旅游价值取向与旅游消费行为的回归分析结果

价值取向	旅游感知价值				旅游花费		旅游行为意向	
	成本价值	情感价值	社会价值	景观价值	（1）	（2）	（1）	（2）
独立发展	0.254***	0.339***	–0.110*	0.242***	0.018		0.179***	
物质享受	0.291***	0.100*	0.409***	0.169***	0.117*		0.201***	
面子形象	–0.035	0.056	0.181***	–0.033	0.144**		0.081	
家庭情感	0.106***	0.275***	–0.015	0.170***	–0.061		0.089*	
成本价值						0.106***		0.212***
情感价值						0.146***		0.104***
社会价值						0.065*		–0.114***
景观价值						0.102**		0.116***
R^2	0.224	0.322	0.238	0.174	0.045	0.067	0.098	0.064
调整 R^2	0.213	0.313	0.227	0.163	0.032	0.061	0.086	0.057
模型 F 值	20.884***	34.499***	22.644***	15.312***	3.443***	11.480***	7.855***	10.010***

注：系数全部为标准化回归系数；***、**、*分别表示在 1%、5%和 10%水平上显著。

根据回归系数的正负与显著性水平，对旅游情境下农村居民消费价值观、旅游感知价值与旅游消费行为3个层面变量之间的关系进行了可视化描述。其中，变量之间的回归系数小于零用虚线表示，大于零用实线表示。同时，变量连线的粗细程度表示不同的显著性水平。由此，得到了苏南地区农村居民消费价值观与旅游感知价值的层次结构（图6-7）。

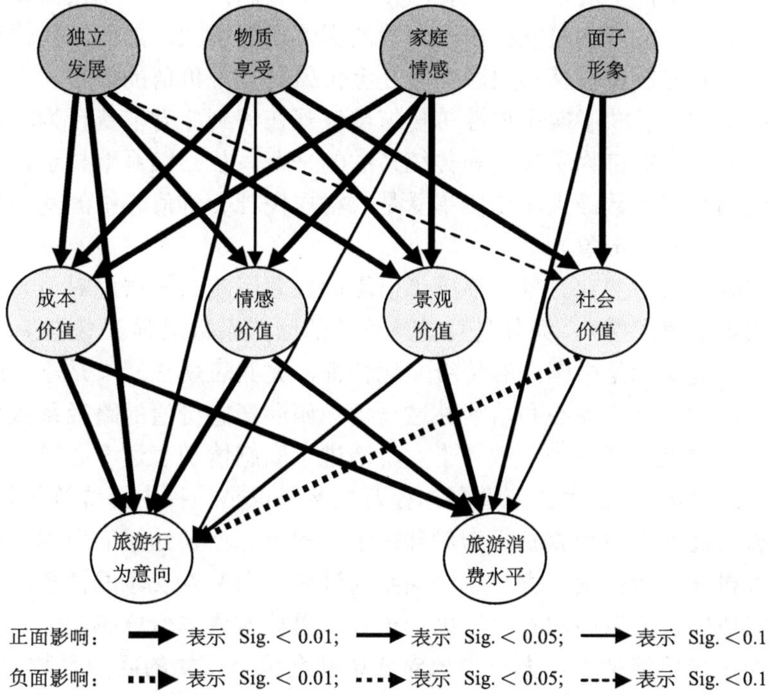

图6-7　旅游价值取向与旅游消费行为的结构关系

表6-16和图6-7显示，对于苏南农村居民来说，消费价值观的4个维度、旅游感知价值的4个维度与旅游消费行为都有不同程度的关系。价值观渗透在旅游消费中并引导和规范农村居民的旅游消费行为，形成了差异化的行为方式。如果旅游情境下农村居民消费价值观能较准确描述内心渴望的终极状态，意味着能解释农村居民为什么进行旅游消费，并期望通过旅游消费结果（感知价值）达到期望的终极状态。

（1）独立发展消费观。在4种消费价值观中，独立发展价值取向对成本价值、情感价值和景观价值的回归系数分别为0.254、0.339和0.242，且都在0.01水平上显著。独立发展价值观融合了传统文化的进取精神和现代社会的独立平等理念，一方面反映了传统文化的约束和引导，另一方面也显示了随着现代家庭结构的改变，传统文化价值结构逐渐淡化，农村居民开始追寻包括旅游消费在内的现代生活方式，并通过类似旅游消费的生活方式发展和完善自己。农村居民自助游日益增多，也在一定程度上显示了独立进取的价值取向日益增强。持有独立进取价值取向的农村居民对旅游社会价值感知有一定的负面影响，说明难以通过旅游行为感知社会价值达到独立进取的价值诉求。

（2）物质享受消费观。苏南农村城镇化水平较高，受城市现代消费方式影响较大，西方消费主义观念对农村居民消费的影响日趋增大。然而，在传统消费习惯的影响下，农村居民在感知旅游消费社会价值与景观价值的同时，也注重旅游成本价值的感知，反映了实用理性等传统价值观在评判旅游消费行为时也起到重要的作用，并努力保持物质享受和传统禁欲的平衡。从回归系数显示，物质享受与社会价值的回归系数最大，物质享受是农村居民社会价值感知的两个最终目的之一（另一个是面子形象）。

（3）家庭情感消费观。家庭情感价值取向显著影响农村居民对情感价值、景观价值和成本价值的感知，尤其是与情感价值的回归系数最强。“尊老爱幼”和“望子成龙”等家庭观念是中国人的传统文化特征，尤其表现在子女是家庭的重心和家族的希望，对子女的关心和培养胜过一切。旅游情感价值的路径系数显示，农村居民期望通过旅游消费培养教育子女、增进家庭感情和表达孝心等，以达到家庭幸福和谐的价值诉求。“读万卷书，行万里路”也是一种中国传统的教育观念，随着农村居民逐渐意识到旅游行为对开拓子女视野、增长知识的作用，旅游消费也日渐被农村居民所接受。农村居民期望通过旅游消费实现家庭情感的归宿，同时持有家庭情感价值取向的农村居民，也较注重旅游成本价值感知。

（4）面子形象消费观。面子形象对旅游社会价值感知的回归系数为 0.181，且在 0.01 水平上显著，而与其他旅游感知价值维度的回归系数都不显著，显示农村居民并没有期望能通过旅游消费达到面子形象的最终目的。旅游社会价值感知主要受面子形象和物质享受价值取向的驱动，然而，农村居民对旅游消费的社会价值认同度不高，在身份匹配观的作用下，当消费对象与身份不匹配时，将降低消费者对消费对象的消费认同，表现在社会价值感知对旅游行为意向具有显著的负面效应，而在旅游消费情境中，在“隐我-显我”结构机理作用下（徐冰，2005），传统面子观对农村居民旅游消费水平反而有显著的积极影响。

总之，旅游消费行为受农村居民不同消费价值观的驱动，独立发展、物质享受和家庭情感等消费观对旅游感知价值影响效应较强，对旅游消费行为也起着积极的作用，而旅游社会价值感知与物质享受、面子形象价值观拟合较好，对旅游行为意向具有负面影响。

第四节　农村居民旅游消费行为价值取向结构与特点

先描述和总结农村居民旅游消费行为价值取向的基本特征，再归纳和提炼价值取向的结构与特点。

一、价值取向的特征与比较

（一）基本特征

运用均值分析法分析农村居民消费价值观与旅游感知价值的特征。根据各维度均值排名，表 6-17 显示，消费价值观排序依次是独立发展、家庭情感、物质享受和面子形象，旅游感知价值排序依次为情感价值、景观价值、成本价值和社会价值。农村居民旅游消费行为的终极价值取向更为注重独立发展和家庭情感，其次是物质享受和面子形象；在农村居民旅游感知价值取向中，情感价值感知最为强烈，其次是景观价值感知和成本价值感知，而社会价值感知程度较弱。

表 6-17　旅游消费行为价值取向的均值比较

消费价值观	极小值	极大值	均值	标准差	旅游感知价值	极小值	极大值	均值	标准差
独立发展	1.33	5.00	4.20	0.52	情感价值	1.25	5.00	4.19	0.56
家庭情感	1.00	5.00	3.91	0.63	景观价值	1.33	5.00	3.92	0.58
物质享受	1.00	5.00	3.33	0.78	成本价值	1.75	5.00	3.77	0.62
面子形象	1.00	5.00	3.28	0.66	社会价值	1.00	5.00	2.96	0.86

此外，根据因子分析结果，分别将消费价值观与旅游感知价值四个维度转换为 1～100 分的标准分值。表 6-18 显示了转换后因子的得分情况。

表 6-18　旅游消费行为价值取向的百分值

消费价值观	百分值	旅游感知价值	百分值
独立发展	78.52	成本价值	62.49
物质享受	58.69	情感价值	78.59
面子形象	57.34	社会价值	49.58
家庭情感	72.94	景观价值	70.76

在消费价值观的四个因子中，独立发展价值取向的得分值最高（78.52 分），其次是家庭情感价值取向，得分为 72.94，这两个价值取向都高于 70 分，说明农村居民更期望通过旅游消费达到个人和家庭发展的终极目的，对旅游消费行为的

引导性和规范性也更强。物质享受、面子形象的得分都略低于 60 分，显示了物质享受和面子形象的价值取向在旅游消费行为中的认可度不高，对旅游行为的解释力度较弱。在旅游感知价值的四个因子中，情感价值评价最高，分数达到 78.59 分，其次是景观价值，达到 70.76 分，成本价值为 62.49 分，而社会价值感知分数仅为 49.58 分，说明情感价值是农村居民旅游消费期望达到的首要结果，其次是景观价值和成本价值，而对旅游消费的社会价值感知并不明显。

表 6-19 是对表 6-17 相邻维度进行均值差异的 *t* 检验，结果显示，除了物质享受和面子形象不存在显著差异外，其他不同价值取向维度均存在显著差异。物质享受和面子形象差异不显著，这与两种价值取向相互渗透有较大关系：旅游消费可能获得敬重和赞美，满足个人需要，获得心理享受，同时顺应消费者对面子和形象的追求。

表 6-19　旅游消费行为价值取向的结构因素间差异 *t* 检验

消费价值观维度间	差异值	*t* 值	旅游感知价值维度间	差异值	*t* 值
独立发展—家庭情感	0.297***	7.879	情感价值—景观价值	0.273***	8.206
家庭情感—物质享受	0.576***	11.326	景观价值—成本价值	0.148***	3.958
物质享受—面子形象	0.054	1.157	成本价值—社会价值	0.806***	16.933

注：***表示在 1%水平上显著。

（二）价值取向比较

基于研究成果，将家庭收入分成 7 万元以下和 7 万元及以上两组，将文化程度分成高中及以上与初中及以下两组，采用独立样本 *t* 检验对农村居民旅游消费行为价值取向进行比较。表 6-20 是比较结果。

表 6-20　家庭收入、受教育程度与旅游消费行为价值取向差异

价值取向	家庭收入				受教育程度			
	低收入	高收入	*t* 值	Sig.	低学历	高学历	*t* 值	Sig.
独立发展	4.19	4.21	−0.31	0.76	4.12	4.27	−2.49	0.01
家庭情感	3.82	3.99	−2.33	0.02	3.84	3.95	−1.53	0.13
物质享受	3.20	3.44	−2.54	0.01	3.19	3.42	−2.49	0.01
面子形象	3.22	3.31	−1.14	0.26	3.24	3.29	−0.55	0.58
情感价值	4.12	4.23	−1.67	0.10	4.11	4.25	−2.07	0.04
景观价值	3.83	4.00	−2.49	0.01	3.84	3.98	−2.03	0.04
成本价值	3.67	3.85	−2.45	0.02	3.71	3.82	−1.41	0.16
社会价值	2.87	3.04	−1.63	0.11	2.93	2.99	−0.62	0.53

高收入农村家庭旅游消费行为价值取向的均值都高于低收入家庭，且 t 检验显示在家庭情感、物质享受、景观价值和成本价值维度上存在显著差异。同样，较高文化程度家庭的旅游价值取向均值都高于较低文化家庭，且在独立发展、物质享受、情感价值和景观价值上存在显著差异。一般而言，高学历家庭受传统消费观念制约较弱，更易接受旅游消费这类新兴消费行为，旅游情感价值和景观价值感知程度显著高于低学历家庭，注重追求个体的独立发展和物质享受；随着家庭收入水平的提高，在旅游消费中更加注重对物质享受和家庭情感的价值追求，同时不同收入家庭的成本价值感知存在显著差异，这也符合经济学规律，即成本与收入较为相关。此外，收入越高的家庭，更期望通过旅游消费增进家庭情感，低收入家庭的旅游消费认知、意向和消费水平都较低，没有想或不敢想通过旅游消费达到这样的价值诉求。因而，在某种程度上旅游消费行为价值取向与旅游消费认知有很大关系，而旅游消费认知与经济、文化又密切相关，随着家庭收入和文化水平的提升，旅游消费认知与认同也随之提高，促使更多的农村居民通过旅游行为获得期望的感知价值，进而实现最终的价值目标。

此外，通过比较旅游消费行为价值取向在家庭乡村性上的差异，显示了乡村性较弱的家庭除了面子形象和社会价值感知略低于乡村性较强的家庭外，在其他价值取向上，都略高于乡村性较强的家庭。说明传统乡土氛围越浓厚的农村家庭，越注重对传统价值取向的追求，更期望通过旅游消费达到面子形象和社会价值的诉求，相对而言，现代消费观念在乡村性较弱即城镇化影响较强的农村家庭表现更加突出，但总体而言，检验显示不同乡村性家庭在旅游消费行为价值取向上的差异并不显著。

二、价值取向的结构与特点

（一）旅游消费行为价值取向凸显传统价值体系的导向性与约束性

农村居民旅游消费行为价值取向深受传统文化和价值观的影响，塑造了相对独特的旅游消费行为。本节从两个层次提炼农村居民旅游消费价值观维度结构：按认同强度递减，结果层次的旅游感知价值依次为情感价值、景观价值、成本价值和社会价值，终极层次的消费价值观依次为独立发展、家庭情感、物质享受和面子形象。这 8 种价值取向或是传统价值取向的直接呈现，或烙下了传统价值取向的印记，或是传统价值观在旅游消费情境下的重新诠释。传统性被认为最能体现中国人的性格和价值取向，旅游消费行为也易受中国传统价值取向的直接影响或间接熏陶。

农村居民旅游消费行为价值取向植根于中国传统文化之中，社会文化价值观的差异是形成农村居民差异化旅游行为的内因。“天行健，君子以自强不息”的思想，是中华民族进取文化的集中概括，旅游消费行为对个人及家庭发展的价值追求是进取精神的体现，同时相对于传统进取精神，又赋予了独立平等的内涵。家庭情感是农村居民旅游消费行为价值取向的一个重要归属，“家和万事兴”“望子成龙”“孝道”等家庭价值观念深刻影响着旅游消费行为，两个价值观层次中分别具有“家庭情感”与“情感价值”两个维度，且都具有很高的认知评价，意味着家庭观在旅游消费行为中占有重要地位。实用理性是中国人在评判事物和行为决策时的基本方法与理论，对现实价值的关注反映了农村居民在旅游消费行为时具有特定的理性，关心旅游消费的结果和实用之处，表现在成本价值和景观价值维度。而且面子观已深入中国人的心中，无处不影响中国人的日常行为，在面子观的作用下，旅游消费行为也体现了象征性的社会价值，然而旅游消费行为的面子观认知度较低，对旅游消费行为影响较弱。总之，中国传统价值观体系对农村居民旅游行为价值取向具有导向性特征，约束和规范旅游消费行为。

（二）旅游消费行为价值取向呈现“传统与现代”价值观并存的特点

中国人的价值取向始终具有同社会结构相一致的导向性，但也存在潜在多元性，中国人的价值观念正在发生深刻的变革和转型，尤其是改革开放以来变化幅度更为强烈（翟学伟，1999）。与传统价值取向相对应，随着城乡社会经济结构的转型，西方消费文化和城市居民消费观念也逐渐影响到农村居民的消费观。中国传统的节俭持家、吃苦耐劳的生活和消费方式，随着时代的进步而不断减弱，日益追求享乐型的生活和消费方式，呈现出个人传统性心理特征减弱与现代性心理特征增强的趋势。同样，崇尚个人独立发展和物质享受的现代消费观正成为农村居民旅游行为的价值诉求，尤其是相对于农村居民而言，旅游消费这类新兴消费表现得更为明显，农村居民旅游消费行为也体现了平权开放、独立自顾、乐观进取等表征现代性的消费价值观取向。

在旅游消费情境下，深受西方影响的城市居民消费观对农村居民旅游消费价值观的构建不仅具有直接的“催化剂”作用，也具有积极的促进作用。旅游消费行为价值观的具体内涵、表现形式与传统文化价值观有所差异，如以前对家族利益的关注转移到对单个家庭价值的关注，传统观念中成本价值更多是节俭实用的体现，而旅游情境下更多是在追求享乐的同时考虑成本价值。新时代农村居民消费行为价值取向具有传统性与现代性并存的特征，长期形成的文化价值体系可能在西方现代性与中国传统文化之间的冲突中分裂、重组与嬗变，其演变可能是一个在逐渐扬弃传统消费观和认同西方消费观的同时，构建自身特色消费观的过程。在此背景下，旅游情境下农村居民旅游消费价值观难以形成较为统一、导向性的终极价值取向，这种构建过程体现了鲜明的中国文化特性、社会转型背景与旅游消费情境。

（三）旅游消费行为价值取向展现“情感优先”和“面子脱节”的体系结构

中国传统文化价值非常重视人伦情感，家庭伦理、三纲五常等传统价值观念深刻影响了农村居民的旅游消费，体现在对家庭情感价值的追求。根据农村居民旅游消费价值观各维度的均值显示，在旅游感知价值层次上，情感价值均值最高，其次是景观价值；在终极价值取向层次上，家庭情感得分仅次于独立发展。这 4 个维度的均值在 4.0 左右，其他维度的均值与其都存在一定的差距，在一定程度上反映了家庭情感是农村居民旅游消费行为的优先价值取向，相关研究也显示农民出游决策的首要动机是“怀旧亲情”（周国忠和郎富平，2009）。因而，农村居民旅游消费价值观结构，在整体上表现出以情感优先的体系结构，具有较鲜明的“情感定位”的特点。

“面子”是中国人对自我表达的缩影，是个人从他人处获得尊重，或群体认可的公众形象（潘煜等，2014），消费者“面子”观念越强，越倾向于建立象征性地位的社会消费，消费水平越高。面子消费的前提是消费者感觉消费对象具有象征性的社会价值，通过消费能给消费者带来面子的满足，从而感觉“有面子”。然而，标准化后的分数显示，面子形象和旅游社会价值分别仅有 57.34 分和 49.58 分。在较多农村居民消费观念中，旅游消费与玩乐、浪费、乱花钱等不健康的消费方式相联系，导致农村居民对旅游消费认知与自我认知不匹配。面子观已深深嵌入中国人的心中，而旅游消费并不能满足农村居民面子、形象等价值诉求，这种脱节弱化了农村居民自我认知与旅游属性的联结，在身份匹配观的作用下，难以激发农村居民的旅游行为意向和旅游消费水平，甚至起着负面作用，尤其是面子观念越强的农村居民，消极影响越显著。

借鉴金盛华等（2009）对价值观的重构思想，以“个人—社会取向”和“发展—维持”两个维度相交构成四个分区，分别为个人发展区、社会发展区、个人维持区和社会维持区，重构农村居民旅游消费行为价值取向结构（图 6-8）。

持有家庭情感价值观的农村居民通过旅游消费行为，达到关心家庭发展和增进家庭感情的目的，进而具有社会发展和稳定的作用，故置入社会发展区；独立发展、景观价值显示个人对旅游消费行为的期望和最终要求，体现了个人的生活态度和消费方式的转型，放入个人发展区；物质享受和成本价值反映个人对现实生活的关心及实用理性，放入个人维持区；面子形象、社会价值较为关注旅游消费带来的社会认同、赞美，以提升自身形象，满足个人的需求，具有社会取向的特质，故放入社会维持区。

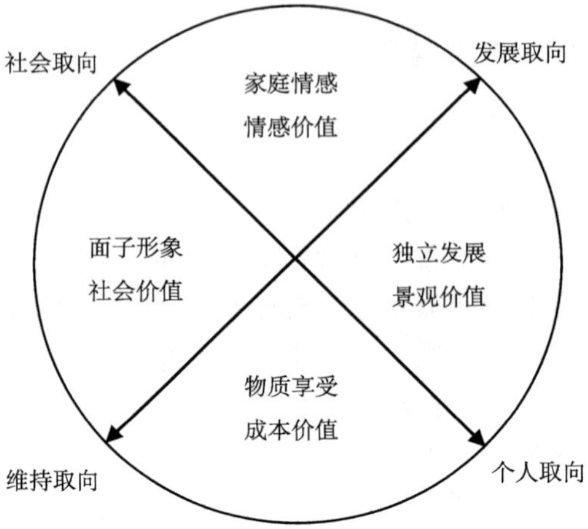

图 6-8　农村居民旅游消费行为价值取向结构

“情感优先”和“面子脱节”的旅游消费价值观体系结构，说明对农村居民旅游消费行为的引导和阐释要融入中国传统的价值理念，建立旅游消费行为与农村居民认知的匹配关系，强化正面情感效应，弱化负面面子效应，这对引导农村居民旅游消费行为和开展旅游市场营销具有重要的启示性意义。

（四）旅游消费行为价值取向反映消费价值倾向的分化

消费模式的变迁反映社会结构的转变和社会经济生活等各方面的影响（朱迪，2012），旅游消费行为体现了不同阶层消费价值倾向的分化。

传统消费倾向与现代消费倾向的分化。家庭情感、实用实在等传统消费价值取向仍占据重要地位，但不可否认一种追求快乐和享受的现代消费倾向正在发达地区农村有所发展。一方面，在勤俭、实用和从众等传统文化观和社会转型期不确定因素的影响下，农村居民即使想消费，也不能消费和不敢消费；另一方面，受现代消费观念的影响，尤其是相对较年轻的农村居民，较少受到传统思维规范的约束，超前消费意识较强，倾向将旅游行为作为追求现代价值的一种生活方式。在经济发展和社会传统观念的影响下，农村居民在现代旅游行为和传统消费观念之间进行不断取舍。

个人价值取向与社会价值取向的分化。农村居民旅游消费在追求“自我导向”舒适乐趣的同时，也体现了“他人导向”的地位面子，前者强调通过旅游消费满足个人享受和精神需求，更接近现代消费观，而后者更看重通过他人的赞赏或认同，达到精神的享受，更接近中国人讲究的面子形象等传统价值观，这两种消费倾向在旅游情境中也可能相互交织。中国传统价值观本质上是一种以关系和谐为核心的社会取向价值观。在旅游消费情境中，“自我导向”的消费倾向呈现上升趋势，如注重家庭的独立发展和对旅游消费的品质追求，对面子取向这种传统性的社会价值取向认同度较低。因而，农村居民旅游消费行为在维护传统社会价值取向的同时，也为个人价值取向的偏好和行为进行辩护。

教育和收入是区隔旅游消费行为价值取向的重要因素。根据布迪厄文化资本理论，文化资本高的个人或家庭，为标识其文化资本的地位和独特性，具有形成其特有消费文化的强烈需求（Bourdieu，1984）。教育和职业是衡量文化资本的重要指标，家庭收入的变化在一定程度上表征传统农民职业的分化。农村居民旅游消费行为价值取向在不同收入和文化程度上存在较大差异，表现在具有较高收入和较高文化水平的家庭对旅游消费行为的价值认知普遍高于较低收入和较低文化水平的家庭。较高收入尤其是较高文化的家庭对旅游消费行为具有理性的认知及行为选择，在价值取向上也较注重个人独立发展与家庭情感，对社会价值的追求相对较弱。总之，不同的农村居民由于经济和文化的差异，在旅游消费行为中追求并体现不同的价值取向，以期建立个人在社会坐标体系中的相对地位。

总之，旅游消费行为价值取向根植于中国传统文化之中，同时深受现代城市消费价值文化的影响，其构建是对传统消费价值观的融入与创新，体现了新时代农村居民旅游消费行为价值取向的结构与特点，相对于已有的消费价值观研究，存在部分共同点，同时也具有明显的差异。

第五节　本 章 小 结

本章围绕农村居民消费行为价值取向与旅游消费行为关系这个核心问题，基于理论分析，从消费价值观与旅游感知价值两个不同层次研究旅游消费行为价值取向，形成消费价值观、旅游感知价值与旅游消费行为的研究路径，在此基础上，归纳与提炼价值观结构维度，并检验价值观、旅游感知价值与旅游消费行为的关系，进而探讨旅游消费行为价值取向的结构与特点，以透视农村居民旅游消费行为的价值观动因。

根据“手段—目的”链理论和阶梯访谈法，通过访谈资料的整理和归纳，并结合文献资料的分析，设计了旅游情境下农村居民消费价值观与旅游感知价值的量表条目。遵循量表设计的步骤，经过量表提纯与测试、探索性因子、验证性因子以及信度和效度检验，最终提炼出农村居民旅游消费行为价值观由独立发展、家庭情感、物质享受和面子形象 4 个因子组成，旅游感知价值由情感价值、景观价值、成本价值和社会价值 4 个因子组成。

运用 SEM 和多元回归方法拟合农村居民旅游消费行为价值取向与旅游消费行为关系。首先，以旅游者感知属性即认知对象为基础实测变量，构建旅游认知、感知价值与旅游消费行为意向的关系结构，以判断引发农村居民旅游感知价值与旅游行为意向的基础变量。结果显示，农村居民对旅游消费行为的认知评价、旅游感知价值与旅游行为意向呈正相关关系，旅游认知水平增加，旅游感知价值也随之增加，旅游行为意向也越强烈。其次，采用多元回归方法拟合旅游消费行为、旅游感知价值与消费价值观之间的联系。结果显示，旅游消费行为受农村居民不同消费价值观的驱动，独立发展、物质享受和家庭情感等消费观对旅游感知价值影响效应更强，对旅游消费行为也起着积极的作用，而社会价值与面子形象、物质享受价值观拟合效果较好，对旅游行为意向产生负面效应。

在旅游消费行为价值取向基本特征描述与归纳的基础上，探讨了农村居民旅游消费行为价值取向的结构与特点，表现在：农村居民旅游消费行为价值观体系根植于中国传统文化之中，塑造了相对独特的旅游消费行为，凸显传统价值体系的导向性与约束性；社会转型期农村居民旅游消费行为价值取向可能正经历一个构建自身特色消费观的过程，其价值取向呈现“传统与现代”价值观并存的特征；农村居民旅游消费行为价值取向在整体上展现“情感优先”和“面子脱节”的体系结构，可以重构为个人发展区、社会发展区、个人维持区和社会维持区四个价值观分区；旅游消费行为价值取向反映了消费价值倾向的分化，表现在传统消费倾向与现代消费倾向的分化、个人价值取向与社会价值取向的分化，教育和收入是区隔旅游消费行为价值取向的重要标准。

农村居民旅游消费行为价值取向具有明显的“路径依赖”效应，同时也表现出现代价值取向趋势，是对传统消费价值观的融入与创新，折射了社会转型的深刻背景。要从传统与现代、个体与社会等多层面剖析农村居民旅游消费行为价值取向，这对理解、阐释并引导农村居民旅游消费行为具有重要的启示性意义。

第七章　农村居民旅游消费行为调节模式与政策建议

随着新型城镇化进程的快速推进及农村居民收入的增加和消费观念的转变，越来越多的农村居民加入到旅游者群体中，如何针对农村居民旅游消费特征，引导农村居民旅游消费行为和拓展农村旅游市场是亟待解决的问题。本章将根据前文的研究结果，首先构建农村居民旅游消费行为的调节模式，并对调节因素进行阐释说明；然后以经济和文化为基本指标，划分农村居民旅游者类型；最后提出相应的政策建议。

第一节　农村居民旅游消费行为调节模式

一、调节模式构建

根据理论框架与研究结果，建构一个旅游消费行为调节模式，称之为嵌入个体（家庭）结构“价值取向-情境-行为”调节模式（value-context-behavior regulating model，VCB model）（图 7-1）。

价值取向、内外情境与个体（家庭）结构在调节模式中扮演着不同的角色。农村居民旅游消费行为方式、消费水平与行为意向受价值取向的引导与驱动，而价值观也是农村居民旅游消费的期望结果和最终目的；农村居民旅游消费行为受内外情境的调节，内部情境指农村居民的心理情境，包括感知旅游行为控制与旅游消费认同，从内部心理调节旅游消费行为；外部情境特指不同层级政府、企业或相关利益主体的政策建议或行动，从外部环境调节旅游消费行为；个体（家庭）的经济、文化和职业等结构特征是基础因素，“价值取向-情境-行为”的调节模式应嵌入个体或家庭结构。

二、调节模式阐释

（一）价值取向是旅游消费行为的内驱因素，起着引导与规范作用

价值观产生一定的社会规范，不遵循这些规范将会有相应的制裁，而规范与不遵守规范产生的相应制裁则影响人们的消费行为模式（霍金斯等，2007），价值观对消费行为具有重要的影响力和消费导向作用，为旅游消费行为的发生提供强大的内在驱动力。同时，旅游者也期望通过消费结果实现最终目的，旅游消费行为是农村居民实现自身价值的途径之一。因而，价值取向与旅游消费行为是“目

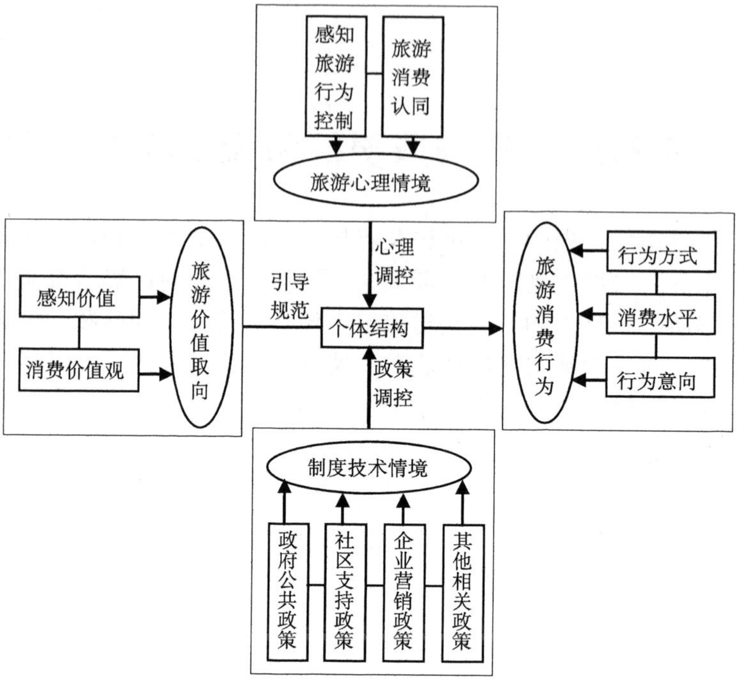

图 7-1 “价值取向-情境-行为”旅游消费行为调节模式

的”与“手段”的关系。

基于价值观与发生学观点，价值观影响行为认知与感知价值，进而影响消费行为方式与水平，可以将其分为两个阶段理解：在第一阶段，消费价值观会产生不同的自我概念，不同的自我概念将影响旅游价值认知，进而决定是否有旅游行为意图，即行为是否发生，形成“价值观-（游前）价值认知-旅游消费行为（初游）”之间的关系。在第二阶段，消费者根据初次（或前次）旅游产品消费体验，在感知成本和感知收益比较的基础上，形成旅游消费总体评价，确定是否达到所期望的结果和最终目的，以决定是否再次出游或改变旅游方式，形成“价值观-（游后）感知价值-旅游消费行为（重游或改变方式）”之间的关系。这两个阶段构建一条“价值取向-旅游消费行为”关系链（图 7-2）。

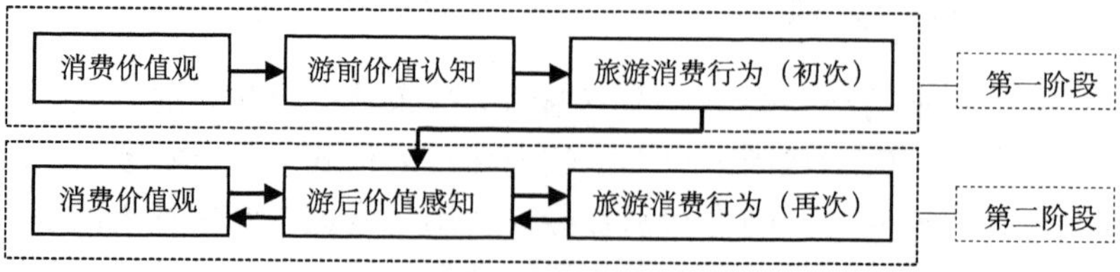

图 7-2 “价值观-旅游消费行为”关系链

农村居民旅游感知价值包含4个维度：情感价值、景观价值、社会价值和成本价值；旅游情境下消费价值观包含4个维度：独立发展、家庭情感、物质享受和面子形象。两个层次各4个维度是旅游消费行为的内驱因素，引导和规范农村居民旅游消费行为，同时通过旅游消费行为以实现这些价值取向。

（二）情境因素是旅游消费行为的调节因素，起着强化或弱化作用

旅游行为意向与消费水平并不是完全取决于个体价值取向，有时更取决于农村居民的内外调节因素，在内外情境因素的作用下，价值取向与旅游消费行为经常存在不一致甚至相反的情况。农村居民内在心理调节包括感知旅游行为控制与旅游消费认同，其中感知旅游行为控制指执行旅游消费行为时感知的难易程度，也可以理解为感知旅游限制，包括习惯性感知、预防性感知、示范性感知和不确定性感知，相应形成旅游消费行为的棘轮效应、预防效应、示范效应和敏感效应，这四种效应因个体结构特征的差异，对旅游消费行为的作用强度与方向有所不同。旅游消费认同反映农村居民对旅游消费的认知、涉入与情感程度，对旅游消费行为有着积极影响，但同时取决于农村居民对旅游消费的认同程度。制度技术情境是影响农村居民旅游消费行为的外部情境因素，对旅游行为起着外部强化作用，包括政府、社区、旅游企业和相关利益主体的涉农旅游消费政策。根据海德（Heider）的“归因理论”（attribution theory），个体行为的原因可以归纳为内部原因（个体归因）和外部原因（环境归因），内部归因包括感知旅游行为控制和旅游消费认同，外部归因指涉农旅游消费的相关制度技术政策。

旅游心理情境和制度技术情境影响旅游消费行为的关系强度或方向，属于内外调节变量。当这些情境变量的影响微弱或中性时，旅游消费行为主要受价值取向的驱动，当情境因素的影响非常显著时（极为有利或不利时），则可能会促进或抑制旅游行为意向的发生和消费水平的提升，此时，价值取向与行为之间的联结关系显著变弱，而旅游行为受情境因素的影响显著增强。

如图7-3和图7-4所示，旅游者价值取向作用越强，调节效应越弱；相反，内外情境因素越有利于农村居民旅游消费，调节效应越强，价值取向的作用相应变弱，内外情境因素和“价值取向-旅游消费行为”一致性程度之间呈倒U函数关系。这一模型也与Guagnano等（1995）提出的“态度-情境-行为”（attitude-context-behavior）理论较为一致，即行为是个体的态度变量和情境因素相互作用的结果。

总之，价值取向与旅游消费行为的一致性受内外情境变量的调节影响，当有利于旅游消费行为的价值取向较弱，情境变量的调节效应就相对较强，反之，情境变量的调节效应相对较弱。情境变量的调节效应与旅游消费行为价值取向之间存在此消彼长的关系，对价值取向与旅游消费行为关系起着强化或弱化的作用。

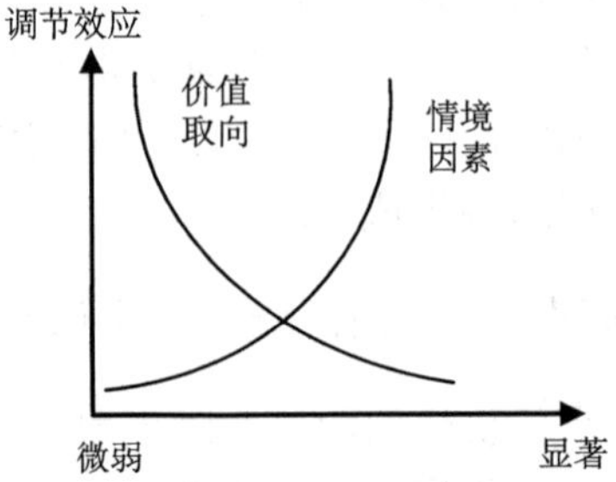

图 7-3　调节因素的影响效应

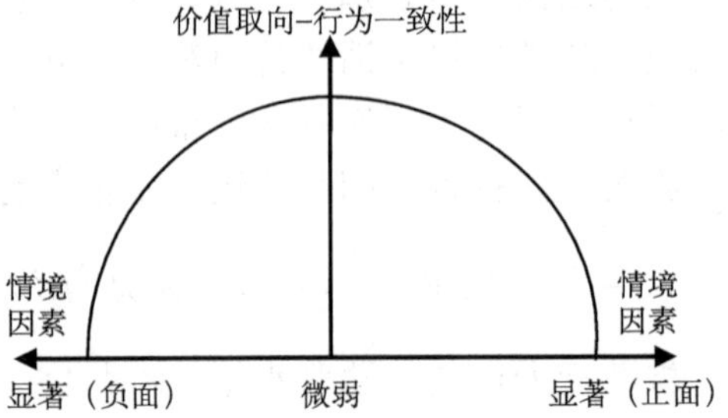

图 7-4　“价值取向–旅游消费行为”一致性程度

（三）个体特征是旅游消费行为的基础因素，起着启动与区隔作用

个体结构特征是旅游消费行为的载体，一定的收入水平与文化程度是旅游消费行为的基础，起着启动旅游消费和区隔旅游行为的作用。收入是旅游消费行为的经济基础，收入水平达到一定的门槛值后，才可能激发旅游行为意向和提升旅游消费水平，然而，随着经济收入的增加，旅游行为意向和旅游消费水平在达到一定的阶段后，将保持相对稳定，意味着收入水平与旅游消费水平并不完全成正比例变化，正如近年来中国城乡居民收入总体上保持较高的增长速度，但消费水平却始终处于较为低迷的状态。在收入达到一定阶段后，社会文化因素可能发挥更大的作用，研究显示教育对消费分层具有显著的恒定影响，教育水平的提高对旅游消费意识的增强和消费水平的提升可能比收入具有更为显著的作用。

农村居民教育水平和收入结构是衡量文化资本的主要指标，文化资本不同的个人或家庭，旅游消费行为的价值取向存在差异，内外情境因素的调节效应也有所不同，产生特定社会阶层消费文化的强烈需求，进而通过旅游消费重构个人或家庭在社会坐标体系中的位置。总之，经济、文化等个体或家庭结构特征是影响农村居民旅游消费行为的基础，并形成不同的价值取向，也是区隔农村居民旅游者的重要标准。农村居民旅游消费行为既不完全是价值取向驱动的结果，也不完全是内外情境因素的阻碍或推动的结果，而是嵌入个体或家庭结构之后的农村居民主体与社会结构的二重化结果。

第二节　农村居民旅游者类型

农民分化及其社会阶层划分问题引起众多学者的注意（陆学艺，2002；毛丹和任强，2003；林坚和马彦丽，2006；王春光等，2018），并倾向以不同职业农民的收入为主要依据，将农村居民分为不同阶层。单纯依靠职业和收入作为社会分层的主要指标具有较大的局限性，而教育程度在社会分层起着显著的作用（李培林和张翼，2000），是区隔社会身份与地位的重要指标之一（Bourdieu，1984）。鉴于收入和教育被广泛应用于划分社会分层的基本标准中（朱迪，2013），同时根据本书的研究结果，教育和收入是影响农村居民旅游消费行为的重要指标，对旅游消费行为有显著的区隔效应。因而，依据农村居民教育和收入的特征，划分农村居民旅游者类型。

一、农村居民旅游者类型

基于研究结果，以家庭收入和受教育程度为基本标准：家庭收入以 7 万元为划分标准，分为高收入家庭和低收入家庭；受教育程度在初中及以下与高中及以上的家庭分别称为低学历家庭和高学历家庭。据此，农村居民旅游者被划分为 4 种类型：低收入低学历家庭，家庭收入在 7 万元以下，受教育程度在初中及以下，调研样本有 209 户，占总样本 33.17%；低收入高学历家庭，家庭收入在 7 万元以下，受教育程度在高中及以上，有 155 户，占 24.6%；高收入低学历家庭，家庭收入在 7 万元及以上，受教育程度在初中及以下，有 83 户，占 13.17%；高收入高学历家庭，家庭收入在 7 万元及以上，受教育程度在高中及以上，有 183 户，占 29.05%。低收入低学历的农村家庭居多，高收入低学历的农村家庭比例偏少。

采用单因素方差对四种类型家庭进行两两比较，在 0.01 显著水平上，旅游消费行为在不同类型农村家庭上均存在显著差异。在旅游行为模式上，低收入高学历与低学历高收入之间无显著差异，都偏向于团队模式，而低收入低学历家庭偏向传统模式，高收入高学历家庭偏向网络模式和团队模式；在旅游目的地、旅游天数和旅游花费 3 个消费水平指标上，各类型家庭存在显著差异，其消费水平均呈现如下趋势：低收入低学历＜低收入高学历＜高收入低学历＜高收入高学历。在旅游行为意向上，收入水平之间不存在显著差异，而学历程度之间存在显著差异，表现在高学历家庭的出游意向明显强于低学历家庭（图 7-5）。

图 7-6 比较了农村居民感知旅游行为控制与旅游消费认同在不同类型农村居民旅游者上的差异。农村居民预防性感知和不确定性感知显著高于示范性感知和习惯性感知，其中习惯性感知又强于示范性感知。不同类型农村居民旅游者在预防性感知、不确定性感知和示范性感知上无显著差异；低学历家庭对习惯性感知明显强于高学历家庭，而收入之间没有显著差异，反映了受教育水平越高，感知传统消费习惯对旅游消费行为影响越弱。在旅游消费认同上，高学历高收入家庭的旅游消费认同明显强于低收入低学历家庭，低收入高学历与高收入低学历家庭位于两者之间，并无显著差异。然而，感知旅游行为控制的强度并不能反映其对旅游消费行为的效应，甚至强度与效应完全相反。根据前面的研究显示，农村居民感知旅游行为控制对旅游行为影响呈现“木桶效应”，即感知程度越弱的因素对

旅游消费行为影响效应反而越强。

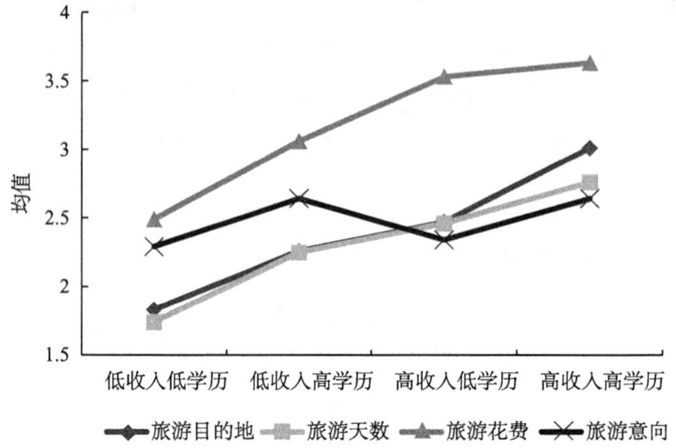

图 7-5　基于旅游者类型的旅游消费行为比较

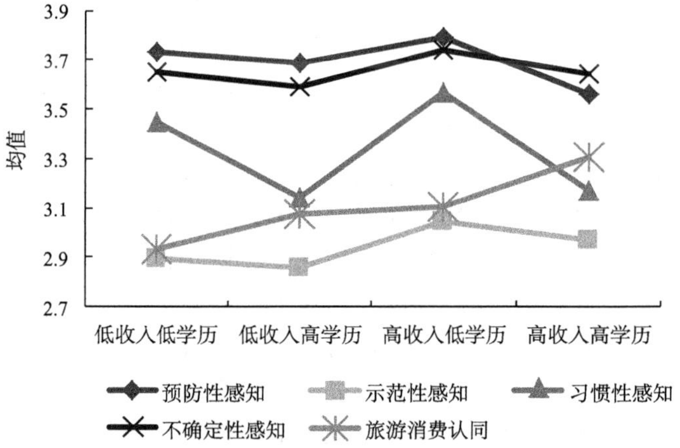

图 7-6　基于旅游者类型的感知旅游行为控制与旅游消费认同比较

二、农村居民旅游消费市场细分

农村居民旅游消费市场细分的目的是为了根据不同消费者的特征，采取差异化的政策建议和营销策略。根据农村居民旅游消费行为特征、作用机制和价值取向的研究结果，农村居民旅游消费市场细分及其特征如图 7-7 所示。

I 类市场，“消极经济型旅游者”：家庭收入和受教育程度都比较低，旅游行为意向弱，很少主动出游，旅游消费水平低，以传统的短途自助游为主，受传统消费观念、外部示范性、未来预防性和收入不确定性影响大，旅游消费认同感低，旅游消费注重经济成本，较重视情感价值。

Ⅱ类市场，“消极享受型旅游者”：家庭收入较高，但受教育水平较低，旅游行为意向一般，对旅游消费认同较为中立。旅游消费水平较高，旅游行为受传统观念和外部示范性影响较大，旅游较注重面子形象，更倾向于追求社会价值，而不太注重成本价值和景观价值。

Ⅲ类市场，“积极品质型旅游者”：家庭收入和受教育水平都较高，旅游行为意向强，旅游消费水平也高，更偏爱长途自助游，受传统消费习惯和外部示范性影响相对较大，在旅游中追求独立发展和物质享受，重视情感价值和景观价值。

Ⅳ类市场，“积极预算型旅游者”：家庭收入较低，但受教育水平较高，出游意向强，旅游消费较为理性，量入为出，注重预算，消费水平一般，自助游和团队游兼有，旅游消费受外部示范性和未来预防性影响大，旅游消费认同感较强，旅游消费中倾向于追求景观价值和成本价值，也注重家庭情感。

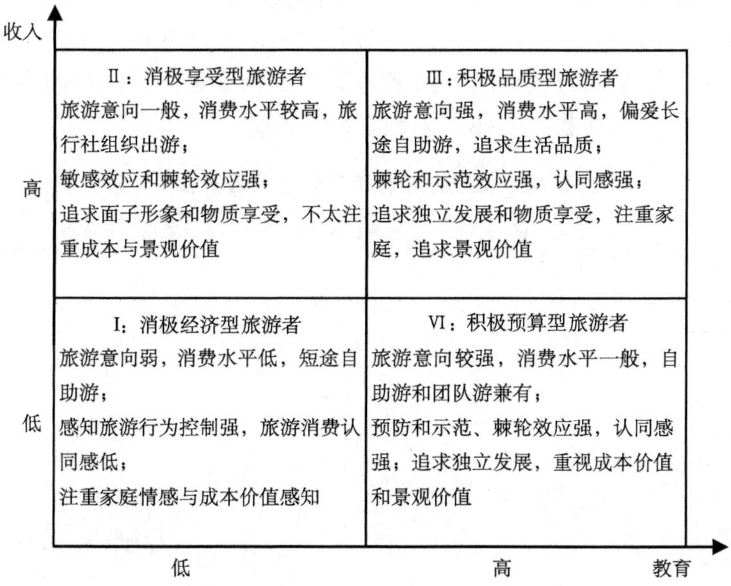

图 7-7　农村居民旅游者类型特征比较

第三节　政策工具效应与相关政策建议

一、政策工具效应

农村居民旅游消费行为引导和市场开发涉及经济、社会、文化和心理等多方面因素，是一个复杂的系统工程，相应的政策措施也多种多样。通过检验不同政策工具对农村居民旅游者的影响程度，为制定相应的政策提供参考。将制度政策分为政府公共政策、村（社区）支持政策、旅游地营销政策等，并运用不同的测量指标予以测量：政府公共政策，包括旅游信息、旅游交通、旅游消费补贴和土地收入；村（社区）支持政策，包括村（社区）旅游宣传、村（社区）旅游组织和村企联合旅游营销；旅游地营销政策：旅游地价格、旅游地宣传、旅游地居民态度和旅游线路（参见附录 A.1）。调研样本与第四章相同。

对三类 11 个政策性变量进行因子分析的适用性检验，以确定选择的变量是否适合因子分析，结果显示 Bartlett 球形检验值为 1580.884，显著性水平 p 值小于 0.001，KMO 度量为 0.774（>0.70），故可以进行因子分析。提取 4 个特征根大于 1 的因子，11 个政策性因子都较好地分布于各个因子之中，最终得到 4 个因子，这 4 个因子构建的度量结构解释了 64.84%的方差（表 7-1）。从因子载荷可以看出，第一个因子涉及旅游地价格、旅游地宣传、旅游地居民态度和旅游线路，命名为旅游地营销；第二个因子涉及村（社区）旅游宣传、村（社区）旅游组织和村企联合旅游营销，都与村（社区）有关，命名为旅游社区支持；第三个因子涉及旅游信息获取和旅游交通方便程度，命名为旅游公共服务；第四个因素涉及农村居民旅游消费补贴和土地收入，称之为旅游经济政策。

表 7-1 旅游政策性工具变量的因子载荷

题目	旅游地营销	旅游社区支持	旅游公共服务	旅游经济政策
旅游地价格	0.612			
旅游地宣传	0.785			
旅游地居民态度	0.654			
旅游线路	0.736			
村（社区）旅游宣传		0.634		
村（社区）旅游组织		0.714		
村企联合旅游营销		0.733		
旅游信息			0.809	
旅游交通			0.819	
旅游消费补贴				0.635
土地收入				0.848

旅游政策四个维度：旅游地营销、旅游社区支持、旅游公共服务和旅游经济政策的均值分别为 3.63、3.21、3.37 和 3.74，显示了旅游经济政策和旅游地营销的认可程度较高，而旅游公共服务和旅游社区支持较弱。运用最小二乘法回归（OLS），分析这四个政策变量对旅游消费水平和旅游行为意向的影响如表 7-2 所示。

回归结果显示，四个政策变量对旅游消费行为都有较显著的影响，相对而言，旅游地营销和旅游经济政策对旅游消费水平与旅游行为意向都有显著的积极影响，旅游公共服务有显著的负面效应，而旅游社区支持对旅游花费影响不显著，对行为意向是负面效应。结果说明旅游地营销可以加强农村居民对旅游目的地的认知，旅游经济政策的扶持与倾斜可以增强旅游行为意向，提高旅游消费水平，而农村居民获取旅游信息较难和旅游交通的欠便捷性对旅游消费行为有消极影响。农村社区在旅游消费行为中所起作用较小，甚至是负面影响，可能由于农村社区很少开展旅游营销和组织旅游活动，同时基层政府与农民的联系性日趋减弱，使农村居民对社区在旅游消费中的作用缺乏认知，从另一个角度而言，基层社区在引导农村居民旅游消费行为和开拓农村旅游市场中的作用也没有得到有效发挥。

表 7-2　政策性工具对旅游消费行为影响的回归结果

影响因素	旅游消费水平		旅游行为意向	
	标准化系数	t 值	标准化系数	t 值
旅游地营销	0.101**	2.259	0.101**	2.197
旅游社区支持	0.029	0.653	–0.102**	–2.216
旅游公共服务	–0.125***	–2.993	–0.112***	–2.610
旅游经济政策	0.091**	2.224	0.131***	3.084
R^2	—	0.031	—	0.038

***、**分别表示在 1%、5%水平上显著。

二、政策设计思路

（一）两个视角

从经济价值和社会价值两个视角制订相关政策建议。2014 年 12 月中央农村工作会议指出，挖掘农民这个最大群体的消费潜力，可以更好发挥消费的基础作用。农村居民旅游消费将是刺激消费、拉动内需和提升旅游业地位的重要载体。在农村居民旅游消费调研中，明确想出游的农村居民占 63.4%，然而“一日游”的农村家庭占 45.8%，平均一年出游 1 次或以下的占 71.5%，苏南农村居民旅游消费表现为较强的出游意愿和不高的消费水平，农村居民旅游市场具有很大的发展潜力。同时，农村居民旅游消费行为有助于引导富裕起来的农村居民树立健康的消费观念，更好地满足其精神文化需求，从弱势群体关怀的角度，农村居民应与城市居民公平地享有旅游权利，这也是农民生活质量不断提高和城乡消费公平的重要体现。

（二）三个层面

农村旅游消费市场开拓是一个复杂的系统工程，涉及多方面因素，可以分成三个层面：心理层面、技术层面和制度层面。心理层面包括农村居民旅游消费教育、农村旅游市场营销等政策；技术层面包括旅游消费补贴、旅游线路设计、旅游市场分层开发和引导旅游企业开拓农村旅游市场等；制度层面涉及农村社会保障体系建设、推进城乡旅游消费公平等政策。心理层面是基础，技术层面是引导，制度层面是根本。就政策的实施难易程度和效果而言，短期内以心理层面和技术层面为主，尤其是心理和技术层面相互协调，达到通过技术层面提高心理层面，通过心理层面增强技术层面的实施效果。制度政策是根本，如提高农村居民收入、加强社会保障和推进城乡公平等，这涉及社会、经济和心理等众多因素。

三、公共政策设计

（一）构建旅游消费价值观体系，增强旅游消费认同

农村居民旅游消费市场难以大规模启动或启而不动的重要原因，是农村居民对旅游消费认同感较弱，这主要由于农村居民对旅游消费认知与中国农村社会占主导地位的消费观念及长期形成的生活道德哲学不吻合，旅游消费行为欠合法性。虽然中国各级政府高度重视旅游业发展，出台了大量刺激旅游业发展和鼓励旅游消费的政策，但这些政策更易被城镇居民认知和接受，在传统消费观念的规范与引导下，勤俭节约、面子地位等价值观削弱了农村居民对旅游消费的认同感。在对苏南农村居民旅游消费的调研中，60%的农村家庭认为“生活要节俭”，45%认为“旅游又累又花钱，不实用”等，反映了传统消费观念根深蒂固的影响。此外，面子观念是对中国人行为影响的一个重要文化背景变量（王建明，2013），而农村居民对“旅游消费较有面子”的认可度也较低。

农村居民传统价值观与旅游消费行为价值取向存在脱节，因而需要将中国传统文化价值观与旅游消费行为价值取向相融合，构建旅游消费价值观体系。根植于中国传统文化的农村居民旅游消费价值观体系，为农村居民提供正确的价值观导向和伦理支点，可增强对旅游消费行为合法性的认知，以望在农村地区营造“优先出游”和“出游为荣”的消费环境，同时树立正确的旅游消费价值观，这也是践行社会主义核心价值观的有效途径。本书提炼的农村居民旅游消费价值观结构，可为构建新时代农村居民旅游消费价值观体系提供参考，据此引导农村居民的旅游消费行为。

（二）加强旅游宣传教育，弱化旅游行为限制的感知程度

感知旅游行为控制偏差是农村居民对旅游消费主动性不足的根本内因，改变或弱化农村居民对旅游消费行为的认知偏差是政府公共政策设计的关键。农村居

民感知旅游行为控制涉及多方面因素，短期内难以改变。文化教育对旅游消费行为具有独立而恒定的影响，可以借助旅游教育弱化认知偏差，降低感知旅游行为限制的负面效应，增强其正面效应。苏南农村居民收入水平相对较高，养老/医疗保险等社会保障体系相对健全[①]，相对于较落后的农村地区，旅游行为控制认知偏差更多来自于主观感知。随着农村家庭平均受教育水平的提高，越来越多的人群更易接受旅游这类新兴事物，在此背景下，通过制订不同的政策措施，借助不同的教育平台，宣传科学理性的旅游消费行为价值观，改变农村居民对旅游消费的片面认识，可以有效弱化旅游行为感知限制程度。

根据不同年龄层次的消费行为特征，采取相应的旅游消费教育和市场开发策略。随着城乡交流日益密切，大多数农村中青年人具有在城市打工或上学的经历，受教育水平也高于父母一代，农民传统谨慎的消费习惯影响相对较弱，应利用网络等媒介宣传旅游，增强其对旅游消费的认识，逐步培养青年人的旅游消费习惯。目前，有经济能力参与旅游消费的农村居民以中老年人为主，这部分群体受教育程度普遍较低，传统消费习惯比较根深蒂固，针对相对保守的农村中老年人，主要通过旅游宣传教育，开拓农村居民视野，改变他们对旅游的传统片面认识，培养出游意识，激发出游动机。

（三）加快旅游公共服务体系建设，推进城乡旅游消费公平

以户籍为基础的城乡二元结构模式和较低的乡村城镇化水平，是很多社会问题包括旅游消费不足问题产生的重要根源。研究显示，旅游公共服务对苏南农村居民旅游消费有显著的负面效应，苏南农村道路交通基础设施较好，但旅游交通可达性一般；现代网络信息技术运用较广泛，但网络与农村居民旅游消费联系不够紧密。总之，城乡旅游消费公共服务体系的差异性体现在旅游信息咨询、旅游交通和旅游服务等多方面，这与农村居民旅游消费市场长期不受重视有关。农村居民旅游消费将是新时代旅游业发展的重要支撑，也有利于提升以人为本的城镇化质量，因而在观念更新、政策引导、资金优惠与财政补贴等方面应给予支持，加快农村旅游公共服务体系建设。

农村旅游公共服务政策的设计，首先，要加快农村旅游公共信息服务体系建设，在苏南农村区域，选择基础条件较好的农村社区，建设村级旅游咨询中心示范项目，逐渐扩大农村旅游公共信息服务的覆盖面；其次，完善农村旅游交通便捷服务体系建设，在较为发达的村级公共交通基础上，融入旅游交通元素，推出固定的旅游交通巴士示范工程，方便农村居民出游；最后，从公平公正的角度而言，制定针对农村居民弱势群体的旅游资助政策，如向低收入群体发放旅游消费

① 根据调研资料，苏南农村居民的养老保险与医疗保险参与率达100%。

补贴、农村学生免费旅游计划、旅游消费优惠券等旅游福利形式，加快旅游惠农便农服务体系建设，增强农村居民旅游消费行为意愿，降低因城镇化引发的旅游消费风险，推进城乡旅游消费公平性发展。发挥旅游业的民生特性和社会功能，保障相对弱势的农村居民群体拥有旅游的权利，享有更多的旅游福利，享受城镇化改革的“阳光”。

（四）引导企业开发农村市场，鼓励旅游服务“下乡”

旅游企业是旅游消费市场开发的主体，但由于农村居民旅游市场开发具有较高的经济成本与较低的经济效益，旅游企业对农村旅游市场重视程度不够，致使缺乏针对性的旅游产品和旅游服务等政策。国家应引导旅游企业开发农村居民旅游市场，出台相应的优惠政策和补贴政策，鼓励旅游企业将旅游服务送下乡，培育适合农村居民旅游的市场主体，降低行业门槛，为乡村旅游中介服务组织提供生存和发展的空间，鼓励大型旅游企业开发与培育农村旅游市场（钟士恩等，2009a)，对开发和经营农村居民市场的旅游企业给予一定的物质奖励（徐海军等，2010）。政府可以与企业联合，制定部分常规优惠旅游线路，为农村居民旅游消费提供服务，鼓励旅游企业开通常规旅游线路班车，吸引农村居民旅游者。据新闻报道，2009 年全国首批“旅游下乡消费补贴券”在广东派发，刺激了 25 亿元的消费[①]。政府、企业可以与高校合作，引导大学生到农村地区尤其是旅游业发展较好的乡村地区就业或帮扶，培养针对农村居民旅游市场开发的教育宣传员、景区导游员和乡村企业管理员。

图 7-8 显示，农村居民旅游消费公共政策设计要遵循不同的战略层次，根据存在的问题，制订相应的政策，以达到相应的目的。

构建科学合理的农村居民旅游消费价值观体系，解决农村居民传统价值理念与旅游消费认知不匹配问题，营造旅游消费环境，增强旅游消费认同，引导和规范农村居民旅游消费行为，是农村居民旅游消费可持续发展的基础。加强农村居民旅游消费认知教育，根据农村居民旅游者类型，提出不同的教育政策，弱化感知旅游控制偏差，从内在因素强化旅游消费行为。从外在情境加强旅游交通、信息咨询平台等公共服务体系建设，制订惠农旅游政策，推进城乡旅游一体化和城乡旅游消费公平，是旅游消费市场开发的保障。政府可制定相关政策，引导企业“下乡”开发农村居民旅游消费市场，并加强不同主体之间的合作，培育面向农村居民旅游消费的专业企业和人员。

---

① 资料来源：中国新闻网，粤农民领到旅游补贴券 旅游下乡可刺激 25 亿消费（http://www.chinanews.com/cj/gncj/news/2009/02-24/1577158.shtml）。

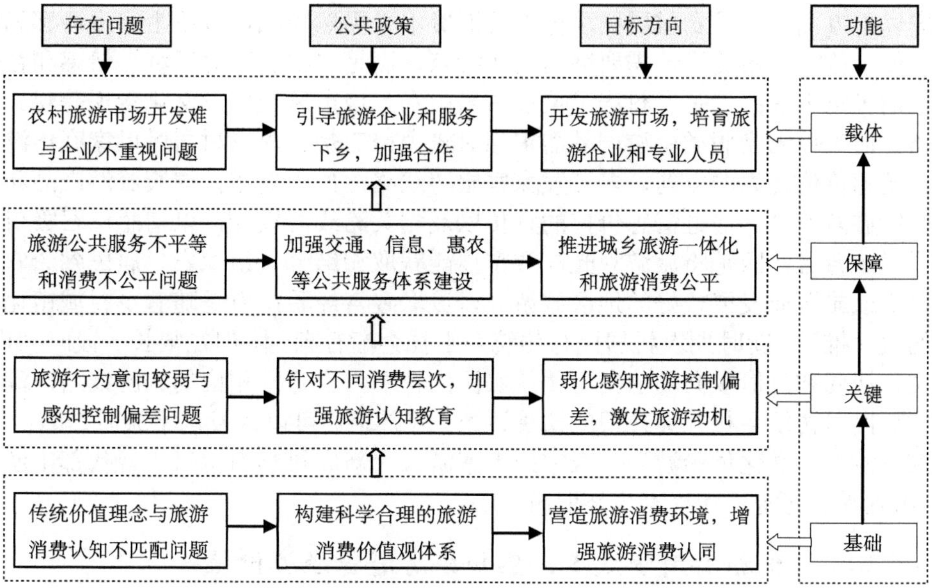

图 7-8 政府旅游公共政策设计

四、营销政策设计

根据经典的营销理论，农村居民旅游消费市场的营销组合策略可以概括为 4P 策略，即产品策略（product）、价格策略（price）、渠道策略（place）、促销策略（promotion）。在 4P 策略的基础上，Lauterborn（1990）提出了与经典 4P 策略理论相对应的 4C 营销策略，即顾客（customer）、成本（cost）、便利（convenience）和沟通（communication）。4P/4C 营销策略的有效组合，可以有效引导农村居民旅游消费行为和开拓农村旅游市场（图 7-9）。

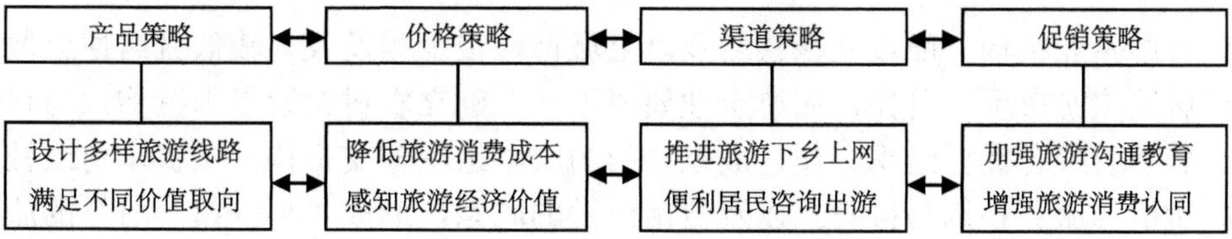

图 7-9 企业旅游市场营销策略设计

（一）设计多样旅游线路，满足旅游消费行为价值取向

目前旅游产品在供给内容、价格、服务等方面很难与农村居民旅游行为价值取向相吻合，难以激发农村居民旅游行为意向和提升消费水平。旅游线路设计可

考虑以下方面：一是农村居民总体旅游消费水平仍然较低，较注重家庭情感和成本价值，旅游线路的设计需要突出这些特点，满足农村居民对经济、情感和社会价值的多重诉求；二是农村居民偏爱知名山水、城市风光以及文化景观等观光类线路，而对休闲度假类旅游产品需求相对较少；三是针对农村居民以家庭出游为主、情感价值优先的取向，多开发家庭旅游线路，如中老年人健康旅游产品和升学奖励旅游产品，通过情感价值的宣传以及相关路线的设计，以情感感召吸引农村居民旅游者；四是将旅游观光与致富技能获取相结合，组织农村居民到新农村示范点或旅游业发展较好的地区旅游，以汲取致富经验；五是随着乡村城镇化进程的快速推进，新时期农村居民与传统乡土社会渐行渐远，但在很长一段时间内，其文化认同和价值取向仍遗留有传统农民的特质，应开发相应的旅游线路，满足农村居民对传统乡村社会怀旧的情感诉求。旅游企业可以开发以下旅游线路："温馨家庭游"、"文化体验游"、"农家乐考察游"、"新农村学习游"、"现代都市游"、"名山胜水观光游"和"家乡怀旧游"等。

（二）降低旅游消费成本，感知旅游消费经济价值

经济收入是农村居民旅游消费行为的基础，农村居民对旅游消费的价格较为敏感，注重成本价值。首先，农村居民偏爱群体出游，具有较强的从众观念，旅行社可以推出不同的包价旅游产品，以适应不同类型农村居民的旅游消费需要，也可以降低农村居民的旅游消费成本。其次，农村居民消费很注重面子观和社会价值，且一时难以改变，在旅游消费时，将面子观融入旅游消费营销和产品设计中，让农村居民感知旅游消费与传统消费观念不冲突，弱化农村居民对旅游消费认知与自我认知的不匹配性，同时引导农村居民在旅游消费中要淡化虚面子（体现炫耀性、奢侈性等旅游消费），追求实面子（体现成就、能力等旅游消费），使农村居民在旅游消费时能获得较强的社会价值和经济价值感知。

（三）旅游服务下乡上网，便利旅游消费咨询与出游

旅游企业机构一般设立在县级及以上城市，很少顾及收入较低且居住分散的农村居民旅游市场。首先，旅游企业要"下乡"建立农村旅游组织机构，与村委会、居委会或各类村组织合作，成立专门的旅游组织分支机构，负责本村或社区的旅游信息服务咨询与推荐，以及日常出游的联系，形成"县—镇—村"的旅游营销网络（钟士恩等，2009b）。其次，应针对农村居民家庭网络日益普及的特点，开展相应的网络营销。调查显示 72.7%的农村家庭可以上网，但上网目的主要是打游戏、浏览新闻等，应加强旅游网络营销，推出针对农村居民的旅游线路。最后，开展旅游宣传促销下乡活动，培养农村旅游宣传员和导游员。

（四）加强旅游沟通与教育，增强旅游消费认同

首先，确定市场营销重点人群和区域，苏南农村地区相对发达，农村居民旅游市场相对较好，营销重点是收入或受教育水平较高的人群，以及城郊接合部或乡村城镇化水平较高的地区，利用其受城镇化影响较大和旅游消费认知度较高的特点，适当的宣传和引导能激发旅游消费欲望，而对低收入、低受教育水平的群体或相对落后的传统农村社区，采用建筑墙体广告进行宣传较为适宜。其次，借助国家大力发展乡村旅游的热潮，多组织农村居民走出家门，走进城市，通过城乡居民旅游互动，增强农村居民的旅游消费意识。最后，“在家百日好，出门一时难”是农村居民不敢出游的重要原因，他们担心受到区别对待，被骗和被瞧不起，服务质量得不到保障。因而，加强与农村居民的沟通，培训专业导游，以熟悉农村环境和思维习惯，了解农村居民的旅游消费需求，增进农村居民对旅游的了解，让农民想旅游，也敢于消费。这需要加强与农村居民的沟通，了解他们关于旅游消费的想法，摸清真实的旅游需求，以开展相应的旅游消费教育和营销。

不同类型农村居民旅游者具有不同的消费特征和作用机制，其追求的消费结果也有差异，政府公共政策和企业营销政策设计的取向和重点也要有所不同。农村居民旅游消费行为引导和旅游市场开发要符合农村居民消费规律，采取循序渐进的分类旅游开发战略，如针对苏南发达地区和先富起来的农村居民阶层，应着眼于拓宽旅游消费渠道，提升旅游消费层次，而针对欠发达和经济相对落后的农村居民阶层，更应注重培育旅游消费意识，满足基本层次的旅游需求（图 7-10）。

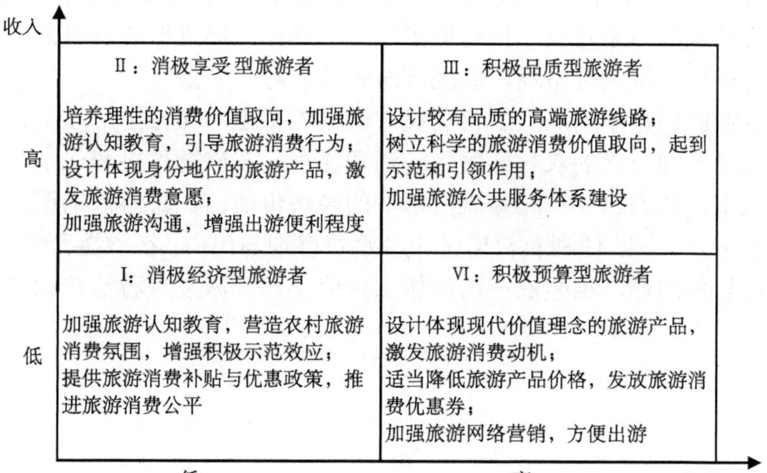

图 7-10　基于农村居民旅游者类型的政策设计

第四节　本 章 小 结

基于研究结果，建构嵌入个体（家庭）结构“价值取向-情境-行为”的旅游消费行为调节模式，价值取向、内外情境和个体（家庭）结构与旅游消费行为具有不同的关系。价值取向是旅游消费行为的内驱因素，起着引导与规范作用，同时也是农村居民旅游消费的结果和目的；情境因素是旅游消费行为的调节因素，起着强化或弱化作用，内部情境指农村居民的心理情境，包括感知旅游行为控制与旅游消费认同，外部情境特指政府、企业或相关利益主体的政策建议或行动；个体特征是旅游消费行为的基础因素，起着启动与区隔作用，不同的个体具有不同的价值取向，农村居民旅游消费行为的调节模式应嵌入个体（家庭）结构。

根据农村居民家庭收入和受教育程度，将农村居民旅游者划分为四种类型：消极经济型旅游者、消极享受型旅游者、积极品质型旅游者和积极预算型旅游者。不同类型的农村居民旅游者在旅游行为模式、旅游消费水平与旅游行为意向上存在较大差异，其影响因素与价值取向也有所不同。根据不同类型农村居民旅游者的行为特征和机制，设计相应的政府公共政策和企业营销策略。

旅游地营销、旅游社区支持、旅游公共服务和旅游经济政策等对农村居民旅游消费行为具有不同程度和方向的影响，这为政策的制定提供了依据。政府公共政策的设计要根据存在的问题，遵循不同的解决思路和战略层次，从而达到不同的目的，主要包括四个方面：构建科学合理的农村居民旅游消费价值观体系，增强旅游消费认同；加强农村居民旅游消费认知教育，弱化感知旅游行为控制偏差；加强旅游公共服务体系建设，推进城乡旅游一体化，促进旅游消费公平；引导企业开发农村居民旅游消费市场，鼓励旅游企业服务“下乡”。

旅游企业应根据不同类型农村居民旅游者的特点，在旅游产品上，要设计多样线路，满足不同层次的农村居民旅游消费需求；在旅游价格和成本上，要降低旅游消费成本，让农村居民感知旅游消费的经济价值；在旅游营销渠道上，旅游企业服务要下乡上网，便利农村居民旅游消费咨询与出游；在旅游营销和沟通上，加强与农村居民沟通，增强农村居民旅游价值感知，激发旅游消费意愿。

第八章　结论与展望

第一节　研 究 结 论

农村居民旅游消费是挖掘消费潜力的新增长点，为探索中国旅游者行为理论提供新视角和新领域。本书以新时代城乡转型为背景，以苏南农村为研究区域，以农村家庭为研究单元，以旅游消费行为为研究对象，遵循“现状特征—影响机制—价值取向—政策建议”的研究思路，探讨新时代农村居民旅游消费行为特征、机制与价值取向，进而提出相关的政策建议。基于旅游消费行为的理论分析框架，利用苏南农村居民的调查数据，主要采用单因素方差、多分类 Logit 回归、SEM 和多群组 SEM、阶梯访谈法等定量和定性方法，得出以下研究结论。

一、农村居民旅游消费行为特征及其差异

主要结论：苏南农村居民旅游行为模式以传统模式为主，80%的出游市场分布在 250km 范围内，游客流向特征符合距离衰减规律，旅游消费水平相对较低，消费结构有待完善，旅游消费行为意向较强，但旅游满意度不高。旅游消费行为在家庭形态、经济水平和乡村城镇化上都存在不同程度的差异，比较而言，收入和教育对农村居民旅游消费行为的冲击更为强烈。

（1）旅游消费行为特征。农村居民旅游行为模式被分成四种类型：传统模式、网络模式、团队模式和综合模式，传统模式仍是农村居民出游的主要模式，但其他行为模式也占据较高比重；农村居民旅游目的地的空间特征体现了近距离指向性和发达地区指向性，流向特征符合距离衰减规律，80%的出游市场分布在 250km 范围内；旅游消费水平相对较低，一日游占有较高比例，中远程旅游次数较少，旅游消费结构有待完善；旅游消费行为意愿较强，但一日游与过夜游意愿相差较大，旅游消费满意度不高，旅游价格和旅游产品是不满意的主要原因。

（2）旅游消费行为差异。农村居民旅游消费行为在家庭教育、收入水平与家庭乡村性等方面都具有显著差异，尤其是文化和收入的差异更为明显。农村家庭文化程度达到高中以后，旅游消费行为产生显著变化；家庭收入达到 3 万元以后，具有显著的旅游行为意向，达到 7 万元以后，旅游行为模式和消费水平也产生显著变化，显示出旅游消费行为在文化程度与收入水平上可能存在“拐点”，在拐点前后，旅游消费行为存在较大差异。通过构建农村居民家庭乡村性指数，得到苏

南农村家庭乡村性较弱，受城镇化影响较强，不同乡村性水平的家庭，旅游行为模式与旅游消费水平存在显著差异，但旅游行为意向差异不显著。

二、农村居民旅游消费行为影响因素与作用机制

主要结论：苏南农村居民旅游消费行为受经济、文化、心理和乡村城镇化等因素的多重影响。感知旅游行为控制与旅游消费认同是影响旅游消费行为的心理因素，旅游消费行为存在不同作用程度与方向的棘轮效应、示范效应、敏感效应和预防效应。经济水平和文化程度对旅游消费行为有显著影响，对感知旅游行为控制、旅游消费认同与旅游消费行为之间的关系也具有较强的调节效应，而家庭乡村性对旅游消费行为影响相对较弱。

（1）构建嵌入农村居民家庭结构的“感知旅游行为控制、旅游消费认同与旅游消费行为”的机制分析框架，并界定感知旅游行为控制包括习惯性感知、预防性感知、示范性感知和不确定性感知4个维度，农村居民旅游消费行为存在不同影响强度与方向的棘轮效应、预防效应、示范效应和敏感效应。总体而言，农村居民习惯性感知对旅游行为和认同有负面影响；不确定性感知对旅游行为具有负面效应，而对消费认同有正面效应；预防性感知对旅游行为模式与意向存在较显著影响，但对消费水平和消费认同的效应不显著；示范性感知对旅游行为模式与意向有较显著的影响，也增强了旅游消费认同，但对消费水平影响不明显。旅游消费认同显著影响旅游行为模式与消费水平，但由于农村居民旅游消费认同感不强，其对行为意向的影响也不显著。

（2）家庭收入是农村居民旅游消费的经济基础，但收入与旅游消费水平并不完全成正比例变化，存在“拐点效应”，家庭收入达到3万元后，旅游行为意向显著增强，达到7万元后，旅游行为意向没有显著变化，但旅游消费水平和行为模式发生显著变化。文化程度对旅游消费行为具有显著且相对独立的影响，农村家庭受教育水平达到高中程度后，旅游行为意向、模式与消费水平都产生显著变化，高中教育是影响旅游消费行为的重点节点。乡村城镇化水平强烈冲击了农村居民旅游消费行为，乡村性越弱即受城镇化影响越强的农村家庭，旅游消费水平越高，但对旅游行为意向影响不显著。

（3）家庭收入、文化程度对感知旅游行为控制、旅游消费认同与旅游消费行为之间的路径关系存在较显著的调节效应，而家庭乡村性的调节效应较弱。基于作用路径的比较，其作用机制可以解释如下：感知旅游行为控制对旅游消费行为的影响存在“木桶效应”，其影响不是取决于控制结构中最强的维度（预防性感知和不确定性感知），而是取决于最弱的维度（习惯性感知和示范性感知）；在收入和文化程度较低的家庭中，感知旅游行为控制的影响效应更为明显；农村居民对旅游消费认知与自我身份认知的不匹配性，导致旅游消费认同感较低，旅游行为

意向较弱，加剧了感知旅游行为控制的负面效应。此外，感知旅游行为控制对旅游行为影响受内外情境因素的制约，表现在非旅游情境下的旅游消费认同与真实情境下的旅游消费水平影响有所差异。

总之，经济和文化程度发挥“倒 U 形阶段效应”，消费心理发挥“双向均衡效应”，乡村城镇化进程发挥“持续强化效应”，影响着农村居民旅游行为意向、旅游消费水平和旅游行为方式。新时代农村居民旅游消费行为是经济、文化、心理与乡村城镇化等不同因素及其多重效应综合作用的结果。

三、农村居民旅游消费行为价值取向

主要结论：苏南农村居民旅游消费行为价值取向可以从消费价值观与旅游感知价值两个层次理解。旅游情境下消费价值观包括独立发展、家庭情感、物质享受和面子形象 4 个维度；旅游感知价值包括情感价值、景观价值、成本价值和社会价值 4 个维度。农村居民旅游消费行为价值取向对文化传统具有明显的“路径依赖”效应，同时也体现出现代价值取向趋势，折射了乡村社会的转型，可以较好地理解和透视旅游消费行为的价值观动因。

（1）基于相关理论分析，构建旅游情境下消费价值观、感知价值与旅游消费行为的研究路径。根据实地访谈和文献资料的整理和归纳，设计了农村居民消费价值观与旅游感知价值的量表条目，提炼出农村居民旅游消费行为价值取向的维度结构。根据认同强度，旅游感知价值依次递减为情感价值、景观价值、成本价值和社会价值，旅游情境下消费价值观依次递减为独立发展、家庭情感、物质享受和面子形象。

（2）农村居民旅游消费行为价值取向与旅游消费行为具有较好的拟合关系，对旅游消费行为具有较强的解释力。首先，构建旅游认知、感知价值与旅游行为意向的结构关系，研判引发旅游感知价值与行为意向的基础变量，农村居民对旅游行为的认知评价、感知价值与旅游行为意向呈正相关关系。其次，农村居民旅游消费行为受不同价值取向的驱动，独立发展、物质享受和家庭情感等消费观对旅游感知价值影响效应更强，对旅游消费行为也起着积极的作用，而社会价值与面子形象、物质享受价值观拟合效果较好，对旅游行为意向产生负面效应。

（3）农村居民旅游消费行为价值取向的结构体系反映了传统价值观与现代价值观的冲突与融合，体现了本土化的结构特点。农村居民旅游消费行为观念根植于中国传统文化之中，凸显传统价值体系对旅游消费行为的导向性与约束性；价值取向呈现“传统与现代”价值观并存的初步推演，塑造了相对独特的旅游消费行为；价值取向在整体上展现“情感优先”和“面子脱节”的体系结构，并可以重构为个人发展区、社会发展区、个人维持区和社会维持区四个价值观分区；价值取向反映了传统消费倾向与现代消费倾向的分化、个人价值取向与社会价值取向的分化，教育和收入是区隔旅游消费行为价值取向的重要标准。

四、农村居民旅游消费行为调节模式与政策建议

主要结论：基于价值取向、内外情境、个体（家庭）结构与旅游消费行为之间的影响关系，构建了农村居民旅游消费行为调节模式，将农村居民旅游者划分为四种类型，设计引导农村居民旅游消费行为和拓展农村旅游市场的政策建议。

（1）构建嵌入个体（家庭）结构“价值取向-情境-行为”的旅游消费行为调节模式，价值取向、情境与个体（家庭）结构对旅游消费行为具有不同程度的影响，并对类似消费者行为具有较强解释力。价值取向是旅游消费行为的内驱因素，起着规范与导向作用，是旅游消费的结果和目的；情境因素包括内外情境，内部情境指感知旅游行为控制与旅游消费认同，外部情境指政府、企业等相关涉农旅游消费制度政策，情境因素是旅游消费行为的调节因素，起着强化或弱化作用；个体（家庭）结构是旅游消费行为的基础因素，起着启动与区隔作用，旅游消费行为调节模式应嵌入个体（家庭）结构。

（2）根据家庭收入和教育程度，将农村居民旅游者划分为四种类型：消极经济型旅游者、消极享受型旅游者、积极品质型旅游者和积极预算型旅游者。不同类型的农村居民旅游者在旅游行为模式、消费水平与行为意向上存在较大差异，其影响因素与价值取向也有所不同，政府和企业应设计相应的旅游公共政策和旅游营销策略。

（3）政府旅游公共政策设计要根据存在的问题，遵循不同的解决思路和战略层次，从而达到不同的目的，主要包括四个方面：构建科学合理的农村居民旅游消费价值观体系，增强旅游消费认同；加强农村居民旅游消费认知教育，弱化感知旅游行为控制偏差；加强旅游公共服务体系建设，推进城乡旅游一体化，促进旅游消费公平；引导企业开发农村居民旅游消费市场，鼓励旅游企业服务下乡。

（4）企业旅游营销策略设计应根据不同类型农村居民旅游者的特点来设计，具体包括四个方面：在旅游产品上，设计多样线路，满足农村居民期望的价值取向；在旅游价格和成本上，降低旅游消费成本，让农村居民感知旅游消费的经济价值；在旅游营销渠道上，旅游企业服务要下乡上网，便利农村居民旅游消费咨询与出游；在旅游营销和沟通上，加强与农村居民的沟通，增强农村居民旅游价值感知和旅游消费认同，激发旅游消费意愿。

第二节 研究展望

中国乡村社会结构正经历着深刻的和全方位的变迁，为国内外研究者提供了理论创新的土壤，基于乡村实践的中国农村研究逐渐成为影响广泛的“显学”（徐

勇，2019）。中国农村居民旅游消费研究应立足乡村实践和现实需求，紧扣并融入城乡关系转型的时代背景中进行构建与解构，形成中国情境下农村居民旅游消费行为的理论体系。新时代农村居民对旅游需求的日益增长与供给不平衡不充分的矛盾日益突显，农村居民旅游研究具有重要的理论价值与现实诉求，也应得到一个应有的学术关照。

一、从社会公平角度关注中国农村居民旅游研究

消费需求与行为研究是经济学的传统研究领域，已有的研究成果主要以经济学理论为背景，阐释和解读经济水平（收入）对旅游消费的影响以及促进旅游消费的经济意义，然而，消费是连接经济与文化的社会活动，消费不仅具有经济和营销意义，更具有重要的社会和文化意义。中国的农村居民具有勤劳、节俭、忍耐、求稳等理性，在中国城乡二元结构背景下，为了国家的经济建设和儿女的生活幸福做出了很多牺牲，我们更应该从增进农村居民福祉和促进社会公平的视角，从弱势群体关怀的角度，从农村居民全面发展的角度，关注和研究农村居民旅游需求，让农村居民能享受到平等的旅游休闲权。

二、从流动性视角解读中国农村居民旅游现象

流动性已经成为中国社会发展情境的一个重要特征，农村居民旅游行为是中国情境下一种特殊流动实践，体现了本土化特色，有助于推进旅游学科的知识贡献与溢出。转型期的中国社会经济结构与西方发达社会以及传统社会均具有一定的相似性，又不完全相同。运用英国社会学家吉登斯（Giddens）的结构化理论，农村居民旅游需求不仅是个人追求效用最大化的理性选择，也并非简单地只是制度性的推动或阻碍，而是主体与结构的二重化过程。因而，在旅游研究“流动转向”背景下，中国农村居民旅游研究应嵌入社会转型的流动性背景中，加强农村居民旅游者时空间行为关系、行为主体意义建构等研究。

三、加强农村居民旅游研究区域的广度与深度

中国农村居民旅游研究应加强不同类型乡村和消费群体的比较研究。在进一步研究中，可以选择存在显著空间梯度差异的整个江苏省为研究区域，揭示江苏三大不同区域农村居民旅游消费的发展程度与作用机制的梯度差异规律，并透视其不同的价值取向。在研究深度上，还可以选择个别典型乡村，并结合深度访谈资料，全景展示典型区域农村居民旅游消费行为变迁过程与重要节点，深入阐释旅游行为决策过程与行为变化，揭示旅游消费行为规律，透过旅游行为更好地理解乡村转型；选择典型城镇与乡村区域，加强城乡居民旅游消费行为特征与机制的比较研究，以更好地揭示城乡转型背景下居民旅游消费行为的规律性特征。

四、加强农村居民旅游消费行为演替规律研究

本书从行为模式、消费水平和行为意向三个方面研究农村居民旅游消费行为，以期能揭示旅游消费行为过程的整体特征，但受研究数据和方法的限制，还需要深入研究不同消费阶段行为特征与作用机制及其差异，以及有无旅游经历或“一日游”与“多日游”经历对农村居民旅游消费行为的影响。此外，本书着重探讨价值取向对旅游消费行为的影响，而旅游消费行为对个体发展等方面的影响研究相对欠缺。农村居民在旅游消费后，对个体价值取向是否产生影响，具有什么程度的影响，不同旅游消费行为方式对价值取向的影响有何不同，这对引导旅游消费行为并培育健康的消费观念都具有启示性意义，值得深入研究。

参考文献

艾春荣, 汪伟. 2008. 习惯偏好下的中国居民消费的过度敏感性——基于 1995—2005 年省际动态面板数据的分析. 数量经济技术经济研究, (11): 98～114.

白凯, 马耀峰, 李天顺, 等. 2010. 西安入境旅游者认知和感知价值与行为意图. 地理学报, 65(2): 244～255.

白凯, 王馨. 2018. 中国旅游者行为研究述评(1987—2018). 旅游导刊, 2(6): 17～32.

白琳. 2009. 顾客感知价值、顾客满意和行为倾向的关系研究述评. 管理评论, 21(1): 87～93.

保继刚. 2010. 中国旅游地理学研究问题缺失的现状与反思. 旅游学刊, 25(10): 13～17.

保继刚. 2015. 有预算的消费与中国旅游发展. 旅游学刊, 30(2): 1～3.

边燕杰, 李煜. 2000. 中国城市家庭的社会网络资本. 清华社会学评论, (2): 1～18.

卞显红, 王慧, 施琳霞. 2016. 农村居民旅游动机分析及其对旅游目的地类型选择的影响研究——以长江三角洲地区为例. 地理科学, 36(1): 99～106.

布迪厄. 1997. 文化资本与社会炼金术. 包亚明, 译. 上海: 上海人民出版社.

柴彦威, 塔娜. 2013. 中国时空间行为研究进展. 地理科学进展, 32(9): 1362～1373.

柴彦威, 颜亚宁, 冈本耕平. 2008. 西方行为地理学的研究历程及最新进展. 人文地理, 23(6): 1～6.

陈才, 卢昌崇. 2011. 认同: 旅游体验研究的新视角. 旅游学刊, 26(3): 37～42.

陈超, 刘家明, 陈楠, 等. 2014. 中国农民旅游流网络重心轨迹的演化. 地理研究, 33(7): 1306～1314.

陈超, 刘家明, 马海涛, 等. 2013. 中国农民跨省旅游网络空间结构研究. 地理学报, 68(4): 547～558.

陈池波, 张攀峰. 2012. 新型社会保障、收入类型与农村居民消费——基于截面数据的经验分析. 经济管理, 34(2): 175～182.

陈健昌, 保继刚. 1988. 旅游者的行为研究及其实践意义. 地理研究, 7(3): 44～51.

陈莹, 郑涌. 2010. 价值观与行为的一致性争议. 心理科学进展, 18(10): 1612～1619.

程静静, 胡善风, 张圆刚, 等. 2016. 基于粗糙集和层次分析法的农村居民旅游目的地选择研究. 地理科学, 36(12): 1885～1893.

程兴火. 2006. 基于游客感知价值的森林生态旅游景区竞争优势研究——以浙江省为例. 杭州: 浙江大学.

崔晓林. 2001. 梯级洞察方法在饭店营销中的应用. 旅游学刊, 16(2): 52～56.

狄金华. 2011. 乡村巨变: 社会转型还是国家转型——从《乡土中国》到《新乡土中国》再到《乡村社会关键词》. 南京农业大学学报(社会科学版), 11(3): 138～142.

刁宗广. 2009. 中国农村居民旅游消费水平及区域差异研究. 地理科学, 29(2): 195～199.

刁宗广, 张涛. 2010. 中国城乡居民国内旅游消费水平和消费结构比较研究. 人文地理, 25(2): 158～160.

杜炜. 2009. 旅游消费行为学. 天津: 南开大学出版社.

段文婷, 江光荣. 2008. 计划行为理论述评. 心理科学进展, 16(2): 315～320.

段义孚. 2013. 回家记. 志丞, 译. 上海: 上海译文出版社.

方福前. 2009. 中国居民消费需求不足原因研究——基于中国城乡分省数据. 中国社会科学, (2): 68～82.

费孝通. 2007. 乡土中国. 上海: 上海人民出版社.

高德步. 2014. 论中国价值传统的转化与价值体系的重建. 中国人民大学学报, (3): 122～131.

葛学峰, 武春友. 2010. 乡村旅游偏好差异测量研究: 基于离散选择模型. 旅游学刊, 25(1): 48～52.

盖玉妍. 2012. 城市家庭变迁下的居民旅游消费价值观取向探讨. 青海社会科学, (3): 33～36.

耿晔强. 2012. 消费环境对我国农村居民消费影响的实证分析. 统计研究, 29(11): 36～40.

郭柳晨, 周依晨. 2013. 基于文化价值观的邮轮旅游购买意愿问题分析. 航运经济与管理, (12): 1～7.

贺雪峰. 2008. 农民价值观的类型及相互关系——对当前中国农村严重伦理危机的讨论. 开放时代, (3): 51～58.

侯烜方, 李燕萍, 涂乙冬. 2014. 新生代工作价值观结构、测量及对绩效影响. 心理学报, 46(6): 823～840.

胡洁, 张进辅. 2008. 基于消费者价值观的手段目标链模型. 心理科学进展, 16(3): 504～512.

黄锐, 文军. 2012. 从传统村落到新型都市共同体: 转型社区的形成及其基本特质. 学习与实践, (4): 75～82.

黄少安, 孙涛. 2005. 非正规制度、消费模式和代际交叠模型——东方文化信念中居民消费特征的理论分析. 经济研究, (4): 57～65.

黄颖华, 黄福才. 2007. 旅游者感知价值模型、测度与实证研究. 旅游学刊, 22(8): 42～47.

黄宗智. 2000. 长江三角洲小农家庭与乡村发展. 北京: 中华书局.

霍金斯, 马瑟斯博, 贝斯特. 2007. 消费者行为学. 10 版. 符国群, 译. 北京: 机械工业出版社.

吉登斯. 1987. 社会的构成. 李康, 李猛, 译. 上海: 上海三联书店.

姜凌, 高文玲. 2013. 城镇化与农村居民消费——基于我国 31 个省(区)动态面板数据模型的实证研究. 投资研究, 32(1): 141～149.

金丽. 2008. 中国文化价值观对我国在美留学人员旅游行为影响研究——以美国马萨诸塞大学中国留学生为例. 天津商业大学学报, 28(2): 7～12.

金盛华, 辛志勇. 2003. 中国人价值观研究的现状及发展趋势. 北京师范大学学报(社会科学版), (3): 56～64.

金盛华, 郑建君, 辛志勇. 2009. 当代中国人价值观的结构与特点. 心理学报, 41(10): 1000～1014.

金晓彤, 杨晓东. 2004. 中国城镇居民消费行为变异的四个假说及其理论分析. 管理世界, (11): 5～14.

李东进, 吴波, 武瑞娟. 2009. 中国消费者购买意向模型——对 Fishbein 合理行为模型的修正. 管理世界, (1): 121～129.

李华敏. 2010. 基于顾客价值理论的旅游地选择意向形成机制研究. 地理研究, 29(7): 1335～1344.

李娜, 侯国林. 2007. 苏南乡村居民旅游行为规律与市场开发策略研究. 商业研究, (4): 161～165.

李培林, 李炜. 2010. 近年来农民工的经济状况和社会态度. 中国社会科学, (1): 119～131.

李培林, 张翼. 2000. 消费分层: 启动经济的一个重要视点. 中国社会科学, (1): 52～61.

李文兵. 2011. 古村落游客忠诚模型研究——基于游客感知价值及其维度视角. 地理研究, 30(1): 37～48.

李小建, 等. 2009. 农户地理论. 北京: 科学出版社.

李晓婷, 卞显红. 2013. 农村居民不同收入来源对其旅游消费的影响研究. 旅游论坛, 6(4): 36～39.

李志辉，罗平. 2010. PASW/SPSS Statistics 中文版统计分析教程. 3 版. 北京：电子工业出版社.
梁留科，曹新向. 2005. 全面建设小康社会背景下的我国农民旅游市场开发研究. 经济地理, 25(2): 247～251.
梁雪松, 马耀峰, 李天顺. 2006. “文化边际域”中东西方旅游者行为比较研究. 旅游学刊, 21(1): 36～39.
林坚，马彦丽. 2006. 我国农民的社会分层结构和特征——一个基于全国 1185 分调查问卷的分析. 湘潭大学学报(哲学社会科学版), 30(1): 15～21.
凌常荣. 2012. 中国农民旅游研究综述. 学习论坛, (8): 117～124.
刘世雄，卢泰宏. 2006. 中国区域消费差异的二维研究. 南开管理评论, 9(2): 39～43.
刘守英，王一鸽. 2018. 从乡土中国到城乡中国——中国转型的乡村变迁视角. 管理世界, (10): 128～146.
刘彦随. 2007. 中国东部沿海地区乡村转型发展与新农村建设. 地理学报, 62(6): 563～570.
龙花楼，刘彦随，邹健. 2009. 中国东部沿海地区乡村发展类型及其乡村性评价. 地理学报, 64(4): 426～434.
龙江智，李恒云. 2012. 中国城镇居民国内旅游消费模式. 地理研究, 31(1): 155～168.
卢泰宏，刘世雄. 2004. 区域差异的消费行为研究路径与方法. 中山大学学报(社会科学版), 44(2): 18～23.
陆林. 2013. 都市圈旅游发展研究进展. 地理学报, 68(4): 532～546.
陆学艺. 2002. 当代中国社会阶层研究报告. 北京：社会科学文献出版社.
吕巍，王丽丽，江麟. 2009. 个人传统性/现代性对信用负债的影响研究. 管理世界, (12): 106～119.
马凌，保继刚. 2012. 感知价值视角下的传统节庆旅游体验——以西双版纳傣族泼水节为例. 地理研究, 31(2): 269～278.
马树才，刘兆博. 2006. 中国农民消费行为影响因素分析. 数量经济技术经济研究, (5): 20～30.
毛丹，任强. 2003. 中国农村社会分层研究的几个问题. 浙江社会科学, 3(3): 90～97.
孟德拉斯. 2005. 农民的终结. 李培林，译. 北京：社会科学文献出版社.
潘煜. 2009. 影响中国消费行为的三大因素. 上海：上海三联书店.
潘煜，高丽，张星，等. 2014. 中国文化背景下的消费者价值观研究——量表开发与比较. 管理世界, (4): 90～106.
庞世明. 2014. 中国旅游消费函数实证研究——兼与周文丽、李世平商榷. 旅游学刊, 29(3): 31～38.
邱洁威. 2011. 旅游在统筹城乡文化建设中的价值. 旅游学刊, 26(12): 13～14.
邱洁威，查爱苹，何春萍. 2011a. 农民旅游概念、基本问题与研究框架——一个文献综述. 旅游学刊, 26(10): 13～20.
邱洁威，张跃华，查爱苹. 2011b. 农村居民旅游消费意愿影响因素的实证研究——基于浙江省 780 户农村居民的微观数据. 兰州学刊, (3): 57～64.
曲颖，贾鸿雁. 2013. 国内海滨城市旅游目的地推拉动机关系机制研究——“手段—目的”方法的应用. 旅游科学, 27(4): 11～23.
饶品样. 2012. 明代文化价值观的嬗变与城市旅游活动的发展. 中州学刊, (4): 141～145.
荣泰生. 2009. AMOS 与研究方法. 重庆：重庆大学出版社.
史清华，徐翠萍. 2008. 长三角农户服务消费行为的变迁: 1986—2005. 农业经济问题, 29(3): 64～72.
史清华，张改清. 2003. 农户家庭决策模式与经济增长的关系——来自浙江 5 村的调查. 农业现代化研究, 24(2): 86～90.

宋冬林, 金晓彤, 刘金叶. 2003. 我国城镇居民消费过度敏感性的实证检验与经验分析. 管理世界, (5): 29～35.

苏凇, 孙川, 陈荣. 2013. 文化价值观、消费者感知价值和购买决策风格: 基于中国城市化差异的比较研究. 南开管理评论, (1): 102～109.

隋丽娜, 李颖科, 程圩. 2010. 中西方文化遗产旅游者顾客价值差异研究——以旅西游客为例. 旅游学刊, 25(2): 35～41.

孙九霞, 周尚意, 王宁, 等. 2016. 跨学科聚焦的新领域: 流动的时间、空间与社会. 地理研究, 35(10): 1801～1818.

邰秀军, 李树茁, 李聪, 等. 2009. 中国农户谨慎性消费策略的形成机制. 管理世界, (7): 85～92.

唐佳, 李君轶. 2015. 基于多分 Logistic 回归的旅游局官博转发影响因素研究. 旅游学刊, 30(1): 32～41.

汪雁. 2012. 社会转型加速期华北农户经济行为研究. 北京: 知识产权出版社.

王昌海. 2014. 农户生态保护态度: 新发现与政策启示. 管理世界, (11): 70～79.

王朝辉, 陆林, 夏巧云, 等. 2011. 重大事件游客感知价值维度模型及实证研究——以 2010 上海世博会国内游客为例. 旅游学刊, 26(5): 90～96.

王春光, 赵玉峰, 王玉琪. 2018. 当代中国农民社会分层的新动向. 社会学研究, (1): 63～88.

王帆. 2013. 新农村建设背景下的农村居民旅游行为研究——以宁夏为例. 湖南商学院学报, 20(2): 74～78.

王高. 2004. 顾客价值与企业竞争优势——以手机行为为例. 管理世界, (10): 97～113.

王晖, 邹冬生. 2010. 农村居民旅游消费需求的特点——基于湖南长株潭地区调查. 湖南农业大学学报(社会科学版), 11(5): 21～25.

王建明. 2010. 消费者资源节约与环境保护行为及其影响机理——理论模型、实证检验和管制对策. 北京: 中国社会科学出版社.

王建明. 2013. 资源节约意识对资源节约行为的影响——中国文化背景下一个交互效应和调节效应模型. 管理世界, (8): 77～90.

王健. 2011. 中国式旅游发展道路的跨文化比较研究. 旅游科学, 25(1): 1～10.

王江, 罗仕伟. 2014. 重庆农民旅游行为研究. 重庆师范大学学报(自然科学版), 31(1): 109～116.

王克稳, 李敬强, 徐会奇. 2013. 不确定性对中国农村居民消费行为的影响研究——消费不确定性和收入不确定性的双重视角. 经济科学, (5): 86～96.

王昆欣, 徐云松, 阎纲, 等. 2000. 一个值得去大力开发的旅游市场——关于浙江省农村旅游市场情况的调查报告. 旅游学刊, 15(6): 45～51.

王莉, 张宏梅, 陆林, 等. 2014. 湿地公园游客感知价值研究——以西溪/溱湖为例. 旅游学刊, 29(6): 87～96.

王宁. 2001. 消费与认同——对消费社会学的一个分析框架的探索. 社会学研究, (1): 4～14.

王宁. 2009. 从苦行者社会到消费者社会——中国城市消费制度、劳动激励与主体结构转型. 北京: 社会科学文献出版社.

王庆娟, 张金成. 2012. 工作场所的儒家传统价值观: 理论、测量与效度检验. 南开管理评论, 15(4): 66～79.

王文瑞. 2009. 我国农村居民国内旅游基本特征分析. 云南师范大学学报(哲学社会科学版), 41(4): 120～124.

王莹, 徐东亚, 王元浩. 2008. 农民旅游特征及旅行社市场开发对策研究. 农村经济, (10): 54～57.
王跃伟, 陈航. 2011. 基于“手段—目的”链的旅游者满意因素分析——以辽宁赴台旅游者为例. 旅游学刊, 26(6): 46～52.
韦伯. 1987. 新教伦理与资本主义精神. 于晓, 陈维刚, 等译. 上海: 上海三联书店.
魏宝祥. 2012. 基于方式—目的理论的民族旅游者目的地选择研究——以临夏回族旅游者为例. 人文地理, 27(1): 136～141.
魏遐, 潘益听. 2012. 湿地公园游客体验价值量表的开发方法——以杭州西溪湿地公园为例. 地理研究, 31(6): 1121～1131.
魏正环. 2006. 我国农民旅游消费问题探析. 北京第二外国语学院学报, (9): 26～30.
温铁军, 郎晓娟, 郑风田. 2011. 中国农村社会稳定状况及其特征: 基于100村1765户的调查分析. 管理世界, (3): 66～76.
吴必虎, 唐俊雅, 黄安民, 等. 1997. 中国城市居民旅游目的地选择行为研究. 地理学报, 52(2): 97～103.
吴理财, 夏国锋. 2007. 农民的文化生活: 兴衰与重建——以安徽省为例. 中国农村观察, (2): 62～69.
伍晓奕, 林德荣. 2008. 跨文化旅游者消费行为研究综述. 旅游科学, 22(3): 49～53.
徐冰. 2005. 中国人的“显我”与“隐我”. 中国社会心理学评论, (1): 157～180.
徐海军, 黄震方, 侯兵. 2010. 基于扩大内需的中国农村居民旅游市场开发研究. 旅游学刊, 25(3): 41～46.
徐伟, 戴其文, 把多勋, 等. 2010. 中国农村居民一日游现状与出游目的空间自相关分析. 旅游学刊, 25(10): 43～49.
徐勇. 2010. 农民理性的扩张: “中国奇迹”的创造主体分析——对既有理论的挑战及新的分析进路的提出. 中国社会科学, (1): 103～118.
徐勇. 2019. 站在全新历史起点上推进中国农村研究. 中国社会科学报, [2019-02-12].
闫超. 2012. 基于社会认同视角的新生代农民工炫耀性消费行为影响机理研究. 长春: 吉林大学.
闫新华, 杭斌. 2010. 内、外部习惯形成及居民消费结构——基于中国农村居民的实证研究. 统计研究, 27(5): 32～40.
阎建忠, 卓仁贵, 谢德体, 等. 2010. 不同生计类型农户的土地利用——三峡库区典型村的实证研究. 地理学报, 65(11): 1401～1410.
阳翼. 2007. 中国区域消费差异的实证研究. 管理科学, 20(5): 60～68.
杨宜音. 1998. 社会心理领域的价值观研究述要. 中国社会科学, (2): 83～93.
杨永春, 谭一洺, 黄幸, 等. 2012. 基于文化价值观的中国城市居民住房选择——以成都市为例. 地理学报, 67(6): 841～852.
杨勇. 2014. 收入与我国农村居民旅游消费——基于来源结构视角的省级面板数据实证研究(2000—2010). 经济管理, 36(8): 117～125.
杨勇. 2015. 收入来源、结构演变与我国农村居民旅游消费——基于2000—2010年省际面板数据的实证检验分析. 旅游学刊, 30(11): 19-30.
叶超, 赵媛. 2014. 新文化地理及其通俗化路径. 地理与地理信息科学, 30(2): 107～110.
叶德珠, 连玉君, 黄有光, 等. 2012. 消费文化、认知偏差与消费行为偏差. 经济研究, (2): 80～92.
叶延琼, 罗宇萍, 章家恩. 2011. 珠三角与粤北地区农村居民旅游认知特征对比分析. 热带地理, 31(6): 629～633.

依绍华, 聂新伟. 2011. 我国农村居民旅游消费与收入关系的实证研究. 经济学动态, (9): 83～87.
于丹, 董大海, 刘瑞明, 等. 2008. 理性行为理论及其拓展研究的现状与展望. 心理科学进展, 16(5): 796～802.
余凤龙, 黄震方. 2013. 中国城镇化进程对农村居民旅游消费的影响. 经济管理, 35(7): 125～134.
余凤龙, 黄震方. 2017. 中国农村居民旅游消费研究进展. 经济地理, 37(1): 101～108.
余凤龙, 黄震方, 方叶林. 2013a. 中国农村居民旅游消费特征与影响因素分析. 地理研究, 32(8): 1565～1576.
余凤龙, 黄震方, 陆林, 等. 2016. 发达地区农村家庭旅游目的地选择行为特征与影响机制——以苏南地区为例. 地理学报, 71(12): 2233～2249.
余凤龙, 黄震方, 吴丽敏. 2013b. 尺度视角下的中国农村居民旅游研究体系探讨. 地域研究与开发, 32(6): 79～83.
虞虎, 陈田, 王开泳, 等. 2015. 中国农村居民省际旅游流网络空间结构特征与演化趋势. 干旱区资源与环境, 29(6):189～195.
翟学伟. 1999. 中国人的价值取向: 类型、转型及其问题. 南京大学学报(哲学 · 人文 · 社会科学), (4): 118～126.
张富刚, 刘彦随. 2008. 中国区域农村发展动力机制及其发展模式. 地理学报, 63(2): 115～122.
张宏梅, 洪娟, 张文静. 2012. 旅游目的地游客感知价值的层次关系模型. 旅游学刊, 27(4): 125～130.
张宏梅, 陆林. 2009. 入境旅游者旅游动机及其跨文化比较——以桂林、阳朔入境旅游者为例. 地理学报, 64(8): 1297～1309.
张金宝. 2014. 经济条件、人口特征和风险偏好与城市家庭的旅游消费——基于国内 24 个城市的家庭调查. 旅游学刊, 29(5): 31～39.
张丽峰. 2010. 我国农村居民旅游消费变参数模型研究. 旅游论坛, 3(4): 463～467.
张梦霞. 2010. 中国消费者购买行为的文化价值观动因研究. 北京: 科学出版社.
张涛, 贾生华. 2008. 节事消费者感知价值的维度和测量研究. 旅游学刊, 23(5): 74～78.
张文彤. 2004. SPSS 统计分析高级教程. 北京: 高等教育出版社.
张小林. 1999. 乡村空间系统及其演变研究: 以苏南为例. 南京: 南京师范大学出版社.
张新安. 2010. 中国消费者的顾客价值形成机制: 以手机为对象的实证研究. 管理世界, (1): 107～121.
赵保国, 刘勇. 2013. 我国农村居民消费价值观的维度研究. 财经问题研究, (1): 124～129.
赵东喜, 刘永涓. 2010. 农村居民旅游消费影响因素研究. 旅游论坛, 3(1): 23～27.
赵荣, 王恩涌, 张小林. 2006. 人文地理学. 北京: 高等教育出版社.
赵卫亚. 1999. 中国农村居民消费结构的变迁. 中国农村经济, (9): 13～17.
赵莹, 柴彦威, 桂晶晶. 2016. 中国城市休闲时空行为研究前沿. 旅游学刊, 31(9): 30～40.
郑红娥. 2006. 社会转型与消费革命——中国城市消费观念的变迁. 北京: 北京大学出版社.
郑群明. 2004. 农村居民的旅游态度和出游特征研究——以湖南省为例. 旅游科学, 18(2): 9～14.
郑群明, 钟林生. 2005. 农村居民旅游认知特征分析——以湖南省四县市为例. 地理研究, 24(4): 591～600.
郑雅琴, 贾良定, 尤树洋, 等. 2013. 中国管理与组织的情境化研究——基于 10 篇高度中国情境化研究论文的分析. 管理学报, 10(11): 1561～1566.

钟士恩, 张捷, 任黎秀, 等. 2009a. 农村居民国内旅游空间行为分析. 地理与地理信息科学, 25(3): 103～107.
钟士恩, 张捷, 周强, 等. 2009b. 农村居民国内旅游流空间集中性. 地理研究, 28(6): 1562～1571.
周翀燕, 李祝舜. 2004. 我国农民旅游市场开发初探. 旅游学刊, 19(4): 23～27.
周国忠, 郎富平. 2009. 农民旅游者出游特征、影响因素及对策——以浙江省为例. 经济地理, 29(4): 688～692.
周建, 杨秀祯. 2009. 我国农村消费行为变迁及城乡联动机制研究. 经济研究, (11): 83～95.
周军, 田克勤. 2013. 中国农村现代化进程中农民文化价值观的变迁及其引导. 东北师大学报(哲学社会科学版), (3): 13～16.
周玮, 黄震方, 殷红卫, 等. 2012. 城市公园免费开放对游客感知价值维度的影响及效应分析——以南京中山陵为例. 地理研究, 31(5): 873～884.
周文丽. 2013. 西部典型区农村居民旅游消费特征及影响因素研究——以甘肃省农村居民为例. 人文地理, 28(3): 148～153.
周文丽, 李世平. 2010. 基于凯恩斯消费理论的旅游消费与收入关系实证研究. 旅游学刊, 25(5): 33～38.
周晓虹. 2013. 再论中国体验：内涵、特征与研究意义. 社会学评论, 1(1): 14～21.
朱迪. 2012. 混合研究方法的方法论、研究策略及应用——以消费模式研究为例. 社会学研究, (4): 146～166.
朱迪. 2013. 品味与物质欲望: 当代中产阶层的消费模式. 北京: 社会科学文献出版社.
朱信凯, 骆晨. 2011. 消费函数的理论逻辑与中国化: 一个文献综述. 经济研究, (1): 140～153.
邹荣桂, 邬爱其. 2001. 我国农民旅游消费成效与隐忧并存. 调研世界, (9): 36～38.
左冰. 2014. 红色旅游与政党认同——基于井冈山景区的实证研究. 旅游学刊, 29(9): 60～72.
Ajzen I. 1991. The theory of planned behavior. Organizational Behavior and Human Decision Processes, 50(2): 179～211.
Bagozzi R P, Wong N, Abe S, et al. 2000. Cultural and situational contingencies and the theory of reasoned action: Application to fast food restaurant consumption. Journal of Consumer Psychology, 9(2): 97～106.
Bajs I P. 2015. Tourist perceived value, relationship to satisfaction, and behavioral intentions: The example of the croatian tourist destination Dubrovnik. Journal of Travel Research, 54(1): 122～134.
Baker D A, Crompton J L. 2000. Quality, satisfaction and behavioural intentions. Annals of Tourism Research, 27(3): 785～804.
Bardi A, Calogero R M, Mullen B. 2008. A new archival approach to the study of values and value–behavior relations: Validation of the value lexicon. Journal of Applied Psychology, 93(3): 483～497.
Bardi A, Schwartz S H. 2003. Values and behavior: Strength and structure of relations. Personality & Social Psychology Bulletin, 29(10): 1207～1220.
Bernini C, Craolici M F. 2015. Demographic change, tourism expenditure and life cycle behaviour. Tourism Management, 47: 191～205.
Bond M H. 1988. Finding universal dimensions of individual variation in multicultural studies of values: The Rokeach and Chinese value surveys. Journal of Personality and Social Psychology, 55(6): 1009～1015.

Boote A S. 1981. Market segmentation by personal values and salient product attributes. Journal of Advertising Research, 21(1): 29～35.

Bourdieu P. 1984. Distinction: A Social Critique of The Judgement of Taste. Cambridge, MA: Harvard University Press.

Brunso K, Scholderer J, Grunert K G. 2004. Closing the gap between values and behavior: A means-end theory of lifestyle. Journal of Business Research, 57(6): 665～670.

Cai Y, Shannon R. 2012. Personal values and mall shopping behavior: The mediating role of attitude and intention among Chinese and Thai consumers. Australasian Marketing Journal, 20(1): 37～47.

Carlsen J, Boksberger P. 2015. Enhancing consumer value in wine tourism. Journal of Hospitality & Tourism Research, 39(1): 132～144.

Chang T Z, Wildt A R. 1994. Price, product information and purchase intention: An empirical study. Journal of the Academy of Marketing Science, 22(1): 16～27.

Chang W C, Wong W K, Koh J B K. 2003. Chinese value in Singapore: Traditional and modern. Asian Journal of Social Psychology, 6(1): 5～29.

Chen C F, Chen F S. 2010. Experience quality, perceived value, satisfaction and behavioral intention for heritage tourists. Tourism Management, 31(1): 29～35.

Chen C F, Tsai D C. 2007. How destination image and evaluative factors affect behavioral intentions. Tourism Management, 28(4): 1115～1122.

Cronin J J, Brady M K, Hult G T M. 2000. Assessing the effects of quality, value and customer satisfaction on consumer behavioural intentions in service environments. Journal of Retailing, 76(2): 193～218.

Crotts J C. 2004. The effects of cultural distance on overseas travel behaviors. Journal of Travel Research, 43(1): 83～88.

Crotts J C, Rekom J. 1999. Exploring and enhancing the psychological value of a fine arts museum. Journal of International Hospitality, Leisure & Tourism Management, 1(4): 37～48.

David L, Susan E G. 2001. An integrative framework for cross-cultural consumer behavior. International Marketing Review, 18(1): 45～69.

Deaton A. 1991. Saving and liquidity constraints. Econometrica, 59(5): 1221～1248.

Deborah C, Richard P. 2000. Modeling tourists' multiple values. Annals of Tourism Research, 27(1): 69～92.

Duman T, Mattila A S. 2005. The role of affective factors on perceived cruise vacation value. Tourism Management, 26(3): 311～323.

Ekinci Y, Chen J S. 2001. Segmenting overseas British holidaymakers by personal values. Journal of Hospitality & Leisure Marketing, 9(3-4): 5～15.

Farh J L, Hackett R D, Liang J. 2007. Individual-level cultural values as Moderators of perceived organizational support-employee outcome relationships in China: Comparing the effects of power distance and traditionality. The Academy of Management Journal, 50(3): 715～729.

Fishbein M, Ajzen I. 1975. Belief, Attitude, Intention, and Behavior: An Introduction to Theory and Research Reading. MA: Addison-Wesley.

Gallarza M G, Arteaga F, Saura I G. 2013. The value of volunteering in special events: A longitudinal study. Annals of Tourism Research, 40(1): 105～131.

Gallarza M G, Saura I G. 2006. Value dimensions, perceived value, satisfaction and loyalty: An investigation of university students' travel behavior. Tourism Management, 27(3): 437～452.

Grunert K G, Grunert S C. 1995. Measuring subjective meaning structures by the laddering method: Theoretical considerations and methodological problems. International Journal of Research in Marketing, 12(3): 209～225.

Guagnano G A, Stern P C, Dietz T. 1995. Influences on attitude-behavior relationships: A natural experiment with curbside recycling. Environment and Behavior, 27(5): 699～718.

Gutman J. 1982. A means–end chain model based on consumer categorization processes. Journal of Marketing, 46(2): 60～72.

Hall R. 1978. Stochastic implications of the life cycle-permanent income hypothesis: Theory and evidence. Journal of Political Economy, 86(6): 971～987.

Hedlund T. 2011. The impact of values, environmental concern, and willingness to accept economic sacrifices to protect the environment on tourists' intentions to buy ecologically sustainable tourism alternatives. Tourism & Hospitality Research, 11(4): 278～288.

Hoare R J, Butcher K. 2008. Do Chinese cultural values affect customer satisfaction/loyalty. International Journal of Contemporary Hospitality Management, 20(2): 156～171.

Hofstede G. 2001. Culture's Consequences: Comparing Values, Behaviors, Institutions and Organizations Across Nations. 2nd edn. Thousand Oaks CA: Sage Publications.

Homer P M, Kahle L R. 1988. A structural equation test of the value-attitude-behavior hierarchy. Journal of Personality and Social Psychology, 54(4): 638～646.

Jamal S A, Othma N, Muhammad N M N. 2011. Tourist perceived value in a community-based home-stay visit: An investigation into the functional and experiential aspect of value. Journal of Vacation Marketing, 17(1): 5～15.

Jewell B, Crotts J C. 2002. Adding psychological value to heritage tourism experiences. Journal of Travel & Tourism Marketing, 11(4): 13～28.

Kahle L R, Beatty S E, Homer P. 1986. Alternative measurement approaches to consumer values: The list of values (LOV) and values and life style (VALS). The Journal of Consumer Research, 13(3): 405～409.

Kahle L R, Liu R, Watking H. 1992. Psychographic variation across United States geographic regions. Advances in Consumer Research Volume, 19(1): 346～352.

Kashyap R, Bojanic D C. 2000. A structural analysis of value, quality, and price perceptions of business and leisure travelers. Journal of Travel Research, 39(1): 45～51.

Kim C, Lee S. 2000. Understanding the cultural differences in tourist motivation between Anglo-American and Japanese tourists. Journal of Travel & Tourism Marketing, 9(1): 153～170.

Klenosky D B. 2002. The "Pull" of tourism destinations: A means-end investigation. Journal of Travel Research, 40(4): 396～403.

Kluckhohn F R, Strodtbeck F L. 1961. Variations In Value Orientations. New York: Row, Peterson and Company.

Lauterborn B. 1990. New marketing litany: Four Ps passé: C-words take over. Advertising Age, (10):

26.

Lee C K, Yoon Y S, Lee S K. 2007. Investigating the relationships among perceived value, satisfaction, and recommendations: The case of the Korean DMZ. Tourism Management, 28(1): 204～214.

Li M M. 2014. Cross-cultural tourist research: A meta-analysis. Journal of Hospitality & Tourism Research, 38(1): 40～77.

Li M M, Cai L A. 2012. The effects of personal values on travel motivation and behavioral intention. Journal of Travel Research, 51(4): 473～487.

Lindberg K, Johnson R L. 1997. Modeling resident attitudes toward tourism. Annals of Tourism Research, 24(2): 402～424.

Litvin S W, Crotts J C, Hefner F L. 2004. Cross-cultural tourist behavior: A replication and extension involving Hofstede's uncertainty avoidance dimension. International Journal of Tourism Research, 6(1): 29～37.

Lo A S, Lee C Y S. 2011. Motivations and perceived value of volunteer tourists from Hong Kong. Tourism Management, 32(2): 326～334.

López-Mosquera N, Sánchez M. 2011. The influence of personal values in the economic-use valuation of peri-urban green spaces: An application of the means-end chain theory. Tourism Management, 32(4): 875～889.

Madrigal R, Kahle L R. 1994. Predicting vacation activity preferences on the basis of value-system segmentation. Journal of Travel Research, 32(3): 22～28.

McCleary K W, Choi B M. 1999. Personal values as a base for segmenting international markets. Tourism Analysis, 4(1): 1～17.

McDonald S, Thyne M, McMorland L A. 2008. Means-end theory in tourism research. Annals of Tourism Research, 35(2): 596～599.

McIntosh A J, Prentice R C. 1999. Affirming authenticity: Consuming cultural heritage. Annals of Tourism Research, 26(3): 589～612.

McIntosh A J, Thyne M A. 2005. Understanding tourist behavior using means-end chain theory. Annals of Tourism Research, 32(1): 259～262.

Mehmetoglu M, Hines K, Graumann C, et al. 2010. The relationship between personal values and tourism behaviour: A segmentation approach. Journal of Vacation Marketing, 16(1): 17～27.

Mok C, Defranco A L. 2000. Chinese cultural values: Their implications for travel and tourism marketing. Journal of Travel & Tourism Marketing, 8(2): 99～114.

Morduch J. 1994. Poverty and vulnerability. American Economic Review, 84(2): 221～225.

Moura F T, Gnoth J, Deans K R. 2014. Localizing cultural values on tourism destination websites: The effects on users' willingness to travel and destination image. Journal of Travel Research, 54(4): 2091～2100.

Moutinho L. 1987. Consumer behavior in tourism. European Journal of Marketing, 21(10): 5～44.

Muller T E. 1991. Using personal values to define segments in an international tourism market. International Marketing Review, 8(1): 57～70.

Muller T E. 1996. How personal values govern the post-visit attitudes of international tourists.

Journal of Hospitality & Leisure Marketing, 3(2): 3～24.

Oh H. 2003. Price fairness and its asymmetric effects on overall price, quality, and value judgments: The case of an upscale hotel. Tourism Management, 24(4): 387～399.

Parasuraman A. 1997. Reflections on gaining competitive advantage through customer value. Journal of the Academy of Marketing Science, 25(2): 154～161.

Petrick J F. 2004. First timers' and repeaters' perceived value. Journal of Travel Research, 43(1): 29～38.

Petrick J F, Backman S J. 2002. Examination of the construct of perceived value for the prediction of golf travelers' intentions to revisit. Journal of Travel Research, 41(1): 38～45.

Petrick J F, Morais D D, Norman W C. 2001. An examination of the determinants of entertainment vacationers intentions to revisit. Journal of Travel Research, 40(1): 41～48.

Pike S. 2012. Destination positioning opportunities using personal values: Elicited through the repertory test with laddering analysis. Tourism Management, 33(1):100～107.

Pitts R E, Woodside A G. 1986. Personal values and travel decisions. Journal of Travel Research, 25(1): 20～25.

Pizam A, Calantone R. 1987. Beyond psychographics-values as determinants of tourist behavior. International Journal of Hospitality Management, 6(3): 177～181.

Pizam A, Jeong G H. 1996. Cross-cultural tourist behavior: Perceptions of Korean tour-guides. Tourism Management, 17(4): 277～286.

Reisinger Y, Turner L. 1999. Structural equation modeling with LISREL: Application in tourism. Tourism Management, 20(1): 71～88.

Rekom J. 1995. Adding psychological value to tourism products. Journal of Travel & Tourism Marketing, 3(3): 21～36.

Rokeach M. 1973. The Nature of Human Values. New York: The Free Press.

Sánchez J, Callarisa L, Rodríguez R M, et al. 2006. Perceived value of the purchase of a tourism product. Tourism Management, 27(3): 394～409.

Schwartz S H. 1994. Are there universal aspects in the structure and contents of human values. Journal of Social Issues, 50(4): 19～45.

Schwartz S H, Bilsky W. 1990. Toward a theory of the universal content and structure of values: Extensions and cross-cultural replications. Journal of Personality & Social Psychology, 58(5): 878～891.

Sheth J N, Newman B I, Gross B L. 1991. Why we buy what we buy: A theory of consumption values. Journal of Business Research, 22(2): 159～170.

Steenkamp J, Hofstede F T. 2002. International market segmentation: Issues and perspectives. International Journal of Research in Marketing, 19(3): 185～213.

Sweeney C J, Soutar N G. 2001. Consumer perceived value: The development of a multiple item scale. Journal of Retailing, 77(2): 203～220.

Tabachnick B G, Fidell L S. 2001. Using Multivariate Statistics. 4th. New York: Harper Collins College Publishers.

The Chinese Culture Connection. 1987. Chinese values and the search for culture-free dimensions of culture. Journal of Cross-Cultural Psychology, 18(2): 143～164.

Thompson C J, Troester M. 2002. Consumer value systems in the age of postmodern fragmentation: The case of the natural health microculture. Journal of Consumer Research, 28(4): 550～571.

Tosun C. 2002. Host perceptions of impacts: A comparative tourism study. Annals of Tourism Research, 29(1): 231～253.

Tsang N K F. 2011. Dimensions of Chinese culture values in relation to service provision in hospitality and tourism industry. International Journal of Hospitality Management, 30(3): 670～679.

Tsang N K F, Hsu C H C. 2011. Thirty years of research on tourism and hospitality management in China: A review and analysis of journal publications. International Journal of Hospitality Management, 30(4): 886～896.

Watkins L. 2005. Methodological issues in using Kahle's list of values scale for Japanese tourism behaviour. Journal of Vacation Marketing, 11(3): 225～233.

Watkins L, Gnoth J. 2010. Japanese tourism values: A means-end investigation. Journal of Travel Research, 50(6): 654～668.

Watkins L, Gnoth J. 2011. The value orientation approach to understanding culture. Annals of Tourism Research, 38(4): 1274～1299.

Williams P, Soutar G N. 2009. Value, satisfaction and behavioral intentions in an adventure tourism context. Annals of Tourism Research, 36(3): 413～438.

Wong J, Newton J D, Newton F J. 2014. Effects of power and individual-level cultural orientation on preferences for volunteer tourism. Tourism Management, 42: 132～140.

Wong S, Lau E. 2001. Understanding the behavior of Hong Kong Chinese tourists on group tour packages. Journal of Travel Research, 40(1): 57～67.

Woodruff R B. 1997. Customer value: The next source for competitive advantage. Journal of the Academy of Marketing Science, 25(2): 139～153.

Wu H C, Li T. 2017. A study of experiential quality, perceived value, heritage image, experiential satisfaction, and behavioral intentions for heritage tourists. Journal of Hospitality & Tourism Research, 41(8): 904～944.

Xu F, Fox D. 2014. Modelling attitudes to nature, tourism and sustainable development in national parks: A survey of visitors in China and the UK. Tourism Management, 45(1): 142～158.

Yang Y, Liu Z H, Qi Q Y. 2014. Domestic tourism demand of urban and rural residents in China: Does relative income matter? Tourism Management, 40(1): 193～202.

Yen C H, Teng H Y. 2015. Celebrity involvement, perceived value, and behavioral intentions in popular media-induced tourism. Journal of Hospitality & Tourism Research, 39(2): 225～244.

Yoon Y S, Lee J S, Lee C K. 2010. Measuring festival quality and value affecting visitors' satisfaction and loyalty using a structural approach. International Journal of Hospitality Management, 29(2): 335～342.

Zeithaml V A. 1988. Consumer perceptions of price, quality, and value: A means-end model and synthesis of evidence. Journal of Marketing, 52(3): 2～22.

Zhang X, Zheng X, Wang L. 2003. Comparative research on individual modernity of adolescents between town and countryside in China Asian. Journal of Social Psychology, 6(1): 61～73.

附录A 调 查 问 卷

附录 A.1　农村居民旅游消费行为特征与影响因素调查问卷

尊敬的女士/先生：

您好！随着农村居民收入水平的提高，消费水平的改善，您肯定也想走出去看看！为了了解您的旅游消费需求，我们开展这次农村居民旅游消费调查。本调查成果仅用于学术研究，不会用于任何商业用途。您所答的资料十分宝贵，所有问题均为匿名回答，请您根据自己的实际情况放心填写！衷心感谢您能在百忙之中抽出宝贵时间支持我们，十分感激！谢谢您及家人的支持！祝您安康！

填表说明：

（1）调研对象：一是在过去 1 年内有过旅游经历，且出游时间超过 6 小时；二是主要居住在农村区域。（2）调研对象一定要是家里的主事人（户主），或扮演户主的角色。

调 查 员：姓名_____　调查时间_____

调查地点：______县（市）/区______镇（街道）____村（社区）

第一部分：农村居民旅游消费行为特征调查，请根据实际消费情况，在空格中打“√”

1.请问**最近一次**到哪里旅游？　_____省（市）____ 市_____ 县（或县级市）（或______景区）
2.您家**旅游计划**一般由谁制订？（1）丈夫（2）妻子（3）夫妇共同协商（4）子女提出（5）其他方式
3.请问**如何咨询**旅游信息？（1）咨询亲朋好友（2）上网查询（3）咨询旅行社（4）咨询村委会（社区）（5）其他
4.您家通常选择哪种方式**出去旅游**？　（1）旅行社组织　（2）自行组织　（3）其他
5.请问通常**和谁**一起出去旅游？（1）独自出游　（2）家庭一起　（3）和亲朋好友　（4）其他
6.您家喜欢去看什么**类型风景**？　（1）大城市风光　（2）山水（海滨）风光　（3）文化古迹与景观　（4）购物商场　（5）主题公园（如游乐园等）（6）休闲度假类景区　（7）其他
7.您家出去旅游一般花费**多少钱**？（1）200 元以下　（2）200～500 元　（3）501～1000 元　（4）1001～3000 元　（5）3000 元以上
8.您家出去旅游一般玩**几天**？　（1）1 天　（2）2 天　（3）3 天　（4）4～5 天　（5）6 天及以上
9.您家出游一般住**在哪里**？（1）一/二星级宾馆（2）三星级宾馆（3）四/五星级宾馆（4）亲朋家里（5）普通旅馆
10.您周边**邻居**经常出去旅游吗？　（1）没有　（2）很少　（3）有，但不多　（4）比较多　（5）很多
11.您家一般每年**前往本市以外的地方**旅游**几次**？（1）不到 1 次（2）1 次（3）2 次（4）3 次（5）4 次及以上

续表

12.您家旅游花费最多的项目是？（1）门票（2）交通（3）餐饮（4）住宿（5）购物（6）文化娱乐（7）其他
13.您家出游乘坐什么交通工具比较多？（1）飞机（2）火车（3）旅行社/单位汽车（4）公共汽车（5）私家车
14.您家还想去旅游吗？　（1）很不想　（2）不想　（3）没想好　（4）比较想　（5）非常想
15.如果您对旅游不满意，主要对下面哪项不满意？（多选） （1）交通不方便（2）睡不好（3）吃不好（4）服务态度差（5）价格贵（6）景区没意思（7）其他
16.如果您对旅游还比较满意，主要对下面哪项满意？（多选） （1）交通方便（2）睡得好（3）吃得好（4）服务态度好（5）价格公道（6）景区好玩　（7）其他

第二部分：您感觉下面哪些因素对旅游消费有影响，请根据实际想法，在空格中打“√”

题目	非常不同意	不同意	不确定	同意	非常同意
（1）不论有钱没钱，旅游花费都要节俭	1	2	3	4	5
（2）旅游花费要实在，要实用，不能花冤枉钱	1	2	3	4	5
（3）在家百日好，出门一时难	1	2	3	4	5
（4）去哪里玩，买什么东西，喜欢听大家的意见	1	2	3	4	5
（5）亲朋好友对我们旅游消费有较大影响	1	2	3	4	5
（6）周边邻居对我们旅游消费有较大影响	1	2	3	4	5
（7）周边有钱有身份的人对我们旅游消费有较大影响	1	2	3	4	5
（8）城市居民对我们旅游消费有较大影响	1	2	3	4	5
（9）家庭收入水平不高，影响旅游消费	1	2	3	4	5
（10）家庭收入不稳定，影响旅游消费	1	2	3	4	5
（11）自身身体健康状况，影响旅游消费	1	2	3	4	5
（12）休闲时间受到限制，影响旅游消费	1	2	3	4	5
（13）未来防病养老花费，影响旅游消费	1	2	3	4	5
（14）未来子女教育花费，影响旅游消费	1	2	3	4	5
（15）农村人情往来花费，影响旅游消费	1	2	3	4	5
（16）未来买房/建房花费，影响旅游消费	1	2	3	4	5

第三部分：下面哪些因素对您旅游消费会有影响，请根据实际想法，在空格中打“√”

题目	非常不同意	不同意	一般	同意	非常同意
（1）农村居民获取旅游信息难易程度	1	2	3	4	5
（2）农村旅游交通的方便程度	1	2	3	4	5
（3）政府发放旅游消费补贴或优惠券	1	2	3	4	5
（4）土地能给您带来更多的经济收入	1	2	3	4	5
（5）村（社区）对旅游知识或出游信息的宣传	1	2	3	4	5
（6）村（社区）对旅游活动的组织	1	2	3	4	5

续表

题目	非常不同意	不同意	一般	同意	非常同意
(7)村(社区)与旅游企业联合开展旅游宣传	1	2	3	4	5
(8)旅游地门票、住宿或餐饮价格	1	2	3	4	5
(9)旅游地的知名度和吸引力	1	2	3	4	5
(10)旅游地居民的热情好客	1	2	3	4	5
(11)旅行社推出的旅游线路	1	2	3	4	5

第四部分：农村居民家庭与村庄基本情况

1.性别：(1)男 (2)女

2.年龄：(1)20岁以下(2)21～30岁(3)31～40岁(4)41～50岁(5)51～60岁(6)60岁以上

3.受教育程度：(1)小学及以下(2)初中(3)高中(或中专、技校)(4)大专(5)本科及以上

4.家庭中有成员现在是(或曾经是)村干部吗？(1)是 (2)否

5.家庭常住人口 ___人；60岁以上______ 人

6.您家还有耕地吗？(1)有 (2)否； 如果有耕地：一共有_____亩

7.您目前主要收入来源和职业：

(1)主要来源于耕种承包的田地，没有或很少有副业收入(普通农户)

(2)除了来源于耕种承包的田地外，还有农闲时在本地或外地打工的收入(务农兼业户)

(3)收入主要来源于种植经济作物或家庭规模养殖(种养殖专业户)

(4)收入来源以打工(上班)为主，空余时间种种地或基本不种地(工薪)

(5)收入主要来源于家庭小工业、小商业(做生意)

(6)退休在家 (7)其他(请注明__)

8.近三年(2011～2013年)您家年平均总收入多少万元？

(1)1万元以下(2)1万～3万元(3)3万～5万元(4)5万～7万元(5)7万～9万元(6)9万～11万元(7)11万元以上

9.与同村其他家庭比较，感觉您家收入如何？(1)高(2)高一点(3)差不多(4)低一点(5)低

10.您家能上网吗？ (1)能 (2)否；

如果能上网，上网做什么？(1)看新闻(2)学知识(3)查资料和信息(4)休闲(如打游戏等)(5)其他

11.您家有私家车吗？(1)有 (2)否

12.您的家庭是否参加了农村养老保险？(1)是 (2)否

13.您的家庭是否参加了医疗保险？(1)是 (2)否

14.对于目前农村婚丧嫁娶大操大办以及其他讲排场等不合理消费现象，您认为存在吗？

(1)普遍存在 (2)较多存在 (3)部分存在 (4)少量存在 (5)不存在

15.您空闲时主要干什么？(**最多选三项**)

(1)看电视 (2)打牌(麻将) (3)看报纸(书) (4)看文娱表演 (5)跳广场舞蹈

(6)串门聊天 (7)学技术(文化) (8)出门旅游 (9)其他(请注明_____)

16.本村属于什么类型村落？ (1)现代村 (2)传统村 (3)整治村

附录 A.2　农村居民旅游消费观念调查问卷

尊敬的女士/先生：

您好！随着农村居民收入水平的提高，消费水平的改善，您肯定也想走出去看看！为了了解您的旅游消费需求，我们开展这次农村居民旅游消费调查。本调查成果仅用于学术研究，不会用于任何商业用途。您所答的资料十分宝贵，所有问题均为匿名回答，请您根据自己的实际情况放心填写！衷心感谢您能在百忙之中抽出宝贵时间支持我们，十分感激！谢谢您及家人的支持！祝您安康！

填表说明：

（1）调研对象：一是在过去 1 年内有过旅游经历，且出游时间超过 6 小时；二是主要居住在农村区域。（2）调研对象一定要是家里的主事人（户主），或扮演户主的角色。

调 查 员：姓名_____　调查时间_____

调查地点：______县（市）/区______镇（街道）____村（社区）

第一部分：农村居民旅游消费行为调查（请在答案的数字上打“√”）

1.您家**最近一次**到哪里旅游？　_____**省（市）**____ **市**_____ **县（或县级市）（或______景区）**
2.您家**具体旅游计划**一般由谁制订？（1）丈夫（2）妻子（3）夫妇共同协商（4）子女提出（5）其他方式
3.您家**如何咨询**旅游信息？（1）咨询亲朋好友（2）上网查询（3）咨询旅行社（4）咨询村委会（社区）（5）其他
4.您家通常选择哪种方式**出去旅游**？　（1）旅行社组织　（2）自行组织　（3）其他
5.您家出去旅游一般花费**多少钱**？ （1）200 元以下　（2）200～500 元　（3）501～1000 元　（4）1001～3000 元　（5）3000 元以上
6.您家出去旅游一般玩**几天**？　（1）1 天　（2）2 天　（3）3 天　（4）4～5 天　（5）6 天及以上
7.您**还想旅游**吗？　（1）很不想　（2）不想　（3）没想好　（4）比较想　（5）非常想
8.如果旅游**花费再多一点**，您还会出去旅游吗？（1）很不想（2）不想（3）没想好（4）比较想（5）非常想
9.您会**推荐其他人**去旅游吗？（1）很不想　（2）不想　（3）没想好　（4）比较想　（5）非常想

第二部分：农村居民消费价值观调查（请根据您的实际想法，在空格中打“√”）

消费价值观	非常不同意	不同意	不确定	同意	非常同意
（1）消费应与收入相匹配	1	2	3	4	5
（2）买东西，主要看是否实用	1	2	3	4	5
（3）花费要实实在在，不能花冤枉钱	1	2	3	4	5
（4）相比理想生活，对我来说更重要的是现实生活	1	2	3	4	5

续表

消费价值观	非常不同意	不同意	不确定	同意	非常同意
（5）消费要能提升自己在他人心目中的形象	1	2	3	4	5
（6）消费要能体现自身的身份地位	1	2	3	4	5
（7）我比较好面子，买什么、买多少不能让人看不起	1	2	3	4	5
（8）消费行为应符合社会道德规范和准则	1	2	3	4	5
（9）买东西要符合自己的身份	1	2	3	4	5
（10）消费行为要保持谦虚和低调，与大家保持一致	1	2	3	4	5
（11）买什么东西，多数人选择的方向是不会有错的	1	2	3	4	5
（12）买东西时，跟着多数人选择的方向是不会有错的	1	2	3	4	5
（13）只要为父母好，花多少钱都值得	1	2	3	4	5
（14）做出一个重要消费决定时，首先考虑与家人商量	1	2	3	4	5
（15）家庭美满幸福是我花钱的主要目标	1	2	3	4	5
（16）只要为孩子好，如教育，花多少钱都值得	1	2	3	4	5
（17）人活着就应该充分地享受生活	1	2	3	4	5
（18）城市居民的时尚生活对我们消费有很大影响	1	2	3	4	5
（19）能挣会花才是现代人的生活方式	1	2	3	4	5
（20）有钱能使人们的生活变得更幸福	1	2	3	4	5
（21）我希望选择自己的生活和消费方式	1	2	3	4	5
（22）人应该不断地发展和完善自己	1	2	3	4	5
（23）即使丈夫收入可以维持家庭，妻子也最好拥有自己的职业	1	2	3	4	5
（24）只有努力奋斗，理想才能变为现实	1	2	3	4	5

第三部分：农村居民旅游感知价值调查（请根据您的实际想法，在空格中打“√”）

旅游感知价值	非常不同意	不同意	一般	同意	非常同意
（1）旅游能看看美丽的山水景观	1	2	3	4	5
（2）旅游能游览现代化的城市风光	1	2	3	4	5
（3）旅游能感受独特的文化古迹和民俗风情	1	2	3	4	5
（4）旅游能参与丰富多彩的游乐活动（如主题公园）	1	2	3	4	5
（5）出去旅游使我感到很新奇	1	2	3	4	5
（6）出去旅游使我感到很快乐	1	2	3	4	5
（7）出去旅游能让我家有更多的生活体验	1	2	3	4	5
（8）出去旅游能让孩子开阔视野、增长知识	1	2	3	4	5
（9）出去旅游能增进家庭感情	1	2	3	4	5
（10）和（帮助）父母出游，能表达对父母的孝心	1	2	3	4	5
（11）一家人出游，能让人感受到家庭幸福	1	2	3	4	5
（12）旅游活动能结交朋友，增进和同事、朋友的感情	1	2	3	4	5

续表

旅游感知价值	非常不同意	不同意	一般	同意	非常同意
（13）出去旅游能提升自己在他人眼中的形象	1	2	3	4	5
（14）出去旅游会感受到周围其他人的羡慕	1	2	3	4	5
（15）一般社会地位较高或有钱的人，比较喜欢旅游	1	2	3	4	5
（16）出去旅游，感觉在周边邻居中还是有面子的	1	2	3	4	5
（17）旅游花费的钱，还是值得的	1	2	3	4	5
（18）旅游消耗的体力和精力，还是值得的	1	2	3	4	5
（19）旅游花费的时间，还是值得的	1	2	3	4	5
（20）总体而言，出去旅游让我感觉还是很值得的	1	2	3	4	5

第四部分：农村居民家庭与村庄基本情况

1.**性别**：（1）男　（2）女

2.**年龄**：（1）20 岁以下（2）21～30 岁（3）31～40 岁（4）41～50 岁（5）51～60 岁（6）60 岁以上

3.**受教育程度**：（1）小学及以下（2）初中（3）高中（或中专、技校）（4）大专（5）本科及以上

4.家庭中有成员现在上（或曾经是）**村干部**吗？（1）是　（2）否

5.**家庭常住人口**　_____人；60 岁以上______　人

6.您家还有**耕地**吗？（1）有　（2）否；　**如果有耕地**：一共有_____亩

7.您目前**主要收入来源和职业**：

（1）主要来源于耕种承包的田地，没有或很少有副业收入（普通农户）

（2）除了来源于耕种承包的田地外，还有农闲时在本地或外地打工的收入（务农兼业户）

（3）收入主要来源于种植经济作物或家庭规模养殖（种养殖专业户）

（4）收入来源以打工（上班）为主，空余时间种种地或基本不种地（工薪）

（5）收入主要来源于家庭小工业、小商业（做生意）

（6）退休在家　（7）其他（请注明__）

8.近三年（2011～2013 年）您家**年平均总收入**多少万元？

（1）1 万元以下（2）1 万～3 万元（3）3 万～5 万元（4）5 万～7 万元（5）7 万～9 万元（6）9 万～11 万元（7）11 万元以上

9.与本村（社区）其他家庭比较，**感觉您家收入如何**？（1）高（2）高一点（3）差不多（4）低一点（5）低

10.您家能**上网**吗？　（1）能　（2）否

如果能上网，上网做什么？（1）看新闻（2）学知识（3）查资料和信息（4）休闲（如打游戏等）（5）其他

11.您家有**私家车**吗？（1）有　（2）否

12.您的家庭是否参加了农村**养老保险**？（1）是　（2）否

13.您的家庭是否参加了**医疗保险**？（1）是　（2）否

14.对于目前农村婚丧嫁娶大操大办以及其他讲排场等不合理消费现象，您认为存在吗？

（1）普遍存在　（2）较多存在　（3）部分存在　（4）少量存在　（5）不存在

15.您**空闲**时主要干什么？（**最多选三项**）

（1）看电视　（2）打牌（麻将）（3）看报纸（书）（4）看文娱表演（5）跳广场舞蹈

（6）串门聊天　（7）学技术（文化）　（8）出门旅游　（9）其他（请注明_____）

16.本村属于什么**类型村落**？（1）现代村　（2）传统村　（3）整治村

附录 B　农村居民旅游消费行为价值取向初始条目

附录 B.1　农村居民旅游消费价值观初始条目

条目编号	条目内容
V1	不论有钱没钱，生活都要节俭
V2	消费应与收入相匹配
V3	在家百日好，出门一时难
V4	买东西，主要看是否实用
V5	花费要实实在在，不能花冤枉钱
V6	相比理想生活，对我来说更重要的是现实生活
V7	人靠衣装，佛靠金装
V8	当邻居的面，我几乎不买特别便宜的商品
V9	消费要能提升自己在他人心目中的形象
V10	我比较好面子，买什么、买多少不能让人看不起
V11	消费要能体现自身的事业或家庭成功
V12	消费要能体现自身的身份地位
V13	地位高的人说话更有分量
V14	消费行为应符合社会道德规范和准则
V15	买东西要符合自己的身份
V16	消费行为尽量保持谦虚和低调，与大家保持一致
V17	买什么东西时，多数人选择的方向是不会有错的
V18	出门在外，凡事以和为贵，尽量不要与别人发生冲突
V19	家庭美满幸福是我花钱的主要目标
V20	只要为孩子好，花多少钱都值得
V21	只要为父母好，花多少钱都值得
V22	做出一个重要消费决定时，首先考虑与家人商量
V23	我日常消费习惯听父母的教导
V24	家庭是我生活中最重要的一部分
V25	人活着就应该充分地享受生活
V26	城市居民的时尚生活对我们消费有很大影响
V27	能挣会花才是现代人的生活方式
V28	有钱的生活才是幸福的生活

续表

条目编号	条目内容
V29	我希望选择自己的生活和消费方式
V30	人应该不断地发展和完善自己
V31	即使丈夫收入可以维持家庭，妻子也最好拥有自己的职业
V32	只有努力奋斗，理想才能变为现实

附录 B.2　农村居民旅游感知价值初始条目

条目编号	条目内容
Pv1	旅游能看看美丽的山水景观
Pv2	旅游能游览现代化的城市风光
Pv3	旅游能感受独特的文化古迹和民俗风情
Pv4	旅游能参与丰富多彩的游乐活动（如主题公园）
Pv5	旅游能吃到当地的特色美食
Pv6	旅游能感受外地良好的生态环境
Pv7	出去旅游让人感到很新奇
Pv8	出去旅游让人感到很快乐
Pv9	出去旅游让人感到休闲放松
Pv10	出去旅游让人感到很舒服享受
Pv11	出去旅游让人增长知识
Pv12	出去旅游让人开阔视野
Pv13	出去旅游让人有更多的生活体验
Pv14	出去旅游能让孩子开阔视野、增长知识
Pv15	出去旅游能增进家庭感情
Pv16	和父母一起出游，能表达对父母的孝心
Pv17	一家人出游，能让人感受到家庭幸福
Pv18	旅游活动能结交朋友，增进和同事、朋友的感情
Pv19	出去旅游能提升自己在他人眼中的形象
Pv20	出去旅游会感受到周围其他人的羡慕
Pv21	一般社会地位较高或有钱的人，比较喜欢旅游
Pv22	出去旅游，感觉在周边邻居中有面子
Pv23	出去旅游，有成就感，很自豪
Pv24	旅游消费要符合自己身份，不能太显眼，被人说
Pv25	旅游中吃住不要太讲究，和其他人一样就行
Pv26	出不出去玩，到哪玩，多听取大家的意见

续表

条目编号	条目内容
Pv27	旅游花费的钱，还是值得的
Pv28	旅游消耗的体力和精力，还是值得的
Pv29	旅游花费的时间，还是值得的
Pv30	总体而言，出去旅游让我感觉还是很值得的
Pv31	期望能获取更多的旅游信息
Pv32	期望有更多的时间出去旅游
Pv33	期望有更健康的身体能出去旅游
Pv34	期望能有更便捷的旅游交通

后　记

我生在农村，长在农村，现在也经常回到农村，思考农村。作为一名从事旅游研究的学者，养成了从旅游的角度观察和思考身边问题的习惯。每当路过和回到似曾相识的乡村，想到日渐苍老的父母和日渐消失的农村家园，浓浓的乡愁就开始涌上心头！我常常在想，勤俭节约、勤劳求稳的中国农村居民也想出去看看吗？他们想去哪里看看？哪些因素阻碍他们出去？……这些问题，时刻萦绕心头，也是我将农村居民旅游作为研究选题的情感动力。

随着农村居民收入水平和生活质量持续提升，农村居民旅游与休闲消费已经出现较大增加，尤其是进入21世纪以来，“中央一号文件”连续关注三农问题，坚持农民主体地位、增进农民福祉是农村一切工作的出发点和落脚点，使我从更深层次认知农村居民旅游消费研究的现实价值！

感谢我的博士生导师——南京师范大学黄震方老师！刚踏入博士阶段的学习，我将开展农村居民旅游研究的想法和黄老师进行了交流，黄老师肯定了我的想法，并鼓励我开展研究！尤其在博士论文撰写期间，外部多重的压力和自身知识的局限使我对论文的选题和能否最终完稿多次产生怀疑甚至想放弃，是黄老师的一次次激励和深入剖析，增强了我对选题意义的认知以及顺利完成的信心！入学后，面对学业、工作和家庭的多重压力，多地来回奔波，经常感到心力憔悴，而您为学生营造相对宽松独立的学术环境，使我渴望并能安心地坐在电脑面前，在自由的天空下探索学术问题，并顺利完成学业。

感谢我的硕士生导师安徽师范大学陆林老师，难忘陆老师对学生的恩情！是陆老师将我引入旅游研究之门，耐心细致地教我查询文献、发现问题、拟定框架、撰写论文和投稿发表等，尤其对论文不厌其烦地一次次修改，从一个个具体的标点符号到论文的框架结构，这些修改草稿我一直保留到今天，常常拿出来看看，以鞭策自己。同时，在生活上，还解决我当时的生活后顾之忧。虽然已经毕业好多年了，陆老师还不时地通过不同方式牵挂我的生活、学习和工作。谢谢陆老师！谢谢安师大的老师和同学！美丽的安徽师大校园生活给我留下了温馨而难以忘怀的回忆，永留于心！

面对师恩，三言两语难以说清，只想端起一杯酒，一饮而尽，让这份恩情融入酒水中，在以后绵长的岁月里慢慢流淌。

感谢我的博士培养单位——南京师范大学，感谢南师大地科院张小林老师、陆玉麒老师、杨山老师、赵媛老师、陶卓民老师等在博士论文开题、预答辩和答辩过程中的点拨、批评和建议，在此对您们表示衷心感谢！在南师大求学过程中，有幸结识了靳诚老师、周年兴老师、张郴老师、侯国林老师、吴江老师、葛军莲老师、李红波老师等，无论是外出规划调研考察、校内论文写作，还是课堂求教和日常生活交流，这些老师都给予了照顾和指导，在此表示感谢！

感谢殷红卫、侯兵、曹芳东、陶玉国、吴丽敏、王坤、周玮、郭文、方叶林、涂玮、陈晓艳、汤傅佳、张宏、谈志娟、曲子文、闵曙辉、张子昂、徐冬等同门兄弟姐妹，在我南师大求学期间给予学习和科研上的帮助！感谢王宜强、丁雨莲、魏红雁、柯文前、马颖忆、贺军亮、段平等同届博士们，虽然大家来自不同地方，从事不同的学科专业和研究方向，但在学习生活中互相交流，共同勉励！

大量的基础资料和调研数据是本书能顺利完成的前提和基础，尤其是开展农村居民旅游消费调研更是辛苦！在此衷心感谢帮助我进行田野调研和数据收集统计的同学、朋友和学生们！

“京口瓜洲一水间，钟山只隔数重山”，这个时候正是扬州一年之中最美的“烟花三月”季节，我现在的单位扬州大学扬子津校区，离瓜洲只有数里，与金陵也只隔数重山。修改书稿的这段时间，常常想起读博期间的金陵岁月，往事不断闪现，难以忘怀。尤其是博士论文答辩前夕，金陵的初夏，天气湿漉漉的，不知是天气还是心理，常常莫名的烦躁，这时通常在雨后的夜晚，走出实验室，徘徊在操场上，让呱呱的蛙鸣声和凉爽的微风慢慢抚平当时浮躁的心情，可能那是因为博士即将毕业，对博士生活的眷恋，也可能是需要感激的人太多！

本书是我的第一本专著，很荣幸能在科学出版社出版，尤其是出版社的王腾飞老师为本书出版付出了很多，在此深表感谢！

谨以此文献给我深爱着的父母，献给所有关心、帮助我的师长、同学、朋友和学生，并在此向他们表示我最深的敬意和谢意！

余凤龙

2019 年 4 月于扬州大学扬子津校区